Philipp Pölzl:
Quarterback

Philipp Pölzl

Quarterback

Mein Weg
vom ersten Wurf zum Weltmeistertitel im Flagfootball

© Philipp Pölzl, Pöllauberg 2022
Alle Rechte vorbehalten.
Lektorat: Dr. Stefan Kappner, biographie-service
Satz & Layout: biographie-service
Covergestaltung: Sebastian Hartmann
Abbildungen, wo nicht anders gekennzeichnet: © Philipp Pölzl
Druck und Distribution im Auftrag des Autors:
tredition GmbH, Halenreie 40-44, 22359 Hamburg, Germany
Softcover: ISBN 978-3-347-75229-0
Hardcover: ISBN 978-3-347-75230-6

Für Claudia,
Leo und Maja

Inhalt

Göteborg, Sonntag 19. August 2012, 15:00 Uhr		1
1	Seewiesen	4
2	Tennis	11
3	American Football	15
4	An jedem verdammten Sonntag	19
5	Texas Tech University	22
6	Studentenleben	28
7	Flagfootball	35
8	Tennessee Titans	40
9	Der Beginn von etwas Großem	44
Göteborg, Mittwoch 15. August 2012		52
10	Quarterback	56
11	Styrian Studs	60
12	Die erste Saison	65
13	Trainsl	76

14 Champions Bowl	80
15 Der erste Meistertitel	91
Göteborg, Donnerstag 16. August 2012	**97**
16 In der Höhle des Löwen	100
17 Tryout	106
18 Champions Bowl dahoam	112
19 Le Havre	117
20 Nationalteam	133
21 Belfast	140
Göteborg, Freitag 17. August 2012	**146**
22 Enttäuschung	153
23 Super Bowl XLIV	157
24 Römische Hitzeschlacht	168
Göteborg, Samstag 18. August 2012	**182**
25 Weltmeisterschaft	186
26 Endlich Staatsmeister	194
Göteborg, Sonntag 19. August 2012	**200**
27 Veränderungen	203
28 Eine fast perfekte Europameisterschaft	207
Göteborg, Sonntag 19. August 2012, 15:30 Uhr	**216**

29 Am Gipfel	224
30 Sportliches Wellental	231
31 Gemischte Gefühle	236
32 Der letzte Triumph	242
33 Abschied	251
Danksagung	254
Autorenporträt	257

Göteborg, Sonntag 19. August 2012, 15:00 Uhr

Aus den Lautsprechern erklingt die österreichische Bundeshymne. Die Zuschauer erheben sich von ihren Sitzen und blicken auf den Rasen. Sie sehen 24 Männer, zwölf Österreicher und zwölf US-Amerikaner, die sich auf das wichtigste Spiel ihrer Karriere vorbereiten. Ich bin einer von ihnen: Philipp Pölzl, Quarterback und Kapitän des österreichischen Flagfootball-Nationalteams. Der Beginn des Finales der Weltmeisterschaft 2012 ist nur noch wenige Minuten entfernt.

Bis zu diesem heißen Sommertag in Göteborg habe ich bereits hunderte Spiele bestritten. Ich stand in Kanada, Italien, Dänemark, Frankreich, Deutschland, Nordirland und vielen österreichischen Städten auf dem Spielfeld. Ich hatte mehr erlebt, als ich je zu träumen gewagt hätte. Doch an diesem 19. August 2012 rücken die Erinnerungen an meine zahlreichen Erfolge und meine schmerzhaften Niederlagen in den Hintergrund. Das Finale einer Weltmeisterschaft ist mit nichts zu vergleichen. Es ist mein Wimbledon, mein Hahnenkammrennen, mein Monaco-Grand-Prix, meine Super Bowl.

Von den sechzehn angetretenen Mannschaften sind nur zwei übriggeblieben. Auf der einen Seite stehen wir. Zwölf Österreicher in schwarzen Hosen und weißen Trikots, auf denen „Austria Flag Football Team" in roter Schrift geschrieben steht. Uns gegenüber: die Titelverteidiger, das Mutterland des Flagfootballs, die USA, der große Favorit. Sie haben bisher alle Spiele gewonnen. Deutlich gewonnen.

Mein Blick schweift über die Tribüne. Die Arena ist gut gefüllt. Ich lese in den Gesichtern der Zuschauer. Wenige zweifeln daran, wer heute Weltmeister wird. Die Frage ist nicht, ob, son-

Quarterback

dern wie hoch die US-Amerikaner gewinnen werden. Wir sind die Außenseiter. Mir kann das nur recht sein, es nimmt mir den Druck. Ich muss lächeln, wenn ich mir in Erinnerung rufe, wie leicht uns das Halbfinalspiel am Vormittag von der Hand gegangen ist. Den höher eingeschätzten Mexikanern haben wir keine Chance gelassen. Unsere stundenlange Videoanalyse hatte sich bezahlt gemacht. Wolfgang Vonasek und Dietmar „Dize" Furthmayr, unsere Coaches, hatten uns taktisch perfekt auf den Gegner vorbereitet. Nach dem Halbfinalsieg waren meine Nationalteamkollegen und ich euphorisch. Coach Vonasek versuchte, uns auf den Boden der Realität zurückzuholen: „Wir dürfen den Finaleinzug nicht als Erfolg sehen. Diesen Fehler haben wir im Vorjahr bei der Europameisterschaft gemacht. Ihr wisst, was dabei herausgekommen ist!"

Ja, das wusste ich.

„Vergesst nicht unsere Devise!", fügte Coach Vonasek hinzu.

Das war nicht nötig. Niemand von uns konnte sie vergessen. Go for Gold! Seit Monaten stand sie in jedem von Coach Vonasek verfassten E-Mail. Bei jedem Trainingslager war sie präsent. Zu präsent für meinen Geschmack.

Ein Pfiff reißt mich aus meinen Gedanken. Der dänische Schiedsrichter signalisiert den Start des Finales. Die US-Amerikaner beginnen souverän und überrollen uns regelrecht. Bereits nach wenigen Minuten sind wir mit 7:19 im Rückstand. Ich versuche, ruhig zu bleiben. Egal, was unsere Gegner machen, egal, wie der Spielstand ist, ich konzentriere mich auf den nächsten Spielzug und meinen nächsten Wurf. Kurzer Pass nach rechts, kurzer Pass nach links, Touchdown-Pass auf Tom Pronnegg zum 13:19. Der Quarterback der US-Amerikaner versucht, die Führung wieder auszubauen. Wie kurz zuvor will er mit einem langen Pass einen schnellen Touchdown erzielen. Doch diesmal ist unsere Defense zur Stelle und fälscht den Pass ab. Der Ball fliegt hoch in die Luft und landet nach einer gefühlten Ewigkeit in den Armen eines österreichischen Verteidigers. Interception! Meine Teamkollegen reißen die Arme in die Höhe und jubeln. Ich balle kurz die Faust, für meine Verhältnisse ist das schon

Göteborg, 19. August 2012, 15:00 Uhr

eine bemerkenswert emotionale Reaktion. Zurück aufs Spielfeld, mit meinen Offense-Kollegen. Ich höre keine Zuschauer. Nicht die lautstarken USA-USA-Anfeuerungsrufe. Keinen Jubel. Ich bin in meiner eigenen Welt, stecke meinen Zahnschutz in den Mund, befeuchte die Finger meiner rechten Hand, um den Ball besser festhalten zu können. Wenig später werfe ich einen weiteren Touchdown. Tom springt in der Endzone in die Luft und jubelt, als ob wir schon gewonnen hätten. Ich nehme den neuen Spielstand stoisch zur Kenntnis. Es steht 19:19. Halbzeit.

Die Teambesprechung während der Halbzeitpause verläuft ruhig und sachlich. Es überrascht mich, dass dies in einem Weltmeisterschaftsfinale möglich ist. Coach Vonasek erinnert mich und meine Offense-Kollegen noch einmal daran, dass wir an unserer Taktik festhalten müssen: „Nicht ungeduldig werden!"

Kurze und sichere Pässe sollen uns ans Ziel führen. Bisher hat das gut geklappt. Die erste Halbzeit hat uns gezeigt, dass wir mit unserem Finalgegner mithalten können, nun wollen wir ihn besiegen. Zum ersten Mal glaube ich mit voller Überzeugung an unsere Chance. Meine Nervosität steigt. Die Leichtigkeit und die Unbeschwertheit sind dahin. Wir sind kein Außenseiter mehr!

Ich riskiere einen Blick auf die andere Seite des Spielfeldes. Die US-Amerikaner scheinen nervös zu sein. Sie diskutieren aufgeregt untereinander. Offensichtlich sind sie überrascht, dass es zur Halbzeit nur unentschieden steht. Auf diese Situation sind sie nicht vorbereitet.

Es ist Sonntag, der 19. August 2012, 15:30 Uhr. Spannung liegt in der Luft der Sportarena in Göteborg. Es fühlt sich an wie die sprichwörtliche Ruhe vor dem Sturm. Was folgt, ist ein Orkan.

1 Seewiesen

Mein Großvater war in Stalingrad. Er hatte Glück. Kurz bevor die russische Armee die deutsche Wehrmacht einkesselte, verletzte ihn eine Granate schwer am Bein. Mit einem der letzten Krankentransporte kehrte er in die Heimat zurück. Mehr als ein Jahr dauerte seine Genesung. Dann musste er zurück an die Front. Kurz vor Kriegsende kommandierte er als Offizier eine Einheit, die in Hof am Leithaberge im östlichen Niederösterreich stationiert war. Seine Einheit hatte den Befehl, die herannahenden russischen Streitkräfte mit allen Mitteln aufzuhalten. Als die Lage aussichtslos wurde, erhielt mein Großvater neue Instruktionen: Er sollte zahlreiche Brücken über die Leitha sprengen, um dem Feind das weitere Vorrücken zu erschweren. Die Bevölkerung, unter ihnen eine junge Frau namens Anna, flehte ihn an, die Brücken zu verschonen. Er entschied sich, den Befehl zu missachten. Noch Jahrzehnte später wurde er für diese Entscheidung in Hof verehrt. Im April 1945 bedeutete sie für ihn, dass er zwei Feinde hatte: Die russische Armee und die deutsche Wehrmacht. Also desertierte er gemeinsam mit einigen seiner Kameraden. Mehrmals entging er nur knapp einer Gefangennahme oder Schlimmerem. Er hatte Angst, bewegte sich extrem vorsichtig und brauchte mehrere Wochen, bis er endlich in seiner obersteirischen Heimat, dem beschaulichen Bergdorf Seewiesen, ankam. Bei seiner Ankunft erfuhr er, dass der Krieg bereits vorbei war. Mein Großvater zögerte nicht und machte sich sofort auf den Weg zurück nach Hof. Denn während seiner Stationierung hatte er sich in Anna verliebt – um ihre Hand wollte er nun anhalten. Anna wartete bereits sehnsüchtig auf ihn. Sie gab ihm das Jawort, folgte ihm nach Seewiesen und 1947 kam mein Vater Adalbert zur Welt. Die junge Familie stand wie viele zu dieser Zeit vor dem Nichts. Mein Großvater hatte keinen Beruf erlernt und wusste nicht, womit er sein Geld verdienen sollte. Eines war ihm aber klar: Er wollte in seiner Heimat Seewiesen bleiben. Um sesshaft werden zu können, entschied er sich, das alteingesessene Gasthaus zur Post in der Mitte des Ortes zu pachten. Seewiesen liegt am Fuße des Hochschwabgebirges und an der schon damals vielbefahrenen Straße zwischen Graz und dem Wallfahrtsort Mariazell. Im Sommer kamen Gäste aus Wien zur Sommerfrische und zum Wandern, im Winter zum Schi fahren. Im restlichen Jahr fuhren jedes Wochenende hunderte Wallfahrer durch den kleinen Ort. Mein Großvater war sehr gesellig und entpuppte sich als perfekter Gastgeber und Wirt. Er war froh, einen Beruf gefunden zu haben, bei dem er täglich mit vielen Menschen zu tun hatte. Gleichzeitig war er ein guter Geschäftsmann. Als im Jahr 1959 eine Umfahrungsstraße um Seewiesen gebaut wurde, um dem regen Verkehrsaufkommen Richtung Mariazell Rechnung zu tragen, reagierte er schnell. Innerhalb kürzester Zeit baute er, nur knapp 200 Meter vom Gasthaus zur Post entfernt, ein Hotel direkt an der neuen Umfahrungsstraße. Das Hotel Seeberghof.

Mein Vater hatte nie Wirt oder Hotelier werden wollen. Für Großvater stand hingegen außer Zweifel, dass er ihm früher oder später sein Hotel übergeben würde. Eine Meinungsverschiedenheit wie diese konnte in den frühen 1960er Jahren nur einen Ausgang haben. Also begann mein Vater auf Wunsch meines Großvaters eine Lehre als Kellner in einem Hotel im nahegelegenen Bruck an der Mur. In den folgenden Jahren arbeitete er im Hotel Imperial in Wien und sammelte Erfahrung im Ausland. Das Hotel Seeberghof entwickelte sich in der Zwischenzeit prächtig. Einige Male verbrachte sogar der österreichische Fußballrekordmeister Rapid Wien dort ein Trainingslager. Kein Wunder, dass

Quarterback

ich Rapid-Fan geworden bin.[1] Mitte der 1970er Jahre kehrte mein Vater nach Seewiesen zurück und bereitete sich darauf vor, das Hotel zu übernehmen. In dieser Zeit lernten sich auch meine Eltern kennen. Meine aus Wolfsberg in Kärnten stammende Mutter Maria-Luise, von allen „Marisa" genannt, wanderte mit ein paar Bekannten am Hochschwab und kehrte im Hotel Seeberghof ein. Mein Vater warf sofort ein Auge auf sie, sie kamen ins Gespräch und wenige Monate später heirateten sie. Im August 1980 kam ich zur Welt.

Seewiesen war für mich ein idyllischer, beschaulicher Ort, der nicht zu Unrecht als das steirische Heiligenblut bezeichnet wurde. Seewiesen war aber auch sehr abgelegen, mit langen Wintern, und Bergen, die so manch einen fast erdrücken konnten. Über all dem stand ein Wort, das Seewiesen für mich am besten beschrieb: Heimat! Schon von früher Kindheit an drehte sich meine Welt um das Hotel Seeberghof. Meine Eltern arbeiteten viel, aber ich genoss es sehr, dass wir täglich Zeit miteinander verbringen konnten. Trotz der Abgeschiedenheit des Ortes fühlte ich mich selten einsam, da gerade in den Ferien immer etwas los war. Im Sommer beherbergten wir Wanderer, im Winter Schiurlauber. Besonders gerne verbrachten Familien ihren Urlaub in unserem Hotel. Für mich bedeutete das: Jede Menge Spielkameraden! Ich konnte es kaum erwarten, bis sie am Nachmittag von den Bergen zurückkamen und wir gemeinsam im Pool, auf dem Spielplatz oder bei Schlechtwetter im Spielzimmer herumtoben konnten. Im Frühling und im Herbst hatten wir weniger Hotelgäste, dafür war an Wochenenden unser Restaurant gut besucht. Es verfügte über eine langgezogene Terrasse mit malerischem Ausblick auf die umliegenden Berge. Ich versuchte, so gut es ging im Hotel mitzuarbeiten, und es machte mir tatsächlich Spaß, vielleicht aus Mangel an anderen Möglichkeiten in unserem 60-Einwohner-Ort. Die meiste Zeit arbeitete ich als Kellner, servierte Speisen und Getränke und nahm Bestellungen auf. Manchmal durfte ich kassie-

---

[1] Anhand von Videoaufnahmen kann ich bestätigen, dass Hans Krankl ein mindestens genauso guter DJ wie Fußballer war.

ren und das Trinkgeld einstecken. Am liebsten schenkte ich hinter der Bar Getränke ein. Ich stellte mich recht geschickt an, nur bei einer vermeintlich einfachen Sache hatte ich Probleme: Kaffeebestellungen von Gästen auf unserer Terrasse. Im Freien standen keine Zuckerspender auf den Tischen. Somit musste ich bei jeder Kaffeebestellung auf der Terrasse ein kleines Zuckersäckchen mitservieren. Logisch und einfach, nur nicht für mein Hirn. Ich weiß nicht, wie oft ich den langen Weg auf die Terrasse hinter mich brachte und einen Kaffee servierte, nur um einen Gast sagen zu hören: „Dürfte ich bitte einen Zucker haben?"

Eine der heute noch präsentesten Erinnerungen an meine frühe Kindheit ereignete sich im Jahr 1989. Wir wohnten in einem Bungalow, der direkt mit dem Hotel verbunden war. Ich war neun Jahre alt und mein Bruder Georg war erst wenige Monate zuvor zur Welt gekommen. Es war ein kalter Herbstabend, das Restaurant hatte bereits geschlossen und meine Eltern und ich wollten ein Fußballmatch im Fernsehen anschauen. Wir holten uns Getränke und etwas zum Knabbern aus der Küche und setzten uns auf die große Couch. Plötzlich läutete die Türglocke. Mein Vater stand widerwillig auf, denn er hatte sich schon während des ganzen, langen Arbeitstags auf das Fußballmatch gefreut und wollte jetzt nicht mehr gestört werden. Er öffnete die Tür und natürlich stand ein Hotelgast vor ihm. Unerwartet jedoch war, was dieser sagte: „Im Fernsehraum raucht es! Sie müssen schnell kommen und sich das anschauen!"

„Ja, ist in Ordnung. Ich komme gleich", antwortete mein Vater.

Er warf meiner Mutter einen genervten Blick zu, zog sich ohne große Eile die Schuhe an und folgte dem Gast. Wenig später kehrte er außer Atem in unseren Bungalow zurück.

„Es brennt! Der Fernseher ist implodiert. Überall ist Rauch!"

Er rannte zum Telefon und verständigte die Feuerwehr im zehn Kilometer entfernten Turnau.

„Ich muss wieder hinunter und versuchen, das Feuer zu löschen!"

„Pass auf dich auf!", rief meine Mutter ihm nach.

Kaum war er verschwunden, begann sie die Schlitze der Eingangstür mit nassen Handtüchern zuzustopfen, damit kein Rauch zu uns vordringen konnte. Ich hatte keine Angst, war aber aufgeregt, weil ich meine Eltern selten so hektisch und nervös erlebt hatte. Mein Blick wanderte zwischen meiner Mutter und Georg, der neben mir auf der Couch schlief, hin und her. Nach ein paar Minuten stand ich auf und ging zum großen Wohnzimmerfenster. Von dort aus konnte ich die Straße sehen, die von Turnau nach Seewiesen führte. Ich kniff die Augen zusammen und starrte in die dunkle Nacht. In weiter Ferne sah ich es blau aufblitzen. Zuerst ganz schwach, dann immer intensiver. Die Feuerwehr war im Anmarsch. Ich beobachtete die Fahrzeuge, bis sie den Parkplatz vor dem Hotel erreicht hatten. Mein Vater stürmte aus dem Hotel, um den Feuerwehrleuten die Situation zu schildern. Er hatte es wegen des Rauchs nicht mehr in den Fernsehraum geschafft. Selbst den Feuerwehrleuten gelang es jetzt nur unter Einsatz von schweren Atemschutzgeräten, zum Brandherd vorzudringen. Über eine Stunde lang kämpften sie gegen die Flammen, bevor sie „Brand aus" verkünden konnten. Das wahre Ausmaß des Schadens wurde erst am nächsten Tag sichtbar: Das Feuer hatte sich glücklicherweise auf den Raum beschränkt, in dem der Fernseher stand. Der Ruß hingegen hatte sich im gesamten Hotel verteilt. Noch Wochen später entdeckten wir in den entferntesten Winkeln Spuren dieses Abends.

Im Alter von zehn Jahren wechselte ich von der Volksschule in Turnau in das nächstgelegenste Gymnasium in Bruck an der Mur. Bruck ist 35 Kilometer von Seewiesen entfernt, 50 Busminuten. In den 1990er Jahren wurde an manchen Schulen noch von Montag bis Samstag unterrichtet, auch am BG/BRG Bruck an der Mur. Also musste ich diese Strecke sechs Tage pro Woche auf mich nehmen. Meine und die Mehrheit der anderen Eltern waren gegen einen Wechsel zur Fünf-Tage-Woche. Bei meinen Eltern hatte dies zwei Gründe: Ohne Samstag-Unterricht würde ich an zwei Wochentagen noch viel später nach Hause kommen. Und am Samstag mussten sie arbeiten, gemeinsame Wochenendausflüge waren so oder so nicht möglich. Ich saß acht Jahre lang zehn Stunden pro Woche im Bus. Das machte in Summe 2880 Stunden oder 120 Tage! Doch ich kannte es nicht anders. Am lustigsten waren die Busfahrten im Winter. Bei schlechten Straßenverhältnissen quälte sich der Schulbus in der Früh bereits mit Verspätung aus Mariazell über den Seebergsattel nach Seewiesen. Manchmal stand ich mehr als 30 Minuten in der Kälte und wartete. Und wartete. Nachdem der Bus endlich um die Ecke gebogen war, fiel mein erster Blick auf die Reifen. Meistens erblickte ich, was ich erhofft und erwartet hatte. Schneeketten! Bis der Busfahrer diese abmontiert hatte, würden weitere zehn Minuten vergehen. Die erste Unterrichtsstunde war dahin.

Die langen Busfahrten teilte ich oft mit meinem ältesten Freund: Mit Michael Kroißenbrunner war ich schon im Kindergarten und in der Volksschule gewesen. Wir lernten gemeinsam. Wir saßen immer nebeneinander, sowohl in der Schule, als auch im Bus und später, kurz vor der Matura, im Auto. In den vielen Stunden, die wir miteinander verbrachten, redeten wir über die typischen Themen Jugendlicher: Schule. Freunde. Sport. Mädchen. In wechselnder Reihenfolge.

Ich war ein braver Schüler und schaffte es, mit überschaubarem Aufwand sehr gute Noten zu erzielen. Nach der Schule fuhr ich nach Hause, auch an den Wochenenden. Mit Freunden auszugehen: Das hatte ich in meiner Jugend nicht kennengelernt und nie vermisst. Selbst in späteren Jahren stieg das Verlangen danach nur unwesentlich. So verbrachte ich viel Zeit daheim mit meinen Eltern und meinem Bruder. Trotz oder gerade wegen des großen Altersunterschieds von knapp neun Jahren verstand ich mich mit Georg großartig. Wir teilten einige Interessen, wahrscheinlich weil ich ihn bei allem, was ich tat, integrierte, und hatten gemeinsam viele schöne Erlebnisse. Wir fuhren Schi und spielten Tennis, Tischtennis, Schach und Darts.

Als ich siebzehn Jahre alt war, zogen wir von Seewiesen ins fünfzehn Kilometer entfernte Aflenz. Direkt beim Hotel zu wohnen hatte Vorteile, aber auch einige Nachteile. Die Nähe führte dazu, dass für meine Eltern nahezu keine Trennung zwischen Arbeit und Freizeit möglich war. Erst durch den Umzug gelang es ihnen, öfters etwas Abstand vom Arbeitsalltag nehmen zu können. Es war der Beginn des langsamen Abschieds von meiner (ersten) Heimat. Fünf Jahre später, im Jahr 2002, verkauften meine Eltern das Hotel Seeberghof. Seewiesen zu verlassen machte mich ein wenig wehmütig, schwer fiel es mir nicht. Wir kehrten anfangs öfter zurück, aber nach und nach ließ ich den Ort und die Erinnerungen hinter mir. Doch als ich zu meinem 30. Geburtstag eine große Feier veranstaltete, musste ich nicht lange überlegen, wohin ich meine Gäste einladen würde: ins Hotel Seeberghof. Nach Seewiesen.

2 *Tennis*

Oliver Marach[2] gewann ein Grand-Slam-Turnier im Doppel. In der Doppelweltrangliste schaffte er es auf Rang zwei. Doch gegen mich verlor Oliver Marach mehr Spiele, als er gewann.

Mit vier Jahren hatte ich am hoteleigenen Tennisplatz das erste Mal einen Tennisschläger in der Hand. Es war ein Hartplatz, ein Green Set. Ein Sandplatz wäre auf unseren eintausend Metern Höhe nur wenige Monate im Jahr bespielbar gewesen. Ich spielte anfangs viel mit meinen Eltern, vor allem mein Vater war ein guter und begeisterter Tennisspieler. Manchmal schlug ich die gelbe Filzkugel auch gegen die Ballwand, von der sie wieder zu mir zurückprallte.

Anscheinend war ich recht talentiert, zumindest wurde mir das gesagt. Ich begann irgendwann, bei lokalen Turnieren mitzuspielen, erzielte gute Ergebnisse und wurde im Alter von acht Jahren zu den Steirischen Meisterschaften nach Graz eingeladen. Das Turnier hatte – wie alle Tennisturniere bei denen ich noch mitspielen sollte – viele Teilnehmer in meiner Altersklasse. Grund dafür war ein gewisser Thomas Muster, der in den 1980er Jahren von der Steiermark aus die Tenniswelt eroberte und in ganz Österreich für einen Tennisboom sorgte.

Der Modus bei den Steirischen Meisterschaften 1988 war ziemlich kompliziert. Zuerst spielten wir ein Turnier im Kleinfeld, danach eines im normalen Feld. Die Ergebnisse dieser beiden Turniere wurden zusammengezählt und ergaben das erste

---

[2]Warnhinweis: Ich werde im Verlauf des Buches schamloses Name-Dropping betreiben. Wem das zu viel wird, soll wenigstens nicht behaupten können, dass ich nicht davor gewarnt hätte.

Teilergebnis. Anschließend mussten wir sportmotorische Übungen absolvieren, Sprints und Ausdauerläufe in unterschiedlichen Varianten, die das zweite Teilergebnis bildeten. Am Ende wurden die beiden Teilergebnisse ebenfalls addiert und so der Sieger der Steirischen Meisterschaften ermittelt. Alles klar?

Mein Resultat war genauso einzigartig wie der Modus. Nach einem Sieg im Kleinfeldturnier (der mich demnach zum Titel des steirischen U8-Kleinfeldmeisters berechtigte) und einem dritten Platz im großen Feld, erreichte ich den ersten Platz im Teilbereich Tennis. Was dann folgte, war ein 18. (in Worten: achtzehnter) Platz im sportmotorischen Teil und damit nur der sechste Gesamtrang! Und nein, ich fiel weder hin, noch ließ ich eine Übung aus oder war krankheitshalber nicht angetreten. Ich war einfach nicht besser. Als Kind und später als Jugendlicher war ich weder besonders schnell, noch ausgesprochen wendig. In der Pubertät wuchs ich erst spät und meine Körperproportionen entsprachen nicht der Norm. Ich bekam ausgesprochen lange Beine, behielt jedoch einen verhältnismäßig kurzen Oberkörper. Hätte mein Körper durchschnittliche Proportionen, müsste ich bei meinen Beinen 2,16 Meter groß sein. Stattdessen bringe ich es auf 1,87 Meter.

Für die Leistung am Tennisplatz war es keineswegs unwesentlich, wie athletisch man war, wie schnell man die Richtung ändern konnte und wie gut man sprintete. Dass ich athletisch nicht zu den Allerbesten gehörte, hieß umgekehrt, dass ich durch Spielintelligenz ein Maximum aus meinen Fähigkeiten herausholen konnte und musste. Schon sehr früh gelang es mir, die Stärken und Schwächen der Gegner schnell zu analysieren und meine Taktik danach auszurichten. Diese beim Tennisspielen gelernte Anpassungsfähigkeit, sollte auch während meiner Zeit als Flagfootball-Quarterback sehr nützlich für mich sein.

Bis zum Alter von 16 Jahren nahm ich an Jugendturnieren teil und spielte gegen zukünftige Profis wie Alexander Peya, gegen den ich nie gewinnen konnte, und Oliver Marach, gegen den ich sogar eine positive Gesamtbilanz schaffte. Sie gewannen beide später jeweils einen Grand-Slam-Titel, Peya im Mixed und Marach im Doppel. Ein Spiel gegen Oliver Marach blieb mir besonders in Erinnerung. Es war das Finale eines U12-Turniers in Kapfenberg und ich führte mit 6:2, 5:1 und 40:15. Doch ich konnte die beiden Matchbälle nicht verwerten und verlor das Spiel. Ich war untröstlich und in einer Lokalzeitung stand am nächsten Tag die Schlagzeile „Philipp der Pechvogel". Eine Woche später konnte ich mich bei Marach revanchieren und meinen ersten U12-Turniersieg erringen. In meiner Jugend spielte ich weiter gerne Tennis, gewann mehrere Turniere und nahm mit meiner Schulmannschaft am österreichischen Schülerligafinale teil. Der Sport machte Spaß, doch zwei bis drei Mal pro Woche zu trainieren war mir genug. Viel zu wenig, um ernsthaft an eine Profikarriere zu denken.

Wenn ich gefragt wurde, was ich einmal werden möchte, sagte ich: „Sportreporter". Als ich eines Tages von der Schule heimkam – ich muss ungefähr 15 Jahre alt gewesen sein – teilte mir meine Mutter mit, dass ich in Kürze einen Anruf erhalten würde.

„Von wem denn?", fragte ich, doch sie verriet nichts. Kurze Zeit darauf läutete das Telefon. Nervös hob ich den Hörer ab und es begrüßte mich der „Ö3-Nachtsmann" vom Radiosender Ö3. Ich wusste weder, wer das war, noch was er von mir wollen könnte.

Er sagte: „Ich habe gehört, dass du ein sehr sportbegeisterter, junger Mann bist!"

„Ja."

„Weißt du, warum ich dich anrufe?"

„Nein." Ich gab keinen besonders unterhaltsamen Gesprächspartner ab.

„Ich habe eine Überraschung für dich!"

Dieses Mal sagte ich gar nichts.

„Du darfst nächstes Jahr im Sommer mit dem legendären Sportmoderator Heinz Prüller den österreichischen Formel-1-Grand-Prix besuchen, mit Sportreporter Adi Niederkorn zu einem Fußball-Bundesliga-Spiel gehen und außerdem einen Tag in der Ö3-Sportredaktion verbringen!"

„Super, danke!"

Innerlich freute ich mich riesig, mir fiel es in diesem Moment nur schwer, es radiogerecht zu formulieren. Deshalb musste ich nach diesem Gespräch noch einmal genau so lange mit der Ö3-Redaktion telefonieren. Ich sollte meine spontane Freude noch mehrmals nachspielen, damit Ö3 eine passende Reaktion von mir senden konnte.

Wie es zu diesem Anruf gekommen war? Eltern konnten bei Ö3 anrufen und Wünsche für ihre Kinder platzieren, die mit etwas Glück vom Ö3-Nachtsmann erfüllt wurden.

3 American Football

„Möchtest du auf den Sieger der Super Bowl wetten?", fragte mich mein Schulfreund Heinz-Peter D'Alessandro.
„Auf was willst du wetten?"
Ich war 17 Jahre alt und hatte noch nie etwas von American Football gehört. Als Heinz fünf Jahre zuvor in meine Klasse gewechselt war, waren wir schnell Freunde geworden. Unsere größte Gemeinsamkeit war die Liebe zum Sport. Er war Basketballspieler und wir gingen oft gemeinsam zu den Heimspielen seiner Mannschaft, den Kapfenberg Bulls. Basketball war der erste Mannschaftssport, den ich hautnah kennenlernte. Ich war fasziniert, wie perfekt die Spieler harmonierten. Jeder wusste genau, was er zu tun hatte. Alles war einstudiert, denn nur als Team konnten sie erfolgreich sein. Als Tennisspieler kannte ich nur den Einzelsport, das wollte ich ändern. Wann ich das tun würde und in welcher Sportart, stand noch in den Sternen.
„Hast du ernsthaft noch nie etwas von der NFL gehört?", wollte Heinz von mir wissen.
„Nein, habe ich nicht!"
„Das müssen wir schnell ändern", sagte er und begann, mir American Football zu erklären. Das Spielfeld sei ungefähr so groß wie ein Fußballfeld und jede Mannschaft habe eine Offense und eine Defense, die abwechselnd am Feld stehen. Die Offense versuche, Touchdowns zu erzielen, die Defense solle genau das verhindern.
„Mehr musst du am Anfang gar nicht wissen", meinte Heinz. „Wie sieht es jetzt mit unserer Wette aus? Du darfst dir eine Mannschaft aussuchen und ich wette einfach dagegen."

Quarterback

Gesagt, getan. Trotz intensiver Recherche konnte ich nur zwei Sachen herausfinden: Erstens: Die Super Bowl wurde von den jeweiligen Siegern der „American Football Conference" (AFC) und der „National Football Conference" (NFC) bestritten. Zweitens: Die NFC war 13 Mal in Folge als Sieger vom Feld gegangen. Mein Tipp war damit klar: Ich setzte auf den NFC-Champion Green Bay Packers. Am Abend vor der Super Bowl stellte ich den Wecker, stand kurz nach Mitternacht auf und schleppte mich müde zum Fernseher. Nachdem ich auf den Sieger gewettet hatte, musste ich mir das Spiel schließlich ansehen. Vier Stunden später hatten jedoch nicht die Green Bay Packers, sondern die Denver Broncos die Super Bowl gewonnen. Ich schuldete Heinz ein Bier – und das Verhältnis zwischen American Football und mir erkaltete wieder für fast zwei Jahre.

Sollte ich Jus oder Betriebswirtschaftslehre studieren? Ich wusste es nicht, und so inskribierte ich im Herbst 1999 für beides. Ich zog nach Graz, in eine 35 Quadratmeter große Wohnung in der Nähe des Lendplatzes. Diese Wohnung hatten meine kärntnerischen Großeltern in den 1970ern gekauft. Ich war nicht das erste Mal von zu Hause weg, im Jahr zuvor hatte ich den Grundwehrdienst beim Bundesheer absolviert. Trotzdem fühlte es sich anders an, weil ich nun zum ersten Mal alleine wohnte. Zu Beginn meines Studiums trennte ich mein Leben in zwei völlig unterschiedliche Bereiche. Von Montagnachmittag bis Freitagmittag war ich in Graz und konzentrierte mich ausschließlich aufs Lernen. Ich studierte gern und war fleißig. Vor allem die Abwechslung der beiden Studien machte mir Spaß: In einem Semester hatte ich mehr Lust auf Jus, im nächsten Semester belegte ich als Ausgleich mehr BWL-Kurse. Ich empfand das Doppelstudium nie als Belastung und war von Anfang an gewillt, in beiden Fächern einen Abschluss zu machen. Das Partyleben ließ ich wie in meiner Jugend weitestgehend aus. Entweder war ich an der Uni anzutreffen oder saß in der Wohnung und lernte. Manchmal traf ich mich mit Heinz, der Lehramt studierte, oder mit Michael, der sich für Medizin entschieden hatte.

American Football

Während sich die meisten Studenten am Donnerstagabend auf das Fortgehwochenende freuten, packte ich meine Koffer. Meistens hatte ich am Freitag in der Früh noch eine Lehrveranstaltung, aber spätestens zu Mittag hieß es: Ab nach Seewiesen oder Aflenz. Mich hielt am Wochenende nichts in Graz und ich freute mich jedes Mal, meine Eltern und Georg wiederzusehen.

Im Januar 2000 war es erneut Heinz, der vorschlug, ein NFL-Playoff-Spiel gemeinsam anzuschauen. Seit wir zu studieren begannen, hatten wir seltener Kontakt. Ich stimmte zu, doch hauptsächlich, um Heinz zu treffen. Im Jahr 2000 wurde ausschließlich die Super Bowl im „normalen" Fernsehen gezeigt. Die Playoffs waren nur auf Privatsendern zu sehen, die weder Heinz noch ich empfangen konnten. Die Qualität von Streams ließ noch zu wünschen übrig. Also begaben wir uns in ein großes Brucker Wettbüro, um die Lage abzuchecken.

Beim Betreten des Lokals fielen mir als Erstes die unzähligen Leinwände und Fernseher auf. Heinz entdeckte einen Mitarbeiter, der gerade bei einem der Bildschirme das Programm wechselte und ging auf ihn zu. „Entschuldigen Sie, können wir bei Ihnen am Sonntagabend die NFL-Playoffs ansehen?"

„Was wollt ihr euch ansehen?"

„Die Football-Spiele am Sonntagabend!"

„Keine Ahnung." Lange Antworten waren nicht seine Stärke.

Heinz deutete auf einen kleinen Bildschirm in der hintersten Ecke des Lokals: „Wäre es vielleicht möglich, dass wir es dort schauen können?"

„Moment, muss ich nachfragen."

Kurze Zeit später kehrte der Mitarbeiter zurück: „Nein, geht leider nicht. Sonntagabend laufen Fußball und die Hunderennen."

So viel dazu. Hunderennen. Nach der ersten Enttäuschung fiel uns ein, dass es in Bruck noch ein zweites, kleineres Wettbüro mit nur einem Fernseher gab. In einer Eingangspassage, die zu einem kleinen Innenstadteinkaufszentrum führte. Die einzigen Sitzplätze waren vier Sessel, die um einen runden Tisch gruppiert waren und nicht allzu bequem aussahen. Getränkeservice: Fehl-

anzeige. Dennoch stellten wir wieder unsere Frage. Die Antwort überraschte uns: „Ja, klar. Kein Problem. Wann geht es los?"
„Sonntag um 19 Uhr!"
„Sicher könnt ihr das hier schauen, um 20 Uhr sperr' ich das Wettbüro aber zu."
„Mist!", dachte ich. „Das bringt uns auch nicht weiter."
„Ich kann euch aber einen Schlüssel dalassen. Wenn ihr nach Hause geht, sperrt ihr einfach zu und steckt den Schlüssel unter dem Türschlitz durch."
Ich sah Heinz an. Hatte ich richtig gehört? Anscheinend! Wir waren dankbar für das Angebot und stimmten erfreut zu. Wenige Tage später sahen wir uns also in diesem verlassenen Wettbüro das Wildcard-Round-Playoff-Spiel zwischen den Tennessee Titans und den Buffalo Bills in Nashville an – das berühmte „Music City Miracle"! Unter diesem Namen sollte das Spiel nämlich in die NFL-Geschichte eingehen. Die Buffalo Bills gingen 16 Sekunden vor Schluss in Führung und standen unmittelbar vor dem Aufstieg in die nächste Playoff-Runde. Doch beim anschließenden Kickoff-Return gelang es den Titans, mit einem kontroversen Seitwärtspass einen Touchdown zu erzielen und Buffalo den sicher geglaubten Sieg zu entreißen. Dieses „Musikstadt-Wunder" (Nashville ist die „Music City" der USA) hat in meinem Leben einiges bewirkt:

1) Ich wurde zu einem fanatischen Football-Fan.

2) Ich wurde zu einem noch fanatischeren Tennessee-Titans-Fan.

3) Steve McNair, der Quarterback der Titans, wurde zu meinem absoluten Lieblingsspieler.

Der 8. Januar 2000 war für mich der Beginn einer neuen Zeitrechnung, die mich 2010 bis zur Super Bowl XLIV nach Miami führen würde. Es war ein Wendepunkt, der mein späteres Leben in vielerlei Hinsicht maßgebend beeinflusste, und letztendlich dafür verantwortlich war, dass ich ein paar Jahre später begann, Flagfootball zu spielen.

4 An jedem verdammten Sonntag

Seit Herbst 2000 schaue ich mir regelmäßig NFL-Spiele an. Wie regelmäßig? Höchstens fünf Spieltage habe ich seither versäumt. In Summe. Das sind knapp über ein Prozent. Anders formuliert: 99 Prozent aller Sonntagabende zwischen September und Februar verbrachte ich in den letzten 20 Jahren vor meinem Fernseher, dem Computerbildschirm, einer Leinwand oder im Stadion. Verrückt? Ziemlich sicher! Wer es nicht glaubt, kann gerne meine Frau, meinen Bruder, meine Eltern und all jene fragen, die seit 2000 an Sonntagabenden im Herbst und Winter mit mir etwas unternehmen wollten. Ich bin mit dem Football-Virus infiziert und habe bis zum heutigen Tag kein Mittel dagegen gefunden. Ehrlich gesagt habe ich auch keines gesucht. Warum ich gerade am American Football ein so großes Interesse entwickelte, ist schwer zu sagen. Wahrscheinlich, weil die Taktik in diesem Sport einen so wichtigen Anteil hat. Nicht umsonst wurde er „Schach auf dem Rasen" genannt. Von Anfang an wollte ich genau verstehen, wie American Football funktionierte. Dafür besorgte ich mir unzählige Bücher und beschäftigte mich mit den unterschiedlichen Spielzügen, die in der NFL eingesetzt werden. Ich kaufte mir ein Football-Videospiel. In kürzester Zeit wurde ich zum Football-Experten. Zwar als Couch-Potato, aber immerhin.

Wie konnte man als Football-Fan im Jahr 2000 regelmäßig die NFL konsumieren? Die beste Lösung – damals wie heute – war das Streaming. Doch der einzige Computer in unserem Haus stand im kleinen Büro meines Vaters. Sonntags wurde es deshalb zu meinem persönlichen Kinosaal. Von 19 Uhr bis 1 Uhr früh. Wenn ich dann noch einen Stream fand,[3] bei dem man die Spieler und im besten Fall auch den Ball tatsächlich einigermaßen erkennen konnte, war ich überglücklich. Die meist sehr dürftige Bildqualität tat meiner Leidenschaft keinen Abbruch. Im Lauf der Zeit wurde die Qualität besser, das während eines Spiels verbrauchte Datenvolumen sprengte jedoch alle meine damaligen Möglichkeiten. Ich musste sorgsam damit umgehen, trotzdem passierte es regelmäßig, dass der Haushalt Pölzl gegen Ende des Monats ohne Internet dastand. Einzelne Spiele wurden beim Pay-TV Anbieter Premiere gezeigt, zu einer flächendeckenden Übertragung im Fernsehen kam es erst einige Jahre später. Das North American Sports Network (NASN) erwarb die NFL-Übertragungsrechte und strahlte sage und schreibe vier Spiele pro Woche live aus. Eine wahre Revolution! Ich überzeugte meine Eltern, dass wir diesen Sender unbedingt benötigten. So konnte ich aus dem kleinen Büro auf eine bequeme Couch in den Vorraum des Obergeschosses wechseln und Georg ließ sich immer öfter überreden, mir Gesellschaft zu leisten. Im kleinen Büro hatten wir zu zweit kaum Platz gehabt.

Ich schaute leidenschaftlich gerne American Football, aber je länger die Sonntagabende wurden, desto nerviger wurden die langen Werbepausen. Eine Konferenzschaltung war damals noch in weiter Ferne. Ein NFL-Spiel dauerte drei Stunden. Beinahe ein Drittel dieser Zeit musste man Werbung schauen. Besonders schlimm war die Abfolge Touchdown – Werbepause – Kickoff – Werbepause. Fünf Minuten Werbung mit einem einzigen Spielzug dazwischen! Selbst ein großer Footballfan hatte da Mühe, wach und bei der Sache zu bleiben. Mit dem Gang zum Kühlschrank, einer Klopause, einer weiteren Schüssel Chips, Duschen, Umziehen und Zähneputzen konnte ich die Zeit wenigstens irgendwie sinnvoll nutzen. Ich genoss die Sonntagabende in Aflenz und plante sogar meine Lehrveranstaltungen an der Uni so, dass

---

[3] Vollkommen legal natürlich, ehrlich!

ich am Montag ausschlafen und am Vormittag gemütlich wieder nach Graz fahren konnte.

Als im Januar 2002 die NFL-Playoffs ins Haus standen, hatten Heinz und ich eine Idee: Wir wollten Partys für die Conference-Championships (Halbfinalspiele) und die Super Bowl veranstalten. Mittlerweile interessierten sich ein paar Leute aus unserem Freundeskreis für American Football und wir dachten, dass es mehr Spaß machen würde, die wichtigsten Spiele in größerer Runde zu genießen. Aufgefüllt haben wir die Party mit Freunden, die zwar nichts mit American Football anfangen konnten, sich aber für eine gesellige Nacht mit Bier und Chips interessierten. Einige dieser Partys fanden im Laufe der Jahre in meiner Grazer Wohnung statt; ungeteilte Freude darüber kam bei meinen Nachbarn nicht auf. Die Conference-Championships starteten um 21 Uhr und dauerten bis 4 Uhr früh, die Super Bowl begann erst um 0:30 Uhr. Ausnahmslos bei jeder Conference-Championships-Party beschwerten sich die Nachbarn ob des zugegeben etwas erhöhten Lärmpegels. Sie läuteten pyjamabekleidet an meiner Tür. Sie klopften gegen die Wände. Sie beschwerten sich beim Hausbesorger. Bei den Super-Bowl-Partys hingegen beschwerte sich interessanter Weise nie jemand. Kein einziges Mal! Entweder, weil die Nachbarn selbst die Super Bowl schauten (eher unrealistisch), oder weil meine Party erst startete, nachdem schon alle ins Bett gegangen waren. Offensichtlich ist es besser, erst dann die Lautstärke zu erhöhen, wenn die unmittelbaren Nachbarn bereits schlafen. Ich selbst kann diese Lebensweisheit aufgrund meiner aktuellen Wohnsituation nicht mehr einsetzen, fühle mich jedoch verpflichtet, sie hiermit an die nächste Partygeneration weiterzugeben.

5 Texas Tech University

„I have a dream!"
Worte, die mein Leben in einem großen Maß beeinflussten. Worte, die dazu führten, dass ich in einem Sport alles erreichte. Worte, die mich an die Texas Tech University brachten. Worte, die ich schamlos von Martin Luther King gestohlen hatte.

Schon als Jugendlicher hatte ich mir vorgenommen, während meines Studiums ein Semester im Ausland zu verbringen. Diese Idee hatte sich fest in mir verankert. Das Ob war geklärt, blieb nur noch eine Frage: „Wo?"

Der einfachste Weg wäre gewesen, im Rahmen des Erasmus-Studentenaustauschprogramms an eine andere europäische Universität zu gehen. Doch für mich war das keine Option. Ich wollte nicht einfach an irgendeiner Universität studieren. Und es sollte vor allem sprachlich Sinn machen. Ich hatte in der Schule Französisch und Spanisch gelernt, traute mir aber nicht zu, Lehrveranstaltungen in diesen Sprachen zu besuchen. Es blieb nur Englisch. Ich fand heraus, dass einige Erasmus-Universitäten Kurse in englischer Sprache anboten. Verlockend war die Vorstellung allerdings nicht, irgendwo in Frankreich einen französischen Professor englisch sprechen zu hören. Nein, ich musste in ein englischsprachiges Land. Mehrmals war ich kurz davor, mich für Universitäten in Großbritannien zu bewerben. Doch ich rang mich nie dazu durch, es fühlte sich nicht richtig an. Im Sommer 2002 hörte ich schließlich erstmals von einem Austauschprogramm, an dem die Universität Graz und ein paar amerikanische Universitäten teilnahmen. Da wusste ich, was ich zu tun hatte. Der Hauptgrund, warum ich unbedingt in die USA wollte, war nicht akademischer Art. Es war meine neu gewonnene Football-Leidenschaft. Ich wollte ins Mutterland des American Footballs. Also setzte ich mich hin und verfasste ein mit unglaublich viel Pathos gefülltes Motivationsschreiben, das mit den Worten „I have a dream" begann. Wenn ich heute daran denke, dreht es mir den Magen um, aber mit 22 Jahren dachte ich, das sei eine gute Idee. Glücklicherweise war der Rest des Motivationsschreibens deutlich sachlicher und auch den obligatorischen Englischtest schaffte ich problemlos. Ich schickte meine Bewerbung ab.

Auf die Antwort wartete ich ewig. Ich war verunsichert. Mit jeder Woche wuchs meine Angst, es nicht in das Austauschprogramm geschafft zu haben. Meine Zuversicht war fast am Nullpunkt, als ich im Frühjahr 2003 endlich das lang ersehnte E-Mail erhielt: Mein „dream" wurde erfüllt! Der erste Schritt war geschafft. Ich bekam eine Broschüre mit unzähligen Universitäten, aus denen ich meinen Favoriten aussuchen durfte.

„So, lieber Philipp, jetzt musst du dich entscheiden", hörte ich die Stimme von Susi aus der Fernsehsendung „Herzblatt".

Ja, so war es, und es war nicht leicht. Ein Entscheidungskriterium stand fest: Die Universität musste ein Footballteam haben. Das ließ zum Beispiel die bei San Francisco beheimatete University of the Pacific, die mir sonst sehr gefallen hätte, aus der engeren Auswahl ausscheiden. Darüber hinaus war mir wichtig, dass die Universität Graz nur einen Studenten – mich – zur in Frage kommenden Uni entsandte. Ich wollte meine Zeit ausschließlich mit nicht-deutschsprachigen Studenten verbringen. Meine Wahl fiel schlussendlich auf die Texas Tech University in Lubbock, einer Kleinstadt im Nordwesten von Texas. Mit 200.000 Einwohnern war Texas' elftgrößte Stadt etwas kleiner als Graz. Sie lag isoliert, ohne Zugverbindungen. Die nächstgelegenen größeren Städte waren das an der legendären „Route 66" gelegene Amarillo im Norden (Entfernung: zwei Autostunden) und Albuquerque im Westen (fünf Autostunden). Auch El Paso an der mexikanischen Grenze im Südwesten und Dallas im Osten befanden sich nach meinen Recherchen jeweils fünf Autostunden entfernt. Doch diese „Gottverlassenheit" störte mich nicht. Denn der ausschlaggebende Grund für meine Entscheidung war das Footballteam: Die Texas Tech Red Raiders.

Der sportliche Nachwuchsbereich ist in den USA ganz anders konzipiert als in Österreich. Er ist geprägt von High-Schools für 15- bis 18-Jährige und Universitäten (Colleges) für 19- bis 23-Jährige. Vereine gibt es kaum, der gesamte Nachwuchssport findet im schulischen Bereich statt. Die Nachwuchsmeisterschaften sind wichtig für die Identität der High Schools, der Universitäten und der jeweiligen Stadt. Tausende Zuschauer besuchen High-School-Footballspiele, mehr als 100.000 Zuschauer sind bei Collegemeisterschaften im Stadion. Zahlen, von denen selbst Profiligen in Österreich nur träumen können und ein Beweis mehr, welchen Stellenwert vor allem American Football in den USA besitzt.

Lubbock war da keine Ausnahme und durch und durch von den Universitätssportmannschaften geprägt. Die Damenbasketballmannschaft konnte sich 1993 zum US-College Champion küren, das Herrenbasketballteam beschäftigte im Jahr 2003 den bekanntesten, erfolgreichsten und schillerndsten Coach der Collegebasketballgeschichte und das Footballteam war das Kronjuwel der Universität. Jeden zweiten Samstag im Herbst pilgerten 60.000 Zuschauer ins Footballstadion um die Texas Tech Red Raiders anzufeuern. Selbst in der Basketballarena hatten 15.000 Zuschauer Platz. Eine durchschnittliche Basketballarena an einer US-amerikanischen Universität ist somit größer als die Wiener Stadthalle, die größte Halle in ganz Österreich. Zusammengefasst waren die wichtigsten drei Gründe für die Wahl meiner akademischen Austauschstätte also: Football, Football und Football.

Meine Vorfreude auf Lubbock war größer als auf alles, was ich bisher erlebt hatte. Ich hatte nur noch ein Datum vor Augen, den 22. August 2003, den Tag meines Abflugs. Meine Eltern und Georg brachten mich zum Flughafen in Wien und warteten mit mir, bis ich Richtung Terminal aufbrechen musste. Mein Vater musste am Flughafen vor Aufregung mehrmals auf die Toilette. Ich selbst war einfach nur glücklich, dass der Tag endlich gekommen war.

Nach einer langen Anreise mit zweimaligem Umsteigen in Frankfurt und in Dallas erreichte ich meine neue Heimat auf Zeit. Schon am nächsten Morgen machte ich einen ausgiebigen Spaziergang auf dem riesigen Gelände der Texas Tech University. Das Campusleben an einer amerikanischen Universität war nicht mit dem österreichischen Pendant vergleichbar. Als erstes fiel mir auf, wie uneingeschränkt sich die Studenten mit ihrer Universität identifizierten. Das hatte vor allem – womit sonst? – mit dem Sport zu tun. Rivalitäten zwischen Universitäten wurden am Footballfeld oder am Basketballcourt ausgetragen und jeder – nicht übertrieben: absolut jeder – trug rund um die Uhr Gewand, welches das Logo der jeweiligen Universität zierte. Ich stellte mir vor, wie peinlich es wäre, in Graz ständig mit einem Uni-Graz-Shirt herumzurennen, ein Kleidungsstück mit dem Logo eines Gymnasiums hatte ich in Österreich sowieso noch nie gesehen. In Lubbock empfand ich den Kleidungsstil und die jederzeit sichtbare Verbundenheit mit der Universität als extrem positiv. Ich fand es gut, auf etwas stolz zu sein und es auch zu zeigen.

Während meiner Zeit in Lubbock arbeiteten zwei ganz besondere Coaches an der Texas Tech University. Den Basketballcoach sah ich zum ersten Mal, als ich ein Celebrity Golfturnier anlässlich der Eröffnung des Universitätsgolfplatzes besuchte. Bei dieser Veranstaltung war reichlich Prominenz vertreten, wie beispielsweise der legendäre NFL-Kommentator Pat Summerall und Schauspieler Adam Sandler.[4] Hier kam ich ohne Probleme ganz nah an die Stars heran. Gleich zu Beginn sah ich einen der besten Basketballspieler aller Zeiten, den elffachen NBA-Champion Bill Russell, alleine in einem Golfcart sitzen. Ich sprach ihn an und wir machten ein gemeinsames Foto, einfach so! Später fiel mir eine kleine Menschenansammlung von ungefähr 25 Leuten auf. Ein großer, weißhaariger Mann unterhielt sich angeregt mit mehre-

---

[4] Name-Dropping! Es wird noch besser!

ren Personen. Ich erlaubte mir, eine Dame zu fragen, wer dieser Mann sei. Anstatt mir mit einer Antwort auszuhelfen, schnaubte sie verächtlich und wandte sich ab. Ich wunderte mich für einen Augenblick, ließ mich jedoch nicht entmutigen und fragte nun einen Herren. Wieder wurde ich mit einem komischen Blick bedacht. Immerhin ließ dieser Herr sich zu einer Antwort motivieren: „That's Bobby Knight, the basketball coach."

Bobby Knight war zu diesem Zeitpunkt der erfolgreichste Coach des College-Basketballs. Ein bekanntermaßen schwieriger Charakter, der immer wieder mit Eskapaden auffiel. Einmal warf er während eines Spiels einen Stuhl quer über das Basketballfeld! Nachdem ich ein Foto mit ihm gemacht hatte, ging ich eine Runde auf dem Golfplatz spazieren, um den Stars auf den Schläger zu schauen. Als ich so vor mich hinschlenderte, fuhr ein Golfcart auf mich zu und blieb neben mir stehen. Am Steuer saß ein junger Mann und neben ihm ein etwas älterer Herr. Der junge Mann fragte mich: „Do you want an autograph from Sparky Anderson?"

Ich antwortete: „No, thank you."

„Okay", sagte er sichtlich überrascht und fuhr weiter. Mr. Anderson war einer der berühmtesten Baseball-Manager aller Zeiten, erfuhr ich später. Ich war vermutlich der einzige Mensch, der jemals ein aktiv angebotenes Autogramm von Sparky Anderson abgelehnt hatte.

Die Texas-Tech-Footballmannschaft war nicht unbedingt für ihre großen Erfolge bekannt, doch auch hier war ein großartiger und zugleich exzentrischer Coach am Werk: Mike Leach. Er galt als Begründer der „Air Raid Offense", einer Spieltaktik, die hauptsächlich daraus besteht, möglichst viele Receiver aufs Feld zu stellen und möglichst viel zu passen. Seine Offense stellte unzählige Rekorde auf und gilt als Vorbild für die mittlerweile auch in der NFL angelangte Spread-Offense. Das Problem der Mannschaft war jedoch die Defense, die oft eine der schlechtesten Verteidigungen der über einhundert Mannschaften zählenden Collegeliga war. Besonders interessant waren die Teams der Red Raiders in den Jahren 2002 und 2003. 2002 waren Kliff Kingsbury, der später Headcoach des NFL-Teams Arizona Cardinals wurde, und Lincoln Riley, mittlerweile einer der berühmtesten Collegefootball-Coaches, Quarterbacks der Red Raiders. Beide übernahmen Leachs Philosophie und führten sie in ihrer jeweiligen Coachingkarriere erfolgreich weiter. Im Jahr 2003 war Wes Welker der Star der Red Raiders, er stellte den Rekord für die meisten Punt-Return-Touchdowns in der Collegefootballgeschichte in einem Spiel auf, in dem ich im Stadion war.

Die Footballmannschaft hatte jeden zweiten Samstag ein Heimspiel. Die Stimmung, die ich dort erlebte, war einzigartig. Es war mehr als ein Footballspiel, es war ein Volksfest. Schon in der Früh ging ich mit tausenden Studenten Richtung Stadion. Wir grillten, tranken und spielten laute Musik. Sobald sich die Tore öffneten, stürmten wir in den Bereich der Tribüne, der für die Studenten reserviert war. Vor dem Anpfiff traten Musiker auf und während der Halbzeitpause spielte die „Marching Band".[5] Die Stadt war wie leergefegt. Nach dem Ende des Spiels wurde gefeiert, ganz egal, wie es ausgegangen war. Ich war häufiger in Bars, Discos und auf privaten Partys anzutreffen als in der Summe meines bisherigen Lebens.

---

[5] In Österreich würde man sagen: Eine riesige Uni-Blasmusikkapelle.

6 Studentenleben

Ich hatte unbedingt in einem Studentenwohnheim leben wollen. In Graz wäre das für mich nicht in Frage gekommen, aber für meinen Aufenthalt an der Texas Tech University fühlte es sich richtig an. Aus Kostengründen und um schneller Anschluss zu finden, entschied ich mich, ein Zimmer mit einem zweiten, mir zuvor unbekannten Studenten zu teilen. Wer mein Zimmerkollege sein würde, erfuhr ich erst nach meiner Ankunft. Andrew kam aus Manchester (ausgesprochen: Maaanschesta), war etwas jünger als ich und pflegte einen kräftigen englischen Dialekt. Als ich ihn einmal darauf ansprach, meinte er, für Maaanschesta-Verhältnisse spreche er ein geradezu mustergültiges Englisch. Da konnte ich ja noch von Glück reden! Meistens verstand ich ihn recht gut und nach einiger Zeit lernte ich sogar, dass „half six" „halb sieben" bedeutete, er mit „Wo-a" „Wasser" meinte und dass „See you in a bit" eine Verabschiedungsfloskel war und nicht etwa bedeutete, dass er in Kürze ein Wiedersehen erwartete. Unser 20-Quadratmeter-Zimmer bot gerade genug Platz für zwei Betten, zwei Schreibtische und zwei Kleiderschränke. Ein kleines separates Bad mussten wir uns mit zwei weiteren Studenten teilen. Ich kam gut mit Andrew aus, hätte es definitiv schlechter erwischen können.

Ganz vermeiden ließ es sich nicht, mit deutschsprachigen Kollegen zusammenzutreffen. Gerade in den ersten Wochen nach der Ankunft verbrachte ich mehr Zeit mit den anderen Austauschstudenten als mit Amerikanern. Ich versuchte, eine gute Balance zu finden. Eine Regel führte ich sofort ein: Ich sprach mit jedem nur Englisch. Meine deutschen Mitstudenten[6] folgten diesem Beispiel. Ich staunte, wie schnell sich das Gehirn an die neue „Hauptsprache" gewöhnte. Schon nach wenigen Wochen begann ich, auf Englisch zu träumen. Ich sprach nur einmal pro Woche, während meines Telefonats mit meinen Eltern und Georg, in meiner Muttersprache. Wir vereinbarten eine fixe Uhrzeit, zu der sie mich am öffentlichen Telefon des Studentenwohnheims anriefen. Nach ein paar Wochen rutschte mir in den Telefonaten nicht selten ein englisches Wort heraus. Mein Sprachzentrum wurde richtiggehend umprogrammiert.

Die Kurse an der Texas Tech University waren weniger dicht gedrängt, als ich es von Graz gewohnt war. Auch der Ablauf der Lehrveranstaltungen war nicht vergleichbar. Universitätsprofessoren in den USA, ich verallgemeinere hier einmal, sehen sich mehr als Lehrer, Ansprechpartner und als Teil eines Teams. Ihre Türen standen, ganz wörtlich, immer offen und sie hatten großes Interesse daran, den Studenten zu helfen und gemeinsam das Ziel des jeweiligen Kurses zu erreichen. Ein wichtiger Faktor waren die hohen Studiengebühren: Die Studenten hatten ihretwegen einen gewissen Anspruch auf einen Abschluss, bei einem Mindestlevel an Anwesenheit konnten sie nicht durchfallen.[7] Bei allen Lehrveranstaltungen herrschte Anwesenheitspflicht und es gab laufend kleine Tests und Gruppenarbeiten. Große Prüfungen: Fehlanzeige. Sehr angenehm. Fairerweise muss ich sagen, dass das Niveau der Kurse nicht mit dem der Universität Graz mithalten konnte. Mit mittlerem Aufwand zählte ich zu den besten Studenten.

Neben dem Studium nutzte ich meine Zeit vor allem, um zu reisen. Fast jedes Wochenende war ich mit wechselnden Gleichgesinnten in allen Himmelsrichtungen unterwegs. Mal begleitete mich Andrew, andere Male Austauschstudenten aus Finnland,

---

[6]Ich war wie „geplant" der einzige Österreicher.
[7]Die Notengebung wurde „gecurvt", das bedeutete, dass man mit einer durchschnittlichen Leistung im Vergleich zu den anderen Studenten ein C, also ein Befriedigend bekam. War man besser als der Durchschnitt, erhielt man ein Sehr Gut oder Gut, egal wie viele Fragen man wirklich richtig beantworten konnte. War man schlechter als der Durchschnitt, gab es ein Genügend.

Deutschland oder den Niederlanden. Nur die Einheimischen ließen sich nicht für Ausflüge motivieren. Wir flogen nach Los Angeles, San Francisco und Las Vegas. Wir fuhren nach Nordwesten, vorbei an der UFO-Stadt Roswell und dem Grab von Billy the Kid nach Albuquerque und Santa Fe. Im Südwesten besuchten wir El Paso und wagten einen kurzen Spaziergang über die mexikanische Grenze nach Ciudad Juarez, der damals gefährlichsten Stadt der Welt: Anhaltende Drogenkriege und tausende Frauenmorde pro Jahr trugen zur unrühmlichen Berühmtheit von Ciudad Juarez bei. Am Weg nach Mexiko besuchten wir die Carlsbad Caverns. Die Hauptkammer einer dieser Tropfsteinhöhlen war die größte der gesamten USA.[8] In den mir bekannten Tropfsteinhöhlen in Österreich hatte ich einen Helm und eine zweiminütige Einweisung bekommen, bevor ich durch enge und rutschige Wege, teilweise gespickt mit Kletterpassagen, die Höhle erkunden durfte. Hier begann alles mit einer elendslangen Sicherheitsunterweisung. Ich musste unterschreiben, dass mir bewusst war, in der Höhle auf mindestens fünf verschiedene Arten sterben zu können. Anschließend fuhren wir mit einem Aufzug in die Höhle hinunter und starteten unsere Erkundungen auf einem perfekt asphaltierten Pfad. Das Verlassen des markierten Weges war dabei natürlich strengstens verboten.

Ein weiterer Ausflug führte mich in den Norden, zum zweitgrößten Canyon der USA, dem „Award Winning" Palo Duro Canyon, und nach Amarillo. Dort gab es die Cadillac Ranch an der berühmten Route 66 zu bewundern, eine Kunstinstallation, für die zehn Cadillacs in einer Linie und im gleichen Winkel im Boden eines Maisfeldes eingegraben wurden. Am Weg nach Amarillo mussten wir an einer Tankstelle halten. Beim Bezahlen der Rechnung konnte ich es mir nicht verkneifen, den Kassier zu fragen: „Is this the way to Amarillo?" Die völlig normale und ehrlich gemeinte Antwort „Yes" wunderte mich. Ich hatte eher ein müdes Lächeln oder einen blöden Kommentar meines Gegenübers

---

[8]In den USA galt etwas stets als das „Größte", „Schnellste" oder „Schönste", dies wurde auch dementsprechend beworben. Außerdem war jede Attraktion „Award Winning", so auch Carlsbad Caverns.

erwartet. Ich war etwas enttäuscht, aber meine deutschen Mitreisenden amüsierten sich köstlich. Später fand ich heraus, dass das Lied „Is this the way to Amarillo?" vom Engländer Tony Christie in den USA völlig unbekannt ist.[9]

Nach der Besichtigung der Cadillac Ranch ließen wir den Tag im Big Texan Steak House ausklingen, wo man an einer Steak-Challenge teilnehmen konnte. Die Aufgabe war, ein 72 Unzen schweres Steak (entspricht ungefähr zwei Kilogramm) samt Beilagen in einer Stunde zu verspeisen. Der Lohn dafür? Das Essen war gratis und man wurde an der Wall of Fame mit einem Bild verewigt. Wenn man es nicht schaffte, musste man für die 72 Unzen Fleisch 72 Dollar bezahlen. Wir bestellten lieber eine normale Portion, die gerade einmal zwölf Unzen wog.

Wer in Texas studierte, musste eine Stadt auf jeden Fall besuchen: Dallas! Wir planten einen Wochenendtrip am vorletzten Novemberwochenende. Ich musste am Freitag in der Früh noch eine Lehrveranstaltung besuchen, zu Mittag fuhr ich gemeinsam mit Andrew und zwei deutschen Studenten in Lubbock los. Die Straße nach Dallas war eintönig. Elendslange Geraden auf denen man flotte 50 Meilen pro Stunden fahren durfte, 80 Stundenkilometer. Auf einer kerzengeraden, ordentlich asphaltierten Straße! Ohne Verkehr! Endlich in Dallas angekommen, checkten wir im Hotel ein, duschten uns und fanden eine Bar. Am Eingang wurde strengstens kontrolliert, ob man zumindest 21 Jahre alt war, denn erst ab diesem Alter war es erlaubt, Alkohol zu kaufen. Jeder wurde kontrolliert, ausnahmslos. Vor mir war eine Gruppe junger Männer, die von einem älteren, weißhaarigen Herrn mit einem Bart, der den Weihnachtsmann neidisch gemacht hätte, begleitet wurde. Als der Weihnachtsmann seinen Ausweis herzeigen musste, schüttelte ich ungläubig den Kopf. Im selben Moment fiel mir ein, dass Andrew erst 20 Jahre alt war. Ich drehte mich zu ihm um: „Wie willst du da reinkommen, du bist doch zu jung?"

---

[9]Ein umgekehrtes „Sound of Music"-Phänomen. „Is this the way to Amarillo?" wurde von zwei Amerikanern geschrieben, erfolgreich war es allerdings ausschließlich in Europa.

Er grinste: „Schau mir zu!"

Als ich an der Reihe war, zeigte ich brav meinen Ausweis und wurde eingelassen. Sekunden später stand Andrew neben mir.

„Wie hast du es angestellt?", wollte ich von ihm wissen.

„Ganz einfach", sagte er. „Mein Geburtstag ist am 10. Dezember, hier wird beim Datum aber immer zuerst der Monat und dann der Tag genannt. Wenn die Amerikaner also meinen Ausweis sehen, glauben sie, dass ich am 12.10. meinen 21. Geburtstag hatte."

Wir lachten und stürzten uns ins Nachtleben.

Jeder weiß, dass John Fitzgerald Kennedy in Dallas ermordet wurde. Genauer gesagt, am Dealey Plaza. Dorthin, ins Zentrum von Dallas, führte unser Weg am nächsten Tag. Mich beschlich ein eigenartiges Gefühl. Ich hatte den Platz schon oft im Fernsehen gesehen. Das Gebäude, von dem die tödlichen Schüsse abgefeuert wurden. Die Straße, auf der die Autokolonne des Präsidenten fuhr. Der auf dem Asphalt mit einem Kreuz markierte, exakte Punkt, an dem ihn die erste Kugel traf. Der Platz wirkte vertraut. Ich sah die Bilder vor mir, die ich aus unzähligen Dokumentationen kannte. Ich sah Kennedy, wie er neben seiner Frau Jacky im Auto saß. Ich sah, wie sein Kopf nach hinten gerissen wurde. Ich sah, wie Jacky versuchte, aus dem Wagen zu klettern. Nur mit Mühe konnte ich diese Bilder aus meinen Gedanken vertreiben. Dann merkte ich, wie viele Menschen sich am Dealey Plaza und in der unmittelbaren Umgebung versammelt hatten. „Wahnsinn", dachte ich mir. „War hier immer so viel los?"

Es war zwar ein wunderschöner Herbsttag, aber selbst mit viel Fantasie konnte ich mir nicht vorstellen, dass diese Menschenansammlung normal war. Es waren sogar TV-Stationen vor Ort!

„Excuse me?", hörte ich plötzlich jemanden sagen. „May I ask you a few questions?"

Ich drehte mich um und sah einen Reporter, der aussah wie Otto Waalkes' alter ego Harry Hirsch.

„Klar, worum geht es?"

Die Frage hätte ich mir sparen können, natürlich ging es um Kennedy. Harry Hirsch wollte wissen, wann und wie ich von der

Ermordung Kennedys erfahren hatte. Keine Ahnung. Ich musste mir etwas einfallen lassen, einen Rückzieher wollte ich nicht machen. Vielleicht in der Schule? Ja, das würde ich erzählen. Der Kameramann richtete seine Kamera auf mich und Harry Hirsch legte los: „Forty years ago today, President Kennedy was assassinated at this ..."

Das erklärte Einiges. Es war der 22. November 2003, der 40. Jahrestag der Ermordung Kennedys!

Vierundzwanzig Stunden später war ich der glücklichste Mensch auf der ganzen Welt. Ich zeigte es nur nicht. Wie versteinert saß ich drei Stunden lang auf meinem Platz. Andrew machte sich Sorgen, weil ich völlig abwesend war. Ich bemerkte ihn gar nicht. Meine ganze Aufmerksamkeit galt dem, was vor mir geschah.

Wir waren früh aufgestanden und hatten uns warm angezogen, weil wir den ganzen Tag im Freien sein würden. Es war neblig und kalt. Dick eingepackt marschierten wir Richtung Bushaltestelle, um nach Irving, einem Vorort von Dallas zu fahren. Der Bus war voll und es war laut. Immer und immer wieder hörte ich die gleichen Wörter, die meine Ohren fast taub werden ließen. Kurz bevor wir Irving erreichten, ließ ich mich anstecken und stimmte ein: „Let's go, Cowboys!"

Wir waren auf dem Weg ins Texas Stadium, der Heimstätte der Dallas Cowboys. Die Party vor dem Stadion war bereits Stunden vor dem Spiel voll im Gange. Wildfremde Menschen boten uns Bier und Hot Dogs an. „Tailgating", Vorglühen auf Amerikanisch, gehört zu jedem NFL-Spiel. Wir lernten sogar jemanden kennen, der nur für das Tailgating zum Stadion fuhr. Das Spiel sah er sich dann lieber zu Hause im Fernsehen an. Wir übersahen fast die Zeit und schafften es erst kurz vor dem Kickoff zu unseren Plätzen in einer der letzten Reihen. Ich war endlich live bei einem NFL-Spiel!

Das Stadion war schon etwas in die Jahre gekommen. 1971 eröffnet, verfügte es jedoch über eine spannende Architektur. Es war eines der ersten Stadien gewesen, in denen die Zuschauerränge komplett überdacht worden waren, der Rasen selbst war es nicht. Heutzutage ist diese Bauweise gang und gäbe. Ein Cowboys-Spieler sagte nach der Eröffnung, der Grund für das „Loch im Dach" sei, dass Gott seinem Lieblingsteam zuschauen wolle. Auch ich wollte vor allem Football sehen, aber bei der Show, die im Stadion geboten wurden, war das gar nicht so einfach. In jeder Werbepause, und davon gab es genügend, wurde den Zuschauern etwas Spezielles geboten. T-Shirts wurden ins Publikum geschossen, auf der großen Video-Wall lustige Szenen eingeblendet,[10] Maskottchen liefen um die Wette, und es gab jede Menge Musik.

Die Stimmung war phänomenal, jeder erfolgreiche Spielzug wurde so laut bejubelt, wie ein Tor bei einem Fußballspiel. Der knappe Sieg der Cowboys war stimmungsmäßig noch eine Draufgabe. Nach dem Spiel blieb ich unbeweglich sitzen. Erst als kein Spieler mehr am Rasen zu sehen war und fast alle Zuseher das Stadion bereits verlassen hatten, konnte ich meine Augen vom Spielfeld lösen. Allein für dieses Erlebnis hätte sich mein Aufenthalt in den USA schon gelohnt!

---

[10] Allen voran die gefürchtete Kiss-Cam. Zwei beliebige Personen, die nebeneinandersaßen, wurden auf der Video-Wall gezeigt und sollten sich vor über 60.000 Zusehern küssen. Auch wenn sie sich nicht kannten.

7 Flagfootball

„Tripps Left X Fly Y Post Z Hook on Two!" Nach ein paar Wochen in den USA war ich froh, die in texanischem Englisch gesprochenen Wörter überhaupt zu verstehen. Was sie bedeuteten, wusste ich damit noch nicht. Meine drei Teamkollegen drehten sich weg und gingen auf die ihnen zugewiesenen Plätze. Sie wussten, was zu tun war. Ich blieb stehen und schaute ins Leere. Wo bin ich nur hineingeraten? Der Quarterback meines Teams merkte, dass ich nichts verstanden hatte und wiederholte alles noch einmal in gleicher Geschwindigkeit: „Tripps Left X Fly Y Post Z Hook on Two!"

Er sagte den Spielzug an, soviel war mir klar. Seine Worte sollten mir verraten, wo ich mich aufstellen und hinlaufen sollte. Nachdem ich ihn wieder nicht verstanden hatte, ging ich auf die linke Seite. Schließlich hatte er „left" gesagt. Der Spielzug startete und ich lief einfach los. So falsch konnte ich damit nicht gelegen haben, denn der Quarterback warf den Ball tatsächlich in meine Richtung! Ich sprang in die Luft und streckte meine Arme aus. Im gleichen Moment versuchten auch zwei Spieler der gegnerischen Mannschaft, den heranfliegenden Ball zu fangen. Wir krachten zusammen. Ich fiel hin und blieb benommen liegen. Das war der allererste Flagfootball-Spielzug meines Lebens.

Einige Wochen zuvor hatte mich mein Weg ins Universitätssportzentrum geführt. Ich wollte mich informieren, welche Möglichkeiten es dort für mich gab. Als erstes ging ich zum Coach der Tennismannschaft. Könnte ich vielleicht bei ihnen mittrainieren?

Quarterback

Ich hatte das Gespräch nur für eine Formsache gehalten. Warum sollte ich schließlich nicht mittrainieren dürfen? Doch es endete mit einem knappen „No". Ohne Begründung. Soviel zu diesem Thema. Nachdem es mir nicht möglich war, den Olymp des Collegetennis zu erklimmen,[11] änderte ich meine Strategie und ging in die Breite statt in die Spitze. Nicht physisch, sondern in Bezug auf die Anzahl der Sportarten. Das „in die Breite gehen" war verbunden mit der Teilnahme an diversen universitätsinternen Meisterschaften. Denn selbst im Hobbybereich war das die einzige sinnvolle Möglichkeit für mich, an der Universität Sport zu betreiben. Ich nahm an den Tennismeisterschaften teil, die ohne Beteiligung der Spieler des offiziellen Universitätsteams stattfanden, und gewann,[12] ich nahm an den Tischtennismeisterschaften teil und wurde Zweiter und ich nahm an den Minigolfmeisterschaften teil und wurde ebenfalls Zweiter. Mein Studentenwohnheim organisierte eine Softballmannschaft, bei der ich mitspielte. Beim Fußball konnte unsere internationale Truppe ein paar Spiele gewinnen, wahrscheinlich weil wir etwas mehr Ahnung von Fußball als die meisten Amerikaner hatten. Das wurde mir klar, als eine rein amerikanisch besetzte Mannschaft sich beim Anstoß auf die Mittellinie stellte, den Ball mit Wucht in unsere Hälfte schoss und geschlossen auf uns zustürmte.

Ich war in meinem Element. Ich liebte Sport und ich liebte den Wettkampf. Die Teilnahme an all diesen Bewerben machte mir unglaublich viel Spaß, vor allem Softball und Fußball waren meine Favoriten, weil ich in einer Mannschaft spielen konnte. Ich genoss die schönen Momente, wusste aber, dass es bleiben würde, was es war, ein schöner Spaß, nicht mehr.

Im Gegensatz zu dem Gespräch, das mein Leben für immer veränderte. Nach einem Softball-Spiel, das wir am späten Abend unter Flutlicht bestritten hatten, kam Eric auf mich zu. Eric war Texaner und wohnte im gleichen Studentenwohnheim. Als Verantwortlicher für sein Stockwerk musste er sich darum kümmern,

---

[11] Ich erreichte nicht einmal die kleine, am Fuße des Olymps gelegene Ortschaft Litochoro.
[12] Nimm das, Coach!

dass es dort immer aufgeräumt und in der Nacht nicht zu laut war. Wann immer es ein Problem gab – kaltes Wasser, verstopftes WC –, ging ich zu Eric. Es war auch seine Aufgabe, sich um die Austauschstudenten zu kümmern und zu schauen, dass niemandem langweilig wurde. Nachdem er mitbekommen hatte, wie sportbegeistert ich war, vermutete er, dass er bei mir richtig war: „Ich bin gerade dabei, eine Mannschaft für eine Meisterschaft zusammenzustellen. Willst du mitmachen?"

Ich überlegte nicht lange. „Klar, um welche Sportart geht es?"

„Flagfootball."

Ich hatte keine Ahnung, wovon er sprach.

Flagfootball gab es schon seit den 1940er Jahren. Amerikanische Truppen in diversen Militärbasen hatten nach Möglichkeiten gesucht, sich fit zu halten und sich von den schlimmen Geschehnissen des Zweiten Weltkriegs abzulenken. American Football wäre zu verletzungsintensiv gewesen, so erfand man Flagfootball als kontaktärmere Alternative. Die Popularität dieser Variante des American Football stieg stark an und nach Kriegsende übten viele Veteranen den Sport auch auf Heimatboden weiter aus. In den USA spielen mittlerweile rund acht Millionen Menschen regelmäßig Flagfootball.

An den Flagfootball-Universitätsmeisterschaften der Texas Tech University nahmen im Jahr 2003 mehr als 500 Mannschaften teil, eine unfassbar hohe Zahl. Anscheinend sollte ich nun Spieler einer dieser Mannschaften werden. Ich musste schleunigst mehr über diesen Sport in Erfahrung bringen.

Eric versuchte, mir alles geduldig zu erklären: „Beim Flagfootball stehen zehn Spieler gleichzeitig auf dem Feld. Fünf Offense-Spieler von einer Mannschaft und fünf Defense-Spieler der anderen Mannschaft. Die Offense versucht, einen Touchdown zu erzielen und die Defense versucht, das zu verhindern."

„Also gleich wie beim American Football", warf ich ein.

Quarterback

„Ja, aber das Spielfeld ist nur ungefähr halb so groß. Die Offense hat vier Versuche, um über die Mittellinie zu kommen und dann noch einmal vier Versuche, um die gegnerische Endzone zu erreichen und einen Touchdown zu erzielen."

„Der Touchdown zählt sechs Punkte?"

„Stimmt. Und nach dem Touchdown gibt es einen Extrapunktversuch aus fünf Yards Entfernung. Danach kommt die Offense der anderen Mannschaft aufs Feld. Oder schon früher, wenn man keinen Touchdown geschafft hat."

„Okay. Woher bekomme ich einen Helm?"

Eric lachte: „Du brauchst keinen Helm!"

„Warum nicht?"

„Der größte Unterschied zum American Football liegt darin, dass wir keine Schutzausrüstung, sondern nur einen Gürtel mit zwei Flags brauchen. Um einen Versuch zu stoppen, musst du dem Spieler, der den Ball hat, eine der Flags vom Gürtel reißen."

„Ich verstehe. Eines musst du mir aber noch sagen."

Eric schaute mich fragend an.

„Wann geht es endlich los?"

Eine Woche später traf sich unsere Mannschaft zum ersten Spiel. Die Gürtel wurden ausgeteilt und Eric sagte mir, dass ich in der Offense spielen würde. Als Receiver. Jede Offense besteht aus einem Quarterback und vier Receivern. Der Quarterback wirft den Ball, die Receiver fangen ihn und versuchen, einen Raumgewinn zu erzielen. Bestenfalls sogar einen Touchdown. Nachdem ich den Gürtel angelegt hatte, lief ich aufs Spielfeld. Der Quarterback war gerade dabei, jedem Receiver zu sagen, wohin er laufen musste: „Tripps Left X Fly Y Post Z Hook on Two!"

Mein erster Spielzug endete nicht nur mit einem angezählten Österreicher, sondern zugleich mit einer Interception, dem allerschlechtesten Ausgang für die Offense. Ein Spieler der Defense hatte den Ball gefangen und wir mussten vom Feld. Die gegnerische Offense war am Zug. Ich wankte noch immer leicht benommen zur Seitenlinie. Obwohl mir etwas schwindlig war, waren meine Gedanken klar. Nach nur einem Spielzug wusste ich, dass ich einen neuen Sport für mich entdeckt hatte. Das Gefühl,

Teil einer Flagfootball-Mannschaft zu sein, war für mich überwältigend. American Football war mein absoluter Lieblingssport und jetzt hatte ich eine Sportart gefunden, bei der ich meinen Idolen aus der NFL nacheifern konnte, ohne schwere Verletzungen befürchten zu müssen. Bei der Vorstellung, dass sich jemand mit 120 Kilogramm Körpergewicht mit voller Absicht auf mich stürzte, war mir nicht wohl gewesen, darum hatte ich mich trotz meiner Football-Begeisterung bisher nicht selbst aufs Footballfeld gewagt. Nach einem Zusammenprall wie dem eben erlebten benommen am Boden zu liegen, reichte mir völlig aus.

Flagfootball war für mich die ideale Alternative. In den folgenden Wochen verbrachte ich jede freie Minute als Spieler oder Zuseher bei den Flagfootball-Meisterschaften in Lubbock. Ich war begeistert und bewunderte die Spieler. Wir gewannen kein einziges Spiel, aber das war mir egal. Ich überlegte nur, wie ich einen Weg finden könnte, Flagfootball auch nach meiner Rückkehr nach Österreich weiter auszuüben.

8   Tennessee Titans

Im Dezember stand das Studium im Mittelpunkt, es blieb nicht viel Zeit für sportliche Aktivitäten und Ausflüge. Nachdem ich die letzte Prüfung absolviert hatte, packte ich meine Sachen und spazierte noch einmal über den Campus. Das Footballstadion, die Basketballarena, die Orte, an denen ich Flagfootball spielte, das Gebäude, in dem ich Lehrveranstaltungen besuchte. Ich wollte alles noch einmal sehen. Kurz vor Weihnachten würde ich Abschied von Lubbock und der Texas Tech University nehmen müssen. Ich war traurig, nicht länger bleiben zu können, doch andererseits war es der perfekte Moment für meine Rückkehr nach Österreich. Es hätte nicht mehr schöner werden können. Die vielen Eindrücke und Erlebnisse würden mir immer positiv in Erinnerung bleiben. Es fühlte sich an, als wäre ich viel länger als nur ein Semester dort gewesen. Ich verabschiedete mich von Eric, Andrew und den anderen Studenten, mit denen ich Zeit verbracht hatte. Mir war bewusst, dass es wahrscheinlich ein Abschied für immer sein würde.

Ich verließ Lubbock alleine in einem Mietauto, denn ein ganz besonderer Kurzausflug stand mir noch bevor. Ich hatte meinen Rückflug von Houston aus gebucht. Der Grund: American Football. Genauer gesagt: Die Tennessee Titans.

Während meiner Reiseplanungen hatte ich den Spielplan der Titans im Auge gehabt. Ich war Spiel für Spiel durchgegangen, um zu sehen, wann sie in der Nähe von Lubbock spielen würden.[13] Den ganzen Herbst über: Fehlanzeige. Dann sah ich es:

---

[13] „Nähe" nach amerikanischen Maßstäben. Eine 5-Stunden-Autofahrt musste ich in jedem Fall einplanen.

„December 21: Tennessee Titans @ Houston Texans". Am letzten Wochenende vor Weihnachten spielten meine Titans tatsächlich in Houston. Das konnte ich mir nicht entgehen lassen.

Die Fahrt nach Houston dauerte über acht Stunden. Ich war wahnsinnig müde, als ich am Vorabend des Spiels im Hotel eincheckte. Es befand sich nur ein paar hundert Meter vom Stadion entfernt. Nachdem ich die Koffer auf das Zimmer gebracht hatte, setzte ich meine Titans Kappe auf und ging den kurzen Weg zur Spielstätte, um mich auf den nächsten Tag einzustimmen. Es war windig und die Kälte bohrte sich durch meine Jacke. Nach meiner Rückkehr ins Hotel ging ich direkt zum Lift, freute mich auf eine heiße Dusche und das warme Bett. Ein anderer Gast hielt mir die Tür auf, ich bedankte mich und drückte auf „9".

„Gehst du morgen zum Spiel?", fragte er mit einem Blick auf meine Titans-Kappe.

„Ja, du auch?"

„Klar."

Als wir sein Stockwerk erreichten, rief mein unbekannter Liftkollege mir beim Hinausgehen zu: „Steve McNair sitzt unten in der Hotelbar!"

Ich erstarrte. Der Quarterback der Tennessee Titans, mein großes Idol Steve McNair, saß in der Hotelbar? Zuerst dachte ich, dass es ein Scherz sein musste. Aber warum sollte mich der Fremde anlügen? Meine Müdigkeit war wie weggeblasen. Ich rannte in mein Zimmer, um meinen Fotoapparat zu holen.[14] Sekunden später fuhr ich im Lift zurück ins Erdgeschoß. Und tatsächlich: Mitten in der Bar, den Blick auf einen Fernseher gerichtet, auf dem ein NFL-Spiel übertragen wurde,[15] saß Steve McNair. Mein Lieblings-Footballspieler, mein absoluter Lieblingssportler. 2003 wurde er zum wertvollsten Spieler der NFL gewählt. Ein Superstar. Ich musste mich erst einmal setzen. McNair hatte auf einem Barhocker Platz genommen, er saß dort ganz alleine. Niemand belästigte ihn. Nach einigen Minuten, die sich wie Stunden an-

---

[14] Für alle jungen Leser: Ein Gerät, in das man einen Film einlegte und dann entwickeln lassen musste, um schließlich eine Fotografie zu erhalten.

[15] Offenbar fanden gerade keine Hunderennen statt.

fühlten, begann im Fernsehen eine Werbepause. Ich dachte mir: „Jetzt oder nie!"

Ich stand auf und ging zu ihm hinüber. Meiner sprachlichen Kreativität waren in diesem Moment klare Grenzen gesetzt. Ich erzählte ihm, dass ich aus Österreich stamme und ein riesengroßer Fan der Titans und von ihm persönlich sei. Er nahm es zur Kenntnis, ich ließ den Small Talk sein und bat ihn um ein gemeinsames Foto. Seine Begeisterung hielt sich in Grenzen, aber er stimmte zu. Ich gab meinen Fotoapparat einer Dame, die gerade vorbeikam. Sie drückte ab, ich bedankte mich artig und setzte mich wieder hin. Ich atmete tief durch. Einmal. Zweimal. Dreimal. Aber Moment: War die Zufalls-Fotografin tatsächlich in der Lage gewesen, meinen Apparat zu bedienen? Erst ein paar Tage nach Weihnachten, nachdem ich den Film hatte entwickeln lassen, konnte ich sicher sein, tatsächlich ein Foto mit meinem größten Vorbild im Kasten zu haben.

Die Geschichte des Fotos geht noch weiter: Im Jahr 2007 sollte ein in Österreich lebender US-Amerikaner an den Tryouts meiner Flagfootball-Mannschaft teilnehmen. Obwohl er mit 35 Jahren für einen Flagfootball-Anfänger schon etwas älter war, erkannte ich, dass er das Potential hatte, unsere Mannschaft zu verstärken. Und nicht nur das, Todd Vandall wurde innerhalb kürzester Zeit zum Defense Captain, eine Position, die er viele Jahre innehielt. Irgendwann im Frühjahr 2008 fragte mich Todd, warum ich die Nummer 9 trage. Das läge an Steve McNair, meinem Lieblingsspieler, der auch die Nummer 9 hatte. Ich erzählte ihm die Geschichte des Fotos. Ein paar Wochen später erwähnte Todd, dass er im Sommer zu seinen Verwandten in die USA fliegen würde. Ein guter Freund von ihm sei bei einer Grillparty eingeladen, bei der höchstwahrscheinlich auch Steve McNair anwesend sein würde. „Ich könnte versuchen, dir ein Autogramm zu besorgen."

Noch einmal ganz langsam: Ein US-Amerikaner schloss sich meiner Flagfootball-Mannschaft an. Wenige Monate später kehrte er für ein paar Wochen in die USA zurück. Während er in den USA war, war ein Freund von ihm bei einer Grillparty eingeladen. Bei dieser Grillparty würde auch Steve McNair anwesend sein. Und all das wusste er schon viele Wochen vor jener Party? Ich wunderte mich mittlerweile gar nicht mehr. Stattdessen durchsuchte ich die Negative meines Auslandssemesters und ließ das Bild mit Steve McNair ein zweites Mal entwickeln. Würde McNair tatsächlich auf dieser Party sein? Drei Wochen später war Todd wieder zurück und drückte mir das Foto in die Hand. Unterschrieben von Steve McNair, mit dem Satz: „For Phil, the best Flag Quarterback in Austria". Ich war überwältigt. Dieses Foto hat bis heute einen Ehrenplatz in meinem Haus. Ich gehe jeden Tag daran vorbei. Manchmal halte ich inne, um mir diese unglaubliche Geschichte wieder in Erinnerung zu rufen. Ich bin Todd unendlich dankbar dafür, dass er das für mich eingefädelt hat.

Am letzten Tag meines Auslandssemesters ging es also ins Reliant Stadium in Houston, wo ich meine Titans zum ersten, aber nicht zum letzten Mal, live erleben durfte. Obwohl sie die klaren Favoriten waren, wogte das Spiel hin und her und zwei Minuten vor Schluss waren es die Houston Texans, die mit vier Punkten in Führung lagen. Die Titans brauchten ein Wunder. Kurz vor Spielende hatten sie einen allerletzten Versuch, um das Spiel doch noch zu gewinnen. Das Stadion bebte. Die Fans der Texans machten in einer Lautstärke Lärm, die ich weder zuvor, noch danach wieder bei einem Sportereignis erlebt hatte. Mein eigenes Wort konnte ich schon lange nicht mehr verstehen. Als Steve McNair wenige Momente später einen Touchdown zum Sieg warf, war es mit einem Schlag mucksmäuschenstill. In Sekundenbruchteilen verwandelte sich das Geschrei zu einer Stimmung, die man sonst nur von Wimbledon kennt. Die Heimfans waren fassungslos. Und mir bescherten die Titans den perfekten Abschluss meiner Zeit in den USA.

9 Der Beginn von etwas Großem

Ich wollte, nein, ich musste Flagfootball spielen. Der Weg dorthin war noch weit. In Österreich fehlte es mir an vielem. Allem voran an einem Football. Ich machte mich auf die Suche und ließ jeglichen Qualitätsanspruch beiseite. Siehe da: Im dritten Grazer Sportgeschäft fand ich einen Plastikfootball, der gerade einmal 15 Euro kostete. Im Alter von 23 Jahren hielt ich somit meinen ersten eigenen Football in den Händen! Jetzt fehlte nur noch jemand, dem ich ihn zuwerfen konnte. Die Lösung war schnell gefunden. Wozu hatte man schließlich einen kleinen Bruder? Ich zerrte Georg förmlich vor unser Haus in Aflenz und wir warfen stundenlang den Ball hin und her. Er stand vor dem geschlossenen Garagentor und ich in der Einfahrt, zuerst nur ein paar Meter entfernt, später immer weiter weg. Bald wurde die Einfahrt zu kurz und ich gab meine Steve McNair-Imitationen von der gegenüberliegenden Straßenseite aus zum Besten. Ich stellte mir vor, in der Super Bowl zu stehen: Mein nächster Pass würde über Sieg oder Niederlage entscheiden! Mein „Fangnetz" namens Georg musste dabei einiges einstecken, genauso wie das Garagentor. Wunde Hände vom eiskalten Ball, blaue Flecken am Oberarm und Abdrücke der Einschläge in der Holzverkleidung des Tores, waren die sichtbaren Ergebnisse unserer „Trainingseinheiten". Ich war mir nicht sicher, wie begeistert mein damals 14-jähriger Bruder von all dem war, meistens klagte er bloß über die schmerzhaften Blutergüsse. Ich rechnete es ihm hoch an, dass er jedes Mal wieder bereit war, mich vor das Haus zu begleiten. Es war schön, mit

Georg imaginäre Super Bowls zu veranstalten, doch ich träumte davon, Flagfootball zu spielen und irgendwann einmal einen Pass zu werfen, der meine Mannschaft ein wichtiges Spiel gewinnen ließe.

American Football wurde zu dieser Zeit in Österreich von zwei Mannschaften dominiert, den Graz Giants und den Vienna Vikings. Obwohl die großen Erfolge auf europäischer Ebene noch vor ihnen lagen, war der Spielbetrieb beider Vereine für eine Amateurliga schon sehr professionell. Beim Flagfootball sah das anders aus. Sowohl in Österreich als auch international – jenseits der USA – steckte der Sport in den Kinderschuhen. Das erste nennenswerte durch den American Football Bund Österreich (AFBÖ) ausgetragene Flagfootball-Turnier fand 1997 statt. Anschließend gründeten sich einige Vereine, die regelmäßig gegeneinander antraten. Diese bestanden zum großen Teil aus ehemaligen American-Football-Spielern, die in späteren Jahren mit Flagfootball angefangen hatten. Aufgrund der langsam steigenden Popularität des Sports wurde 2001 die Flag Liga Austria (FLA) gegründet und die erste offizielle Österreichische Meisterschaft ausgetragen. Sowohl auf europäischer Ebene als auch darüber hinaus gab es bis zu diesem Zeitpunkt noch keine einheitlichen Bestrebungen, internationale Wettkämpfe auszurichten. Erst 2002 wurde die erste Flagfootball-Weltmeisterschaft veranstaltet, vom AFBÖ federführend organisiert und in Österreich ausgerichtet. Sage und schreibe vier Mannschaften nahmen daran teil, alle kamen aus Europa.[16] Aber ein Anfang war gemacht und Österreich konnte sich bei diesem Turnier zum ersten Weltmeister krönen. Ähnlich verlief es bei der ersten Europameisterschaft im Jahr 2003, die in Wien stattfand und bei der Österreich wiederum als Gewinner vom Feld ging.

In den Jahren danach folgten drei wichtige Meilensteine, die Flagfootball zu größerer internationaler Anerkennung verhalfen:

---

[16]Soviel zum Thema „Weltmeisterschaft".

1) Einheitliche Spielweise

Nach der Weltmeisterschaft 2004 einigten sich der europäische Footballverband EFAF (European Federation of American Football) und der Weltverband IFAF (International Federation of American Football) darauf, dass Flagfootball bei allen internationalen Turnieren in der Variante fünf-gegen-fünf gespielt werden sollte. Zuvor gab es Flagfootball-Turniere, bei denen vier, sieben oder sogar elf Spieler pro Mannschaft gleichzeitig am Feld standen. Die Größe des Spielfelds war ebenfalls nicht einheitlich festgelegt.

Der neue Modus wurde schnell in ganz Europa umgesetzt. In ganz Europa? Nein! Unsere Lieblingsnachbarn nördlich der Alpen spielten weiterhin die offizielle Meisterschaft mit sieben Feldspielern und mit Regeln, die eher dem American Football ähnelten. Meiner Meinung nach war das der Hauptgrund für die Bedeutungslosigkeit Deutschlands im internationalen Flagfootball. An Talent mangelte es den deutschen Spielern nie. Aber keine deutschlandweite Meisterschaft mit dem international gültigen Modus zu haben, war ein riesengroßer Wettbewerbsnachteil. Man stelle sich vor, dass in Deutschland beim Fußball 15 Feldspieler erlaubt wären, es kein Abseits gäbe und das Spielfeld eine andere Größe hätte. Würde dann auch erwartet werden, dass Bayern München Champions-League-Sieger wird und die deutsche Nationalmannschaft die Weltmeisterschaft gewinnt?

2) Weltmeisterschaft auf dem amerikanischen Kontinent

2008 wurde in Montreal die erste Flagfootball-Weltmeisterschaft auf amerikanischem Boden ausgetragen. Dieses Turnier hatte den Namen „Weltmeisterschaft" verdient. Mit den USA, Kanada und Mexiko waren erstmals auch die Nationen mit von der Partie, die tatsächlich den größten Anteil an aktiven Flagfootball-Spielern aufweisen konnten. In Montreal konnten die Gastgeber den Titel holen, dies sollte der bislang letzte Medaillengewinn für die Kanadier bei den Herren werden. Österreich konnte bei den ersten beiden nicht in Europa ausgetragenen Weltmeisterschaften 2006 in Südkorea und 2008 in Kanada keine Medaille holen und hatte klaren Aufholbedarf.

3) Einheitliches Regelwerk

Der wichtigste Aspekt für den internationalen Durchbruch war das erste weltweit gültige Flagfootball-Regelwerk, das 2009 geschaffen wurde. Bis 2009 wurden internationale Turniere gemäß lokaler Regeln mit unterschiedlichen Spielfeldgrößen abgehalten. Auch bei den Schiedsrichtern gab es erhebliche Defizite. Manche von ihnen waren deutlich mehr mit American Football vertraut und beherrschten die Flagfootball-Regeln nur teilweise. Kurzum: Ein komplettes Chaos! Die Verwirrung hielt sich auf europäischer Ebene noch einigermaßen in Grenzen, hier waren die Unterschiede geringer als im internationalen Bereich – vor allem jenseits des Atlantiks. Die 2009 veröffentlichen Regeln setzten der Verwirrung ein Ende, ab diesem Zeitpunkt waren sie für alle weltweit von der IFAF und von Kontinentalverbänden, somit auch von der EFAF, organisierten Turniere gültig.[17]

Persönlich war ich im Frühjahr 2004 noch ungefähr so weit von der internationalen Bühne entfernt, wie ein Dorfkicker von der Champions League. Aber ich startete erste Versuche, regelmäßig Flagfootball zu spielen. Ich wollte eine bestehende steirische Mannschaft suchen, idealerweise aus Graz, und dort anheuern. Meine Recherche begann auf der Homepage der Graz Giants. Zu meiner Überraschung fand ich heraus, dass sie überhaupt keine Flagfootball-Mannschaft hatten. Ich suchte weiter, irgendein Team musste es ja geben. Doch selbst auf der Homepage des AFBÖ hieß es: Fehlanzeige! Ich kam zu einer unerwarteten Erkenntnis: Wenn ich den Sport in der Steiermark ausüben wollte, musste ich selbst einen Verein gründen. Für eine funktionierende Mannschaft brauchte ich mindestens zehn Spieler – es fehlten also nur noch neun.

---

[17] Zumindest theoretisch, wie wir später noch sehen werden.

Quarterback

In einem ersten Schritt ging es mir gar nicht um eine Vereinsgründung oder eine Teilnahme an der FLA, sondern darum, ein paar Leute zu finden, die gelegentlich auch Flagfootball spielen wollten. Alles andere musste sich später ergeben. Mein Glück war, dass ich sportliche Freunde hatte. Die wiederum hatten Bekannte, die entweder ganz generell sportbegeistert waren oder schon einmal einen Football hin- und hergeworfen hatten. Eine Gruppe von acht bis zwölf Spielern ließ sich erstaunlich schnell organisieren und so trafen wir uns im Sommer 2004 einige Male in Bruck an der Mur, um „Football" zu spielen. Man beachte die Anführungszeichen. Es war nicht wirklich Flagfootball. Wir markierten ein Spielfeld in variabler Größe und spielten eine Art Semi-Kontakt-Football mit teilweise erlaubtem Blocken[18] und gelegentlich geduldetem Tacklen.[19] Völlig chaotisch und verrückt. Aber es machte uns Spaß. Wir spielten stundenlang ohne Pause. An den Tagen danach konnten wir uns vor lauter Muskelkater kaum bewegen. Niemand von uns war die Intensität des Sports, die Art der Bewegungen und vor allem die vielen Sprints gewohnt. Ich spielte von Anfang an auf der Position des Quarterbacks, weil ich von allen Spielern am besten werfen konnte und sich sonst niemand für diese Position aufdrängte. Gleich nach der ersten Trainingseinheit bemerkte ich, dass der Plastikball vom Winter nicht das Wahre war. Also kaufte ich mir einen richtigen Football aus Leder, mit dem ich bis 2008 ausschließlich spielen sollte. Denn mit anderen Bällen gelang es mir nicht, schöne und vor allem genaue Pässe zu werfen.[20]

Ein Highlight zum Thema „Blocken" aus diesem Sommer: Heinz, ein Flagfootballer der ersten Stunde, rief mir während eines Spiels zu: „Ich blocke für dich, damit du mehr Zeit hast, um zu werfen."

Ich antwortete: „Okay, wie stellst du dir das vor?"

---

[18] Beim Flagfootball nicht erlaubt.

[19] „Tacklen", das Zubodenstoßen des Gegenspielers, ist im Flagfootball strengstens verboten.

[20] Ein Umstand, der mir noch Probleme bereiten sollte.

„Ich weiß, wie man das macht, ich habe es schon oft genug in der NFL gesehen!"

Ich dachte mir: „Warum nicht? Schließlich ist er 1,87 Meter groß, wiegt ungefähr 90 Kilogramm und ist ein guter Basketballspieler. Das könnte funktionieren."

Wie angekündigt stellte er sich beim nächsten Spielzug als Blocker auf. Die Idee war spitze, so schien es, denn ein Defense-Spieler rannte direkt auf ihn zu. So weit so gut. Doch plötzlich passierte etwas Eigenartiges: Heinz legte sich auf den Boden, so dass sein Gegenüber über ihn springen konnte und mich erreichte, ohne dass ich Zeit für einen Pass gehabt hatte. Leicht verärgert schaute ich zu Heinz hinüber.

„In der NFL legen sie sich auch immer hin und dort funktioniert es!", verteidigte er sich.

Er hatte übersehen, dass die Blocker in der NFL beim Hinlegen gleichzeitig versuchen, den jeweiligen Gegenspieler von den Beinen zu holen. Wir lachten laut los und bald konnte sich auch Heinz nicht mehr halten.

Im Laufe des Sommers spielten wir einige Male mit großer Begeisterung. Doch als der Winter kam, begann ich, wieder im Internet zu recherchieren. Ich fand heraus, dass jedes Jahr am 1. Mai die „Mailüfterl Bowl" als Saisonvorbereitung für die FLA veranstaltet wurde. Kurz entschlossen meldete ich uns an, ohne zu wissen wer „wir" eigentlich genau waren. Ich kontaktierte alle, die im Sommer dabei gewesen waren. Am Ende waren es zu meiner Enttäuschung nur fünf Spieler, die am 1. Mai 2005 meinem Ruf folgten. Unter ihnen waren Michael Kroißenbrunner, Heinz und Andreas Schabiner, den jeder nur als „Qualle" kannte. Wir mussten mit nur sechs Spielern antreten, was erlaubt, aber wahnsinnig anstrengend war. Bei den anderen Teams wechselten sich Offense-Spieler mit Defense-Spielern ab, wir standen pausenlos am Feld. Ich spielte sowohl Quarterback als auch in der Defense. Als ob das für Flagfootball-Neulinge nicht Herausforderung genug gewesen wäre, mussten wir zudem gegen den amtierenden Meister, den Klosterneuburg Indians, sowie den Zweit-

und Drittplatzierten der vorangegangenen Meisterschaft antreten. Und das an einem ungewöhnlich heißen Maitag.

Der Tag begann, wie so viele Flagfootball-Tage für mich beginnen würden, mit Nervosität und einem flauen Gefühl im Magen. All die Jahre, in denen ich Flagfootball spielte, gelang es mir nicht, die Morgennervosität abzulegen. Als Quarterback fühlte ich mich für Erfolg oder Scheitern der gesamten Mannschaft verantwortlich. Ich wusste, dass wir keine Chance hatten, wenn ich schlecht spielte. Dieser Druck lastete jahrelang auf meinen Schultern, ich konnte ihn nicht abschütteln, nur versuchen, besser damit umzugehen. Die Mailüfterl Bowl verlief für uns mit drei Niederlagen erwartungsgemäß, trotzdem war ich überrascht, wie gut wir in den Spielen phasenweise mithalten konnten. Vor allem in der Offense waren wir in der Lage, unseren Gegnern Paroli zu bieten und einige Touchdowns zu erzielen. In der Defense waren wir dagegen komplett überfordert. Ein persönliches Highlight war das Spiel gegen den amtierenden Meister aus Klosterneuburg, der vom Nationalteam-Quarterback und meinem späteren Nationalteam-Coach Wolfgang Vonasek angeführt wurde. Sie erzielten Touchdown um Touchdown, doch bei einem Spielzug gelang es mir, als Verteidiger einen Pass von Vonasek abzufangen und mit einem 40-Meter-Sprint in die gegnerische Endzone zu befördern. Ein Interception-Return-Touchdown gegen den zu diesem Zeitpunkt besten Flagfootball-Quarterback Österreichs war eine geniale Sache! Eine zweite Szene war weniger schön. Als wir uns gerade für das letzte Spiel aufwärmten, beobachtete ich einen harten Zusammenstoß zwischen zwei Spielern. Das Spiel wurde abgebrochen, da sich einer der beiden einen Zahn ausgeschlagen hatte und stark blutete. Dieser Vorfall und die harte Spielweise der Topteams ließen den „Kontaktarm"-Mythos unserer Variante des American Football verblassen.

Am Ende des Tages war die Mailüfterl Bowl für uns trotz der Niederlagen ein großer Erfolg. Wir waren erschöpft und von der Sonne aufgebrannt, aber vier von uns sechs hatten Feuer gefangen und wollten definitiv mehr. Ich musste so schnell wie möglich einen Verein gründen, um an der Österreichischen Meisterschaft 2006 teilnehmen zu können.

Als Jurist sah ich mich in der Verantwortung, die organisatorischen Aufgaben der Vereinsgründung zu übernehmen. Ich lud meine Gründungskollegen Michael und Heinz ins Café Players in der Heinrichstrasse in Graz ein, um über die Details zu sprechen. Die wichtigste Frage war, welchen Namen wir uns geben wollten. Gemäß dem Vorbild der NFL-Mannschaften galt es, sich auf einen Ort (zum Beispiel: „Dallas") und einen Rufnamen (zum Beispiel: „Cowboys") zu einigen. Für den Ort standen zwei Möglichkeiten zur Wahl: „Graz" oder „Styrian". Für „Graz" sprach, dass es unser Wohnort und der Vereinssitz war. Nachdem wir zwar alle Steirer waren, jedoch keiner von uns ursprünglich aus Graz kam, gefiel uns „Styrian" besser. Die Suche nach einem Rufnamen war schwieriger. Ich schlug „Panthers" vor, abgeleitet vom steirischen Wappentier und war überrascht, dass ich nicht auf ungeteilte Zustimmung stieß. Der entscheidende Einwand kam von Heinz: „Panthers können wir nicht nehmen, der Name muss eine Alliteration enthalten. Das klingt viel schöner."

„Hast du andere Vorschläge?", fragte ich Heinz.

„Für mich gibt es zwei Möglichkeiten: Styrian Stallions oder Styrian Studs." „Es gab einen American Football Verein in der Weststeiermark, der Stallions hieß", erinnerte ich mich, „das ist für mich daher nicht die erste Wahl. Was bedeutet Studs?"

„Hengst oder Sexprotz.[21] Außerdem wird jemand, der im sportlichen Bereich etwas besonders gut kann, als Stud bezeichnet."

Wir diskutierten noch etwas, aber schließlich konnte die Wahl nur auf Styrian Studs fallen. Er beinhaltete die gewünschte Alliteration und war leicht augenzwinkernd provokant. Das setzte sich auch beim Logo fort, einem Hengst mit fünf Beinen. Aber nicht alle kennen sämtliche Bedeutungen und wissen, wofür das fünfte Bein steht.

---

[21] Heinz hatte Englisch studiert, er musste es also wissen.

Göteborg, Mittwoch 15. August 2012

Endlich ist es so weit. Nach acht Jahren wird die Flagfootball-Weltmeisterschaft wieder in Europa ausgetragen. Es ist eine Weltmeisterschaft der Superlative, mit Rekordteilnehmerfeld – und zum allerersten Mal treten nordamerikanische Mannschaften diesseits des Atlantiks an. Auf dem Weg vom Flughafen Göteborg-Landvetter zu unserem Mannschaftshotel bin ich in mich gekehrt. Ich sitze alleine und bereite mich im Stillen auf die kommende Aufgabe vor. In einer idealen Welt sind Quarterbacks auch emotionale Leader, die ihre Kollegen so richtig heiß machen. Diese Rolle kann ich nur zum Teil erfüllen. In den Trainings rede ich viel und coache meine Offense-Kollegen, bis bei jedem einzelnen Spielzug alles zu hundert Prozent funktioniert. Mir gelingt es wohl auch, sie zu motivieren und einen Zusammenhalt zu schaffen, damit alle an einem Strang ziehen. Das ist besonders wichtig, weil immer nur ein Receiver der Passempfänger sein kann, die anderen drei Spieler für den Spielzug aber genauso wichtig sind. Ich bin überzeugt, dass ich meine Offense-Kollegen als Quarterback gut anführe, aber ein emotionaler Leader bin ich nicht. Ich weiß nicht, ob meine Mitspieler sich das wünschen, für mich wäre die Ablenkung jedenfalls zu groß. Ich kann meine beste Leistung nur bringen, wenn ich alles um mich herum ausblende. Nicht selten entferne ich mich kurz vor Spielbeginn einige Meter von der Mannschaft, um mich zu fokussieren. Laute Anfeuerungen überlasse ich entweder Tom oder Coach Dize, die das viel lieber und besser machen. Vor dieser Weltmeisterschaft brauche ich schon bei der Anreise ruhige Minuten, um meine Nervosität halbwegs in den Griff zu bekommen.

Göteborg, 15. August 2012

Während wir an der Göteborger Innenstadt vorbeifahren, bringe ich mir den Wettkampf-Modus in Erinnerung. Es gibt zwei Vorrundengruppen zu je acht Mannschaften, pro Gruppe qualifizieren sich nur die beiden Besten für die K.-o.-Runde und somit direkt für das Halbfinale. Wir sind gut vorbereitet und voller Zuversicht, aber wir haben einen scheinbar unüberwindbaren Gegner in der Gruppe: Den amtierenden Europameister aus Dänemark. Sollten wir, wie in den Jahren zuvor, gegen die Dänen verlieren, müssten wir die restlichen sechs Spiele gewinnen, um nicht vorzeitig auszuscheiden.

Die Reihenfolge der Spiele war optimal angesetzt. Am ersten Wettkampftag warten mit Kuwait, Korea und Norwegen die drei schwächeren Gruppengegner auf uns, die wir souverän besiegen müssen. Am zweiten Tag folgen mit Panama, Italien, Dänemark und Japan ganz andere Kaliber. In der zweiten Gruppe gilt Titelverteidiger USA als haushoher Favorit. Mexiko, Kanada und Deutschland haben die besten Chancen auf den zweiten Gruppenplatz. Coach Vonasek reißt mich aus meinen Gedanken. Er ergreift das Bus-Mikrofon und sagt: „Willkommen in Göteborg, wir sind gleich im Hotel. Bitte bezieht schnell die Zimmer, dann machen wir einen Spaziergang!"

„Spaziergang?", wundere ich mich. „Wir sind doch nicht zum Wandern da."

An der Reaktion meiner elf Mannschaftskollegen lässt sich ablesen, dass sie Ähnliches denken. Wir haben zwar keine Weltreise hinter uns, dennoch freuen wir uns auf ein bisschen Ruhe vor dem gemeinsamen Abendessen und der Mannschaftsbesprechung. Vonasek hat andere Ideen.

Tom und ich ziehen uns auf unserem Hotelzimmer Trainingsanzüge an und gehen zurück in die Lobby. Dann starten wir unseren Spaziergang durch die Göteborger Innenstadt. Wir marschieren durch enge Gassen und an einem Park vorbei. Wir überqueren eine kleine Brücke, die über einen der Göteborger Kanäle führt. Als mir die Sightseeing-Tour allmählich zu gefallen beginnt, entdecke ich in der Ferne sechzehn Fahnen. Eine davon weht rot-weiß-rot. Coach Vonasek scheint meine Gedanken zu lesen: „Ja, wir gehen dorthin, wo es ab morgen ‚Go for Gold' heißen wird!"

Da ist er wieder. Go for Gold. Vonaseks Leitspruch begleitet uns seit dem Beginn des ersten Trainingslagers im Frühjahr. In keinem E-Mail, das wir von ihm erhielten, fehlte er. Motivierte uns diese Zielvorgabe, oder bewirkte sie eher das Gegenteil? Vor einigen Wochen sprach ich mit unserer Teampsychologin über meine Zweifel. Wäre es nicht eine Niederlage, wenn wir die schier unerreichbare Goldmedaille nicht gewinnen konnten? Die Ergebnisse der Jahre zuvor machten uns nicht gerade zu Favoriten. Doch die Psychologin überzeugte mich, dass man den Spruch nicht als Zielsetzung sehen muss. Er soll uns motivieren und bedeutet, dass die Coaches an unsere Fähigkeiten glauben und uns viel zutrauen. Das Gespräch verhalf mir zu einem neuen Blickwinkel.

Ich nehme die Fahnen, die in einer Reihe gehisst wurden, genauer unter die Lupe. 16 Teams, 16 Fahnen. Ganz vorne Österreich, dann die USA, dahinter der Rest. Ein gutes Omen? Mein Blick schweift über die Spielstätte, die sich mitten im Zentrum von Göteborg befindet. Die Spielfelder sind aufgebaut und die Tribünen neben den beiden Hauptfeldern stehen bereit. Obwohl wir keines der Vorrundenspiele auf dem Hauptfeld bestreiten, führen uns unsere Coaches schnurstracks dorthin. Wir setzen uns auf den Boden, bilden einen Kreis und halten eine Mannschaftsbesprechung ab. Die Coaches stimmen uns auf die kommenden Tage ein und führen uns durch den Zeitplan. Coach Vonasek ist wie immer perfekt vorbereitet. Er kümmert sich um alles Organisatorische und ermöglicht uns volle Konzentration aufs Spielen. Er führt einen minutiösen Zeitplan, der uns stets zur richtigen Zeit am richtigen Ort sein lässt. 12:30 Uhr Essen, 14:00 Uhr Aufwärmen, 14:45 Uhr Spielbeginn, alles genau geplant. Nach der allgemeinen Teambesprechung sprechen wir kurz über die Gegner des ersten Wettkampftages, genaue taktische Anweisungen gibt es aber nicht. Wir besitzen kein Videomaterial von unseren ersten Gegnern und müssen uns auf unsere Stärken konzentrieren. Wichtig wird sein, dass wir uns nicht zu sehr verausgaben

Göteborg, 15. August 2012

und möglichst verletzungsfrei durch den Tag kommen. Zum Abschluss der Besprechung nimmt Coach Vonasek einen Football aus seinem Rucksack. Ich befürchte schon, dass wir noch eine Trainingseinheit einlegen sollen. Stattdessen spielen wir Ultimate Walking Flagfootball, eine Mischung aus Flagfootball und Ultimate Frisbee, bei der nur Gehen erlaubt ist. Das lustigste Aufwärmspiel, das wir je absolvierten, ist der perfekte Abschluss für unsere Besprechung. Nach ein paar Minuten meint man, dass wir für den Geher-Wettbewerb bei den Olympischen Spielen trainieren, weil uns unser Ehrgeiz mit schnellstmöglicher Geschwindigkeit „gehen" lässt. Die Lockerheit, die wir zu Tage bringen, habe ich vor einem großen Turnier noch nie erlebt. Unser „Spaziergang" ist ein voller Erfolg.

Zurück im Hotel essen wir zu Abend und vereinbaren Termine mit unserem Physiotherapeuten für den nächsten Morgen. Ich lasse mir den rechten Oberarm massieren, andere wollen sich prophylaktisch die Finger oder das Sprunggelenk tapen lassen. Ich gehe relativ entspannt ins Bett und freue mich auf den nächsten Tag. Die wirklich schweren Aufgaben stehen noch nicht bevor.

10 Quarterback

Die Position des Quarterbacks wurde mir nicht in die Wiege gelegt, dennoch war ich es, der diese Rolle bei den Styrian Studs übernahm. Mein Vorteil gegenüber meinen Mannschaftskollegen bestand darin, dass ich als einziger etwas Erfahrung im „Ballwerfen" mitbrachte. Außerdem wollte niemand anderer auf dieser Position spielen. Aber war ich auch der Richtige für diese Aufgabe? Hatte ich die notwendigen Voraussetzungen? Was zeichnete einen Flagfootball-Quarterback aus, auch im Vergleich zu einem American-Football-Quarterback?

Definitiv nicht die Körpergröße. In der NFL galt lange die Regel, dass ein Quarterback mindestens 1,90 Meter groß sein müsse,[22] um über die riesigen Offense- und Defense-Line-Spieler sehen zu können. Mittlerweile erwiesen sich auch kleinere Spieler wie Drew Brees, Russell Wilson oder Kyler Murray als erfolgreich. Beim Flagfootball war die Körpergröße deutlich weniger relevant, weil es keine „Defense-Wand" gab, über die man schauen musste. Das einzige Hindernis bestand aus einem heranstürmenden Blitzer, der mit erhobenen Armen versuchte, Pässe abzuwehren oder abzufälschen.

Eine schon etwas interessantere Komponente war die „Hand Size". Speziell in kalten und nassen Bedingungen war es von Vorteil, größere Hände zu haben, um den Ball besser greifen zu können. In der NFL sprach man von einer Mindestgröße von 9,5 Inch, besser noch 10 Inch, gemessen bei einer gespreizten Hand von der Daumenspitze bis zum Ende des kleinen Fingers. Mit meinen 24 Zentimetern, knapp 9,5 Inch, erreichte ich diese Benchmark.

---

[22] An dieser Messlatte wäre ich knapp gescheitert.

Next up: „40 yard dash", zu Deutsch: Wie schnell konnte ich 36 Meter im Sprint bewältigen? Auf den ersten Blick schien das für einen Flagfootball-Quarterback unwichtig zu sein, außer man versuchte, nach einer Interception den gegnerischen Spieler einzuholen. Dennoch war in diesem Punkt der Vergleich von American Football mit Flagfootball erlaubt. In beiden Sportarten konnte man als Quarterback entweder nur werfen, ohne sich viel zu bewegen, oder auf Laufspielzüge bauen. War die Offense auf Letzterem aufgebaut, war es äußerst relevant, ob der Quarterback jemandem davonlaufen konnte oder nicht. Meine beste 40-Yard-Zeit wurde im Rahmen eines Nationalteam-Camps im Jahr 2010 gemessen: 5,05 Sekunden. Vergleicht man das mit den Zeiten der 32 Starting-Quarterbacks der NFL im Jahr 2022, würde ich damit den unrühmlichen vorletzten Platz belegen. Hinter mir befände sich nur ein gewisser Tom Brady.

Nun aber zu den wirklich wichtigen körperlichen und spielerischen Voraussetzungen für einen Flagfootball-Quarterback: Die Bronzemedaille erhält aus meiner Sicht die Kategorie „Arm Strength". Es war nicht wichtig, den Ball meilenweit werfen zu können, aber ein Minimum an Wurfstärke musste gegeben sein. Je schneller der Ball beim Receiver ankam, desto weniger Zeit hatten Verteidiger, auf den Wurf zu reagieren und einen Pass abzuwehren. Arm Strength konnte man sich erarbeiten, so war es auch in meinem Fall. Meine Voraussetzungen waren miserabel: Beim Schlagballweitwurf in der Schule war ich froh gewesen, wenn ich nicht bei den Letzten landete. Auch als ich begann, Flagfootball zu spielen, war meine Wurfstärke noch mäßig, gelinde gesagt. Ich wusste, dass ich daran arbeiten musste. Also ging ich ins Fitnessstudio, trainierte Arm und Schulter – und verschliss dabei einige Therabänder. Ich wurde besser und besser, dennoch gelang es mir nie, in diesem Bereich herausragend zu werden.

Die Silbermedaille im Bewerb der wichtigsten Voraussetzungen, um im Flagfootball erfolgreich Quarterback zu spielen, geht an den „Touch": Man musste den Ball in hohem Bogen werfen können. Dies brauchte man bei weiten Pässen,[23] aber auch kurz vor der Endzone, um sowohl den vorderen Bereich mit scharfen Pässen als auch die hinteren Ecken mit gefühlvoll über die Verteidiger geworfenen Bällen erreichen zu können. Die Verteidigung war immer bestrebt, die einfachen Pässe zuerst zu verteidigen, um es der Offense so schwer wie möglich zu machen, und der einfachste Pass in die Endzone war ein kurzer Pass, der auf direktem Weg vom Quarterback zum Receiver ging. Die Möglichkeit zu haben, zu jedem Punkt des Feldes werfen zu können, war meines Erachtens immens wichtig. Glücklicherweise hatte ich diese Begabung und somit einen guten Grundstock für das intensive Touch-Training.

Der Touch ist wohl die am schwierigsten zu erlernende Fähigkeit. Schwieriger sogar als die wichtigste eines Flagfootball-Quarterbacks: „Accuracy". Die Wurfgenauigkeit war das Um und Auf, ohne sie geht im Flagfootball gar nichts. Grundvoraussetzung war, den Ball punktgenau auf ein stehendes Ziel werfen zu können. Es ging nicht bloß darum, den Wurf in der Nähe des Spielers zu platzieren, sondern zum Beispiel direkt auf den Bauchnabel.[24] Bei hundert Versuchen musste das hundert Mal klappen. Im Training gab es keine Ausrede, wenn der Quarterback einen stehenden Receiver nicht exakt anspielen konnte. Ich vergleiche es gerne mit der Freiwurfquote im Basketball: Wenn ein Spieler im Training Probleme mit Freiwürfen hatte, war seine Quote in einem Meisterschaftsspiel mit Sicherheit miserabel. Richtig schwierig wurde es dann erst, wenn der Receiver in Bewegung war, wie im Spiel fast immer. In diesem Fall musste der Quarterback den Ball zu dem Punkt werfen, an dem der Receiver sein würde, wenn der Ball ihn erreichte.

Für eine sehr gute Wurfgenauigkeit braucht man Talent und viel gezieltes Training. Ich schreibe „gezielt", weil es nicht reicht, mit den Receivern die Passrouten zu trainieren. Ein Quarterback muss seine Receiver und deren Bewegungsabläufe besser kennen

---

[23] Auch „lange" oder „tiefe" Pässe genannt.
[24] Im Englischen sagt man dazu „between the numbers", also zwischen die beiden Ziffern einer zweistelligen Trikotnummer.

als sie selbst. Ich muss mich auf den jeweiligen Receiver einstellen und wissen, wie schnell er läuft, wie wendig er bei Richtungsänderungen, den sogenannten „Cuts", ist und welchen Winkel er nach einem Cut läuft. Denn es gibt zumindest im Flagfootball keine zwei Receiver, die jede Passroute exakt gleich laufen. In unzähligen Trainings habe ich versucht, die Spieler so zu coachen, dass sie die Spielzüge nach meinem Geschmack ausführten und mich gleichzeitig intensiv damit beschäftigt, ihre Bewegungsabläufe kennenzulernen. In weiterer Folge führte das dazu, dass gewisse Spieler nur ganz spezielle Passrouten liefen, um ihre Stärken besser in Szene zu setzen und die Schwächen zu kompensieren. Durch den Austausch von nur einem Spieler veränderte sich mitunter das gesamte Playbook. Wir konnten gewisse Spielzüge nicht mehr einsetzen und mussten andere integrieren.

Von all dem hatte ich im Jahr 2005 noch keine Ahnung. Wir waren eine zusammengewürfelte Truppe, die sich und ihre Spielweise erst einmal finden musste.

Noch weniger Ahnung hatte ich davon, was über allen körperlichen Voraussetzungen und Begabungen stand: Die mentale Komponente. Alles vorher Gesagte war irrelevant, wenn man es im Spiel nicht schaffte, mit Nervosität, Stress und Druck umzugehen. In einem entscheidenden Moment, beim letzten Versuch, in Sekundenschnelle den richtigen Receiver zu sehen und punktgenau anspielen zu können, ist die wichtigste Eigenschaft eines Quarterbacks. Ein schlechter Wurf, ein übersehener Verteidiger, eine schlechte Entscheidung konnte alles zunichtemachen. Diesen mentalen Aspekt des Quarterback-Daseins bekam ich nie vollständig in den Griff.

11 Styrian Studs

Am 8. November 2005 gründeten wir die Styrian Studs. Ich übernahm die Aufgabe des Obmanns. Als ich den ersten offiziellen Vereinsregisterauszug in den Händen hielt, verspürte ich Stolz und Vorfreude. Ich war nicht mehr ausschließlich Football-Fan, sondern auch ein Flagfootball-Spieler! Zumindest auf dem Papier. Unser Kader zählte acht Spieler, mein Bruder Georg war einer von ihnen. Gerade ausreichend für die Teilnahme an der österreichischen Meisterschaft 2006. Um sinnvoll trainieren zu können und genügend Wechsel- und Ersatzspieler zu haben, waren es jedoch zu wenig. Bis zum Beginn des Freilufttrainings im März wollten wir die fehlenden Spieler anwerben. Noch dringender suchten wir eine Halle für unser Wintertraining. Wir informierten uns im Internet und telefonierten mit der Stadt Graz und mit Hallenbetreibern. Aber jede Sporthalle, die groß genug war, um diesen Namen zu verdienen, war entweder bereits ausgebucht oder viel zu teuer. Gezwungenermaßen schraubten wir unsere Ansprüche herunter und begannen, nach einem Sportraum zu suchen. Da hatte Heinz eine Idee: Er unterrichtete an der Graz International Bilingual School (GIBS) und wollte nachfragen, ob wir in ihrem Turnsaal trainieren konnten. Der Turnsaal entsprach genau der Definition eines Sportraums: Klein, aber warm und trocken. Und der Direktor der GIBS war einverstanden! Über diese erste offizielle Trainingsstätte der Styrian Studs freute ich mich wahnsinnig, obwohl sich das Training im kleinen Raum auf Drills für Grundlagenausdauer und vereinzelte Fangübungen beschränkte. Pässe zu trainieren war fast unmöglich, nach wenigen schnellen Schritten krachten wir in die Sprossenwand. Trainer hatten wir keinen, wir erstellten unseren Trainingsplan selbst. Allgemeine Konditionsübungen kannten wir von unseren bisher ausgeübten Sportarten. Informationen zu Flagfootball-Drills, Fangübungen und Wurftechniken holten wir uns aus dem Internet.

Eine unserer ersten Übungen war eine Abfang-Challenge. Dabei traten zwei Spieler gegeneinander an. Sie starteten an gegenüberliegenden Ecken des Turnsaals und mussten Runden laufen, bis einer den anderen eingeholt hatte. Klingt lustig, war es aber nicht. In meiner ersten Challenge ließ ich es mir nicht nehmen, Heinz herauszufordern. Ich startete vollmotiviert und holte auf, konnte ihn aber nie ganz einholen. Bevor mich die Kraft endgültig verließ, setzte ich noch einmal zum Sprint an und verfehlte ihn nur um Haaresbreite. Ich taumelte zu Boden und verabschiedete mich für den Rest des Trainings aufgrund einer plötzlichen auftretenden, heftigen Übelkeit auf die Toilette. Selbstredend schaffte es diese Übung danach nie mehr auf den Trainingsplan.

Am Anfang war ich nicht der einzige Quarterback beim Studs-Training. Ein ehemaliger American-Football-Quarterback, der damals besser spielte als ich, hatte sich uns für ein paar Wochen angeschlossen. Bei einem der Trainings, an denen er teilnahm, war ich verhindert. Für diesen Tag hatte sich auch ein neuer Spieler angekündigt. Wie ich später erfuhr, fühlte sich Heinz bemüßigt, ihm die Sachlage zu erklären: Der eigentliche Quarterback[25] sei nicht so gut wie dieser! Heinz mochte zwar recht haben, trotzdem merkte ich mir seine Aussage gut und ärgerte ihn im Laufe der Jahre regelmäßig, indem ich ihn nach unseren größten Erfolgen gerne fragte, ob ich inzwischen gut genug sei.

Mindestens genauso wichtig wie das Training waren die Nachbesprechungen, die regelmäßig im Irish Pub Flann O'Brien stattfanden. Dort wuchs unsere bunte Trainings-Truppe erst zu einer Mannschaft. Während meiner aktiven Zeit lernte ich viele Mannschaftskollegen näher kennen, einige davon sind mir bis heute gute Freunde geblieben. Wir legten viel Wert auf Teamgeist und ich versuchte, neue Spieler nicht nur am Spielfeld, sondern

---

[25] Ich!

auch bei den Nachbesprechungen und diversen anderen Teamaktivitäten zu integrieren. Der Zusammenhalt und der Spaß, den alle daran hatten, etwas Neues auszuprobieren, steigerte unsere Trainingsmotivation. Nach und nach vergrößerte sich unser Kader. Ich führte Gespräche mit interessierten Spielern und versuchte, sie zum Training zu motivieren und dazu, den Weg der Studs mitzugehen. Wohin er führen würde, wusste ich nicht.

Gegenüber frischen Aspiranten betonte ich die Freiwilligkeit: „Du kannst nicht immer zum Training kommen? Kein Problem!" Oder: „Du weißt nicht, wie oft du bei Spieltagen dabei sein kannst? Egal, komm einfach vorbei, wenn du Zeit hast."

Mir war klar, dass es so auf Dauer nicht funktionieren konnte, aber ich hoffte, dass es ohne Zwang viel leichter sei, neue Spieler zu finden. Und damit lag ich goldrichtig! Ich schaffte es, einige Spieler zu überreden, „ganz unverbindlich, ab und zu" vorbeizukommen. Sobald wir jedoch gemeinsam trainierten und zu Meisterschaftsspielen fuhren, war fast jeder bereit, sich auch dauerhaft die notwendige Zeit für den Sport zu nehmen. In Wahrheit war es für mich selbstverständlich, dass alle Spieler sich bei jedem einzelnen Spieltag Zeit nahmen und auch bei einem Großteil der Trainings mitmachten. Ich selbst ging mit gutem Beispiel voran. Solange ich als Quarterback aktiv war, verpasste ich keinen einzigen Spieltag. 10 Jahre lang! Alle anderen Termine ordnete ich dem Flagfootball unter. Ich verschob Geburtstagsfeiern von Verwandten. Nach einem Samstagabend-Geschäftstermin in Zürich fuhr ich mit dem Nachtzug direkt zum Spieltag nach Wien. Ich verkürzte sogar den Urlaub in Tansania und Sansibar mit meiner damaligen Freundin und heutigen Frau Claudia. Ich bestand darauf, dass wir samstagabends in Wien landeten und sofort nach Linz fuhren, um mit unserem gesamten Afrika-Reisegepäck im Hotel einzuchecken. Alles nur, damit ich am nächsten Tag auf dem Spielfeld stehen konnte. Meine Ausrüstung hatte im Kofferraum meines Autos auf dem Parkplatz des Flughafens Wien-Schwechat auf mich gewartet. Nicht geplant war, dass im Linzer

Hotelzimmer die Heizung nicht funktionierte und wir nach vielen Stunden im Flugzeug kein Warmwasser hatten.[26]

Nicht nur wegen meiner Vorbildwirkung als Obmann, Kapitän und Quarterback verpasste ich kein Spiel. Ich wollte mein Team nicht im Stich lassen. Der Quarterback besetzt die wichtigste Position. Wenn ein Receiver oder ein Verteidiger fehlte, konnte man das eher kompensieren. Wenn ich gefehlt hätte, wären die Siegchancen der Studs deutlich gesunken.

Als erster Höhepunkt der Studs-Geschichte können die österreichischen Hallenmeisterschaften im Februar 2006 in Wien gelten. Irgendwie schafften wir es, uns in unserem Turnsaal dafür vorzubereiten, auch wenn alles ziemlich improvisiert war. Unsere gesamte Mannschaft, mittlerweile auf zehn Spieler angewachsen, fuhr in die Bundeshauptstadt. Alle sprühten voller Vorfreude, nur ich war unruhig, nervös und fühlte mich unwohl. Die Hallenmeisterschaft 2006 war die Geburtsstunde einer jahrelangen Tradition, meinem obligatorischen Toilettenbesuch am Beginn jedes Spieltags. Innerhalb kürzester Zeit wurde das zu einem Running Gag, der für mich allerdings kein Gag war. Nachdem ich einen Teil meiner Nervosität hinuntergespült hatte, gingen wir erstmals als Styrian Studs aufs Feld. Wir spielten unbekümmert drauf los, eilten von Sieg zu Sieg und mussten uns erst im Finale um einen Punkt geschlagen geben. Es fehlten einige der besseren Mannschaften, unserem Stolz auf die erreichte Platzierung tat dies keinen Abbruch. Die Hallenmeisterschaften waren für uns auch in den folgenden Jahren ein gutes Pflaster, wir wurden in diesem Bewerb Seriensieger und Rekordchampion. Sportlich wertvoll waren sie nur bedingt. Sie erwiesen sich als tolle Überbrückung der langen Winterpause und stets als willkommene Abwechslung, doch das Feld war viel zu klein und die Verletzungsgefahr zu groß. Der harte Boden war das eine, die Sprossenwände am Rand des Spielfelds das andere. Immer wieder kam es zu Verletzungen, so dass ich damit einverstanden war, als der AFBÖ diesen Bewerb letztendlich aus dem Programm strich.

---

[26]Sechs Wochen später nahm Claudia meinen Heiratsantrag trotzdem an.

Quarterback

Am Ende des ersten Winters schauten die Styrian Studs sehnsüchtig in Richtung Frühling. Wir wollten endlich mit dem richtigen Training auf einem großen Spielfeld beginnen. Die Suche nach einem Trainingsplatz im Freien erwies sich einfacher als für den Hallenplatz. Viele Jahre lang durften wir auf dem Fußballfeld der Sportmittelschule Graz Brucknerstraße unsere Trainings veranstalten. Es gab zwar keinerlei Infrastruktur, keine Umkleidekabinen, keine Duschen, aber wir waren froh, den Platz verwenden zu dürfen.

Bevor unsere erste Saison startete, gab es noch die Ligasitzung, das alljährliche Treffen des damaligen Liga-Chefs Wolfgang „Goofy" Geyer mit allen an der Meisterschaft teilnehmenden Vereinen. Es wurden Termine, Regeländerungen und, wie bei jeder Sitzung üblich, „Allfälliges" besprochen. In meiner ersten Sitzung barg ein Punkt besondere Brisanz. Goofy Geyer schlug vor, dass sich die Meisterschaft in eine erste Liga für die guten, etablierten Vereine und in eine zweite Liga für die weniger guten und die neuen Mannschaften (also uns!) teilen sollte. Damit hatte ich keinesfalls gerechnet. Es gab doch gerade einmal zehn Vereine und wir sollten in einer zweiten Liga anfangen? Hatten wir bei der Hallenmeisterschaft nicht gezeigt, dass wir für Neuanfänger erstaunlich gut waren? Wir wollten auf jeden Fall gegen die Besten spielen! Glücklicherweise gab es auch von anderer Seite Einspruch und schließlich wurde Geyers Vorschlag einstimmig abgelehnt. Erst ein paar Jahre später war es so weit, dass eine zweite und dann noch eine dritte Liga gegründet wurde. Als Anfänger muss man nun in der dritten Liga starten und sich den Weg in die erste Liga sportlich erkämpfen. Gut für uns, dass es 2006 noch nicht so weit war, aber auch gut für den Sport, dass es mittlerweile so viele Mannschaften und ein funktionierendes Auf- und Abstiegssystem gibt.

Es war angerichtet. Zweieinhalb Jahre nach meiner Rückkehr aus den USA hatte ich einen Verein gegründet, genügend Mitstreiter gefunden und uns für die Österreichische Meisterschaft angemeldet. Im Mai 2006 traten die Styrian Studs zu ihrem ersten offiziellen Flagfootball-Meisterschaftsspiel an.

12 Die erste Saison

Nach der dritten Niederlage in Folge war ich verärgert, frustriert und enttäuscht. Ich hatte mir eingeredet, mit keinen großen Erwartungen in die Saison zu gehen. Wir wollten als Mannschaft in der Liga Fuß fassen und Erfahrungen sammeln.

„Es geht um den Spaß, nicht ums Gewinnen!", lautete mein Motto, das ich jedem mitteilte, der es hören wollte.

Vor allem in der ersten Saison. Aber in Wahrheit war ich viel zu ehrgeizig, um mich bei drei Niederlagen in den ersten drei Spielen nicht massiv zu ärgern. Ich hasse es, zu verlieren.[27] Ich hasste es schon als Kind, ich hasste es als Jugendlicher, ich hasste es als Erwachsener. Überall wo ich teilnahm – und ich nahm mit Begeisterung bei jedem sportlichen Wettkampf teil, der sich anbot –, musste ich gewinnen. In Seewiesen bei der für Urlaubskinder veranstalteten Kinderolympiade, beim Snooker mit Georg, bei (Amateur-)Golfturnieren, bei den Hobby-Universitätstischtennismeisterschaften, bei einem Racketlon-Turnier. Egal wie locker und spaßbetont der Wettbewerb auch war, für mich bedeutete er in dem Moment alles.

Umso weniger schmeckte mir es, dass wir nach den ersten drei Spielen am Tabellenende standen. Ein Spiel hatten wir an diesem Tag noch vor uns. Ich wusste, dass wir nicht die schlechteste Mannschaft waren, der Start in die Saison 2006 war uns aber mehr als missglückt. Der Modus der FLA sah vor, dass im Grunddurchgang alle Mannschaften zweimal gegeneinander antreten mussten. Nur die besten Teams qualifizierten sich nach Ende des Grunddurchgangs für die Playoffs, die im Oktober ausge-

---

[27] Positiv formuliert: Ich hatte einen unbändigen Siegeswillen.

tragen wurden. Im Finale, der „Flag Bowl", wurde schließlich der Meister gekrönt. Um die Playoffs zu erreichen, mussten wir den Grunddurchgang zumindest auf dem vierten Platz beenden. Eine Platzierung, die jetzt kaum mehr erreichbar schien. Wer mich kannte, wusste aber, dass ich mir die Qualifikation für die Playoffs zum Ziel gesetzt hatte.

Vor Saisonstart wollte ich ein Testspiel organisieren, damit wir nicht ohne Spielpraxis in die Liga einstiegen. Ich hatte eine geniale Idee: Ich kontaktierte die Graz Giants[28] und dachte, die größte Hürde für ein Freundschaftsspiel bestünde darin, einen gemeinsamen Termin zu finden. Ich irrte mich gewaltig. Die Giants hatten keinerlei Interesse, gegen uns anzutreten. Flagfootball war nichts, womit sie sich ernsthaft befassen wollten. Zum ersten Mal wurde ich mit den Vorurteilen gegenüber meiner Wahlsportart konfrontiert. Ich bemerkte, dass American Football für Flagfootball Fluch und Segen zugleich war. Zumindest in Österreich. In den USA sieht die Sache ganz anders aus. Die NFL setzt alles daran, Flagfootball zu einem olympischen Sport zu machen. Außerdem hat sie entschieden, das jährliche All-Star-Game, die Pro Bowl, ab 2023 als Flagfootball-Spiel zu veranstalten. Für mich persönlich griffen die beiden Sportarten perfekt ineinander und konnten ideal nebeneinander existieren. Leider hatten viele American-Football-Spieler in Österreich die Einstellung, dass Flagfootball kein richtiger Sport sei, weil es den für den American Football charakteristischen harten Körperkontakt zum größten Teil aus dem Spiel nahm. Wenn ich solche Argumente hörte, wünschte ich mir manchmal, dass es nur Flagfootball gäbe.[29]

Der Körperkontakt im Flagfootball ist vergleichbar mit Basketball. Ist Basketball kein richtiger Sport, weil man seinen Geg-

---

[28]Weder lebensmüde noch von Sinnen hatte ich natürlich im Sinn, dass sie gegen uns Flagfootball spielten, nicht American Football.
[29]Andererseits: Wie sollte ich meine Sonntagabende im Herbst und im Winter dann verbringen? Vergessen wir diesen Wunsch lieber wieder …

ner nicht zu Boden stoßen darf? Wie wäre die Akzeptanz von Basketball, wenn es eine „härtere" Variante gäbe, wo so ziemlich alles erlaubt wäre? Ist Judo kein Sport, nur weil es Kickboxen gibt? Ist Tennis kein Sport, weil sich die Spieler niemals berühren?

Ich bedauerte die Einstellung mancher American-Football-Spieler. Flagfootball stellte für American Football-Vereine eine tolle Möglichkeit dar, um einerseits junge Spieler zum Sport zu bringen und andererseits Fans noch weiter an die Mannschaft zu binden. Im Jahr 2014 trug der AFBÖ die American-Football-Europameisterschaft in Österreich aus. Sie führte zu einer Welle der Euphorie, wie ich sie in Sachen American Football in Österreich noch nie erlebt hatte. Volle Stadion und eine außergewöhnlich große mediale Präsenz zeugten vom großen Potential des Sports. Ich sah in dieser Europameisterschaft eine Chance, neben American Football der österreichischen Öffentlichkeit auch Flagfootball besser zu präsentieren. Flagfootball sollte während dieser Veranstaltung eine Plattform gegeben werden. Einer meiner Vorschläge bestand darin, während der Halbzeit eines von vielen Tausend Zusehern besuchten EM-Spiels Flagfootball als Halftime-Show zu präsentieren. Der AFBÖ war von meinen Ideen leider wenig begeistert. Er wollte eine professionelle American Football Europameisterschaft organisieren, was ihm auch eindrucksvoll gelang. Für Flagfootball blieb dabei wenig Platz.

Aus dem Testspiel gegen die Giants wurde also nichts. Für den schlechten Saisonstart war das aber sicher nicht allein verantwortlich. Nach den drei verlorenen Spielen dachte ich nicht mehr an die Playoffs, sondern nur mehr daran, zumindest ein paar Spiele zu gewinnen, um uns nicht komplett zu blamieren. Das also war mein Ziel für das letzte Spiel des Tages. Doch wie sollte ich mich meinen Mannschaftskollegen gegenüber verhalten? Egal waren die Niederlagen sicher keinem, aber ich hatte Angst, zu viel Ehrgeiz an den Tag zu legen. Schließlich hatte ich morgens noch verkündet: „Es geht um den Spaß!" Nun wollte ich meine Enttäuschung nicht unverhüllt zeigen. Ratlos schaute ich in die Gesichter von Heinz, Michael, Georg, Qualle und den anderen – doch was ich dort erblickte, machte mir Mut. Ich sah ihre

Unzufriedenheit. Ich merkte, dass ich mit meinem Ehrgeiz und meiner Enttäuschung nicht alleine stand. In dem Moment spürte ich, dass ich die richtigen Mitspieler hatte. Auch wenn einige sagten, sie nähmen Flagfootball nicht ganz so ernst: In Wahrheit wollten sie alle gewinnen. Und diese Einstellung zeigte Wirkung. Wir gewannen das letzte Spiel des ersten Spieltags und alle Spiele des zweiten Spieltags. Fünf Spiele in Folge!

Bis Ende Juni hatten wir uns ins Mittelfeld der Tabelle hinaufgekämpft. Die Playoffs kamen nun tatsächlich in Reichweite. Wir taten uns zwar gegen die Topteams schwer, konnten aber die vermeintlich schwächeren Gegner in Schach halten. Wie wir es schafften, wussten wir selbst nicht genau. Wir verließen uns weitgehend auf unsere Athletik und bauten auf Überraschungsmomente, die wir durch unorthodoxe Spielzüge erzielen konnten. Von Taktik hatten wir wenig Ahnung, aber wir spielten mit reichlich Freude und Einsatz, und es gelang uns immer wieder, unsere Gegner zu verblüffen. Das Frühjahr war letztendlich ein großer Erfolg für uns Newcomer.

Um ganz vorne mitspielen zu können, fehlte allerdings noch ein Quäntchen, allen voran die Spielpraxis. Wir entschlossen uns, in Bruck an der Mur ein Freundschaftsturnier zu veranstalten, das wir „Styrian Bowl" nannten und das sportlich wie organisatorisch neue Maßstäbe setzte. Ein solches Turnier hatte es in Österreich noch nicht gegeben.[30] Außer uns nahmen die Hallenchampions, gegen die wir wenige Monate zuvor nur knapp das Finale verloren hatten, und das österreichische Nationalteam teil. Das Nationalteam nutzte die Styrian Bowl als Vorbereitung auf die Weltmeisterschaft in Korea. Nachdem die beiden Teams ihre Teilnahme bestätigt hatten, machten wir uns an die Arbeit und stellten einen Spieltag auf die Beine, der medial wohl präsenter als jede zuvor veranstaltete Flag Bowl war. Heinz war für die Pressearbeit zuständig und erarbeitete eine zehnseitige Pressemappe, die die Sportart Flagfootball, die FLA und die Styrian Studs im Detail vorstellte. Es gab Flyer, Plakate und ein Programmheft

---

[30] Die Giants lud ich nicht dazu ein.

für die Zuschauer, und am Spieltag veranstalteten wir ein Pressefrühstück. Neben steirischen Medienvertretern war sogar „Mr. Football-Austria" Walter Reiterer präsent.

Aus Walter wurde ich nie richtig schlau. Manchmal hatte ich das Gefühl, dass er Flagfootball nicht ganz ernst nahm. Andererseits schrieb er auf seiner Webseite www.football-austria.com regelmäßig von der FLA. In den ersten Jahren meiner Karriere betrieb er mit seiner Webseite überhaupt das einzige Online-Medium, das über Flagfootball berichtete. Natürlich verließ er sich oft auf Pressemitteilungen der Mannschaften, aber nicht selten war er auch selbst bei Spieltagen anwesend. Und nun war er extra aus Wien angereist, um die Styrian Bowl zu sehen. Das freute mich sehr. Das Pressefrühstück mit Heinz und mir als Vertreter der Studs verlief erfolgreich, obwohl ich merkte, dass sich manche lokale Medienvertreter nur wenig unter Flagfootball vorstellen konnten. Schließlich war die Styrian Bowl nicht nur das erste Turnier, sondern sogar das allererste offizielle Flagfootball-Spiel auf steirischem Boden.

Wir wollten unsere (wenig) dutzenden Fans mit guten Ergebnissen begeistern und ihnen unseren Sport gebührend vorstellen. Dieses Ziel erreichten wir eindrucksvoll! In beiden Partien spielten wir auf unserem höchsten Niveau, sowohl in der Offense als auch in der Defense gelang uns alles, was wir uns vorgenommen hatten. Im Spiel gegen das Nationalteam konnten wir unsere eigene Leistung kaum glauben, und auch die Fassungslosigkeit unseres Gegners steigerte sich von Touchdown zu Touchdown. Am Ende gewannen wir 39:21 gegen das Nationalteam und 43:38 gegen die Sieger der Hallenmeisterschaft! Wir waren Styrian Bowl Champions! „Kannst du das glauben?" oder „Was war das denn?" hörte ich meine euphorisierten Mannschaftskollegen sagen. Nach außen hin wollten wir allerdings gelassen auftreten. Es war schließlich nur ein Freundschaftsturnier und ein bisschen galt auch das Motto: „Act like you've been there before".[31] Ich freute mich, dass auch meine Eltern unter den Zuse-

---

[31] Obwohl wir definitiv noch nie „there" waren.

hern waren und mich und Georg Flagfootball spielen sahen. Sie hatten uns oft beobachtet, als wir uns vor der Garage oder hinter dem Haus den Ball zugeworfen hatten. An diesem Tag konnten sie erstmals sehen, warum wir das taten. Sie waren mächtig stolz auf uns und es machte ihnen Spaß, uns zuzusehen. Auch in den folgenden Jahren sollten sie bei fast allen Spielen in der Steiermark und bei allen unseren Flag Bowls dabei sein.

So toll unser Erfolg auch war, galt natürlich: Nach der Styrian Bowl ist vor der Flag Bowl! Und für diese mussten wir uns erst einmal qualifizieren. Wir stürzten uns in die Vorbereitungen für die im Herbst stattfindenden, letzten beiden Spieltage des Grunddurchgangs und versuchten, Erkenntnisse des Frühjahrs umzusetzen, um noch besser zu werden. Ich überarbeitete unsere Spielzüge und wir begannen, diese gezielt zu trainieren, anstatt einfach nur Trainingsmatches zu veranstalten. Das Selbstvertrauen, das wir durch die Styrian Bowl gewonnen hatten, verhalf uns auch an den nächsten beiden Spieltagen zu glänzenden Leistungen. Im Laufe meiner Karriere sollte sich immer wieder dasselbe Schema wiederholen, das ich sogar noch vom Tennis kannte: Bezüglich meiner eigenen Fähigkeiten und der meines Teams blieb ich zurückhaltend und unterschätzte mich eher. Vielleicht suchte ich die Rolle des Außenseiters auch, um befreit aufspielen zu können. Oft waren es knappe Niederlagen, die mich dann umdenken ließen. Dies führte dazu, dass ich bei den darauffolgenden Spielen mit mehr Selbstvertrauen überzeugende Leistungen abliefern und Siege einfahren konnte. Später, als wir uns tatsächlich an der Spitze etabliert hatten, wurde es für mich zum Fluch, dass ich uns für die Besten hielt. Nun glaubte ich, jedes Spiel gewinnen zu müssen. Die Leichtigkeit und die Euphorie, oben mithalten zu können, verflog und wurde vom „Gewinnenmüssen" abgelöst.

2006 waren wir noch lange nicht so weit, aber mit einer starken Leistung im Herbst konnten wir uns, trotz zweier knapper Niederlagen gegen den Serienmeister Klosterneuburg Indians, als Vierter für das Finalturnier in Innsbruck qualifizieren. Ich war begeistert!

Alles andere als begeistert war ich davon, dass sich mein Freund, Vorstandskollege und Topscorer der Styrian Studs, Michael Kroißenbrunner, im Laufe der Saison schwer am Knie verletzte. Er musste operiert werden und seine Karriere beenden, bevor sie richtig begonnen hatte. Ein gewaltiger Wermutstropfen! Michael blieb dem Verein jahrelang treu, als Kassier und Fan, mehr war ihm leider nicht vergönnt.

Anfang Oktober 2006, wenige Tage bevor wir zur Flag Bowl nach Innsbruck aufbrachen, fühlte ich mich elend. Ich war extrem müde, mir war übel, ich war gereizt und hatte grippeähnliche Symptome.

Ich war sonst nie krank. Warum gerade jetzt, haderte ich, so kurz vor meinem ersten Antreten beim FLA-Finalturnier?

„Warum gerade jetzt?" Diese Frage sollte mich viele Jahre begleiten. Denn erstaunlicherweise litt ich jedes Jahr an denselben Symptomen, immer an den Tagen vorm Höhepunkt der Flagfootball-Saison. Was für ein Pech! Oder etwa nicht? In dieser ersten Saison wusste ich noch nicht, dass ich mich mit einer ungewöhnlichen und einzigartigen Krankheit infiziert hatte: Der Flag-Bowl-Krankheit.

Die Flag-Bowl-Krankheit („FBK") war der große Bruder des Toilettenrituals, das an jedem auch noch so gewöhnlichen Spieltag auftrat. Ich vermutete, dass FBK eine Art Erkältungskrankheit sei. Jedes Jahr ärgerte ich mich aufs Neue darüber, und musste lernen, mehr recht als schlecht damit umzugehen. Eines war jedoch interessant: Genauso zuverlässig, wie die FBK auftauchte, verschwand sie während der Flag Bowl wieder, jeweils kurz nach Beginn des Finales. An ihre Stelle trat eine zwar erhöhte, aber dennoch gewöhnliche Nervosität, die meine Leistung nicht beeinträchtigte. Die Tage nach der Flag Bowl wiederum zählten zu den Tagen des Jahres, an denen ich mich emotional am freiesten fühlte. Ich merkte regelrecht, wie der Druck von mir abfiel und der Leichtigkeit wich. Dabei spielte es keine Rolle, ob wir gewonnen oder verloren hatten, das stärkste Gefühl in mir war stets die Erleichterung, dass die Flag Bowl endlich vorbei war. Erst in zweiter Linie freute ich mich über den Meistertitel oder ärgerte mich über die Niederlage. Die Videos unserer Finalerfolge sah ich mir dann immer wieder an, die anderen Videos kein einziges Mal. Nicht einmal, um sie zu analysieren und für das nächste Jahr zu lernen. Ich brachte es nicht übers Herz.

Im Spiel um den Einzug in die Flag Bowl standen uns in Innsbruck die Klosterneuburg Indians gegenüber. Die Indians waren das Maß aller Flagfootball-Dinge, bis auf eine Ausnahme hatten sie alle bisherigen Meistertitel holen können. Im Grunddurchgang hatten sie uns zweimal besiegt. Die Rollen waren daher klar verteilt: Sie waren der Favorit, wir der Außenseiter. Während der fünfstündigen Autofahrt nach Innsbruck hörte ich Sätze wie: „Super, dass wir uns für das Finalturnier qualifiziert haben!" oder „Vielleicht holen wir uns sogar den dritten Platz und bekommen eine Medaille!"

Ich wusste: Mit dem Erreichten zufrieden zu sein, war eine Falle, in die wir nicht tappen durften. Außerdem sah ich uns in keiner schlechten Position. Nach der Styrian Bowl war für mich klar, dass wir bei einer optimalen Leistung mit den Indians mithalten konnten. In der Offense wollten wir machen, was wir in diesem Jahr immer taten: Drauflosspielen und versuchen, die beste Defense der Liga mit unseren kreativen Spielzügen zu fordern. In der Defense war das Rezept einfach: Wir spielten ausschließlich Manndeckung (Man-Defense). Das hieß, dass jeder Verteidiger versuchte, seinem direkten Gegenspieler nachzulaufen und Pässe auf diesen Spieler zu verhindern. Eine gute Variante, wenn man sie gezielt einsetzt, und der Gegner nicht vorab weiß, dass man Manndeckung spielt. Die Indians mussten es aber wissen, weil es die einzige Verteidigungsvariante war, die wir 2006 beherrschten. Was hatte Goofy Geyer deshalb gesagt? „Gegen die Studs braucht man nur zack-zack spielen!"[32] Er hatte die Hände gekreuzt und damit angedeutet, dass man zwei Re-

---

[32] „Zack-zack" zählte damals noch nicht zum allgemeinen Wortschatz.

ceiver über Kreuz laufen lassen müsse, so dass es die Verteidiger schwer hätten, ihrem jeweiligen Gegenspieler zu folgen. Womit er eigentlich recht hatte. Nur wollte den Indians, die am Finaltag etwas verkrampft wirkten, die zack-zack-Strategie nicht recht gelingen.

Zur Überraschung vieler, vor allem der Indians, verlief das Spiel von Anfang an ausgeglichen. Keine Mannschaft konnte sich entscheidend absetzen. Zur Halbzeit lagen wir nur knapp zurück. Ich witterte unsere Chance und versuchte, meinen Teamkollegen mitzuteilen, dass es wichtig war, ruhig zu bleiben. Wir mussten nur genauso weitermachen. Der Druck lag bei unseren Gegnern. Rückblickend hätte ich mir eine klare, gelassene Ansprache gewünscht, die zu dieser Botschaft passte. Stattdessen schrie ich vor lauter Aufregung nur: „Ruhig bleiben! Wir müssen ruhig bleiben!"

Woraufhin ein genervter und ebenso aufgeregter Defense-Spieler zurückrief: „Wir sind doch ruhig!"

Obwohl wir alles andere als ruhig blieben, zeigten sich die Indians in der zweiten Halbzeit nicht mehr nur verkrampft, sondern zunehmend verzweifelt. Nach einem glücklichen, langen Touchdown-Pass von mir auf Qualle, mit dem wir in Führung gingen, rief einer der Indians: „Mit Können hat das nichts zu tun bei denen! Die können nix!"

Wenig später hatten unsere Gegner einen letzten Versuch, um das Spiel noch herumzureißen. Ein Spielzug entschied über Sieg oder Niederlage. Eine Situation, die ich noch öfter erleben würde, aber im Oktober 2006 war sie für mich noch neu. Ich konnte kaum hinsehen, als sich unsere Defense bereit machte und der Spielzug begann. Die Indians wollten uns mit einem Trickspielzug überlisten. Um mehr Zeit für den Spielzug zu gewinnen, wollte der Quarterback der Indians schräg nach hinten zu einem Mitspieler passen. Dieser sollte dann den Ball bis in die Endzone werfen und hoffen, dass ihn einer der Indians-Receiver fing. Doch bereits der erste Pass misslang. Als der Schlusspfiff ertönte, liefen wir aufs Spielfeld und jubelten, als ob wir bereits Meister geworden wären. Wir hatten den großen Favoriten geschlagen, das war eine riesige Sensation. Als Liganeuling war es uns gelungen, die beeindruckende Siegesserie der Indians zu stoppen. Auch wenn wir ein wichtiges Spiel, meine erste Flag Bowl, noch vor uns hatten, war ich mächtig stolz auf das, was wir erreicht hatten. Weniger als ein Jahr nach der Vereinsgründung und weniger als drei Jahre, nachdem ich das erste Mal Flagfootball gespielt hatte, stand ich als Quarterback mit meiner Mannschaft im Finale der österreichischen Meisterschaft. Unglaublich. Ich ging vom Spielfeld und verstand noch nicht genau, was da gerade passiert war. Gleichzeitig blickte ich nach vorne, denn nur wenige Minuten später würde die erste Flag Bowl mit Beteiligung der Styrian Studs starten. Beim Gedanken daran wurde die Euphorie über den Sieg im Halbfinale augenblicklich von einer Übelkeit verdrängt, die sich gewaschen hatte. Ich musste mich übergeben und fühlte mich schlapp. Ich setzte mich und wartete wie ein Häufchen Elend, bis das Finale begann.

An das, was folgte, kann ich mich kaum erinnern. Einzig, dass wir das Spiel gegen die Vienna Constables verloren, vergaß ich nicht. Die Offense konnte nicht überzeugen und nur 19 Punkte erzielen. Wir liefen während des ganzen Spiels einem Rückstand nach. Eine genauere Analyse bleibt an dieser Stelle aus, wie gesagt: Ich schaute mir keine Videos von Finalniederlagen an.

Alles in allem war ich mit unserer ersten Saison hochzufrieden. Was uns für weitere Erfolge fehlte, waren vor allem: weitere Spieler. Wir waren gut über die Runden gekommen, brauchten aber mehr Vereinsmitglieder, um immer mit genügend Spielern trainieren zu können. Idealerweise sollten diese Spieler auch qualitativ eine Verbesserung darstellen. Unmittelbar nach der Flag Bowl hatte Heinz die Idee, ein Probetraining (Tryout) abzuhalten. Wir bewarben es auf unserer Homepage, verteilten Flyer an der Universität Graz und es wurde sogar in den lokalen Medien erwähnt. All dies führte dazu, dass in Summe zwei (!) Leute zu unserem Tryout erschienen. Ein Mitarbeiter eines Irish Pub, der wenig später bei einem versuchten Raubüberfall auf eine Bank verhaftet wurde, und Todd Vandall. Wie man unschwer am Namen erkennen konnte, war Todd US-Amerikaner. So weit, so gut.

Was konnte uns Besseres passieren, als einen Mitspieler aus dem Mutterland des Flagfootballs für uns zu gewinnen? Allerdings hatte er mit Flagfootball relativ wenig am Hut. Und er war alt: Mit seinen 35 Jahren wirkte er auf uns wie ein Methusalem. Doch als das Tryout begann, sah ich sofort, dass er mit Herz und Hirn spielte. Er konnte niemandem davonlaufen, aber er wusste genau, was er zu tun hatte und er zeigte vollen Einsatz. Vom ersten Training an fügte er sich in die Mannschaft ein und war auch bei den wichtigen Nachbesprechungen immer dabei. Todd wurde schnell zu einem integralen Bestandteil unserer Defense, und bereits im Jahr 2007 übernahm er gemeinsam mit Heinz das Coaching und blieb uns ein Jahrzehnt lang erhalten. Mit ihm hatten wir im Spätherbst 2006 einen weiteren wichtigen „Baustein" für den Erfolg der Studs gefunden.

13 Trainsl

Jeder NFL-Fan kennt „Hard Knocks", die alljährlich ausgestrahlte Dokumentarserie, in der ein Kamerateam eine NFL-Mannschaft während des unmittelbar vor der Saison stattfindenden Trainingslagers begleitet. Man sieht, wie Spieler gegen die Sommerhitze ankämpfen, sich bei den Trainings bis aufs Letzte verausgaben, die Spielzüge lernen und letztendlich versuchen, es in den Kader der jeweiligen NFL-Mannschaft zu schaffen. Die Trainingslager der Styrian Studs, von uns liebevoll „Trainsl" genannt, verfolgten einen ähnlichen Zweck: Es wurde der Grundstein für die Saison gelegt. Wer das Trainingslager versäumte, hatte es schwer, diesen Rückstand während der Saison wieder aufzuholen. Aus diesem Grund war es mir wichtig, alle Spieler beim Trainingslager dabei zu haben. Wichtiger als die Beteiligung an allen Trainings während der Saison.

Im Dezember ließen wir die Saison 2006 in einer Vorstandssitzung noch einmal Revue passieren und besprachen unsere Pläne für das kommende Jahr. Der wichtigste Beschluss betraf das Trainingslager Anfang April 2007. Peter Köck, neben Heinz, Michael und mir unser viertes Vorstandsmitglied, meldete sich freiwillig, um den passenden Ort für unser Vorhaben zu finden. Nach einigen Wochen intensiver Suche präsentierte er uns die perfekte Lösung: Das Hotel GIP in Großpetersdorf im Südburgenland. Das GIP war ein charmantes Frühstückshotel, das gelegentlich auch Fußball-Trainingslager ausrichtete. Auf der Homepage bewarb es seine zentrale Lage im Burgenland. Ja, es befand sich tatsächlich im Zentrum. Im Zentrum von rein gar nichts. Mich störte das nicht, ganz im Gegenteil, für unsere Zwecke war die Abgeschiedenheit des Ortes wie geschaffen.

Der wichtigste „Teil" des Hotels war für uns der angrenzende Fußballplatz des SV Großpetersdorf, den die Gäste des GIP zur alljährlichen Überraschung des Platzwarts mitbuchen durften. Jedes Jahr warteten wir mit zunehmender Belustigung auf die gleiche Szene: Während unseres ersten Trainings, wir hatten gerade das Spielfeld vermessen und unsere Markierungshütchen aufgestellt, näherte sich der Platzwart oder sonst jemand, der sich für den Fußballverein verantwortlich fühlte, dem Fußballplatz. Meistens fuhr diese Person mit dem Auto über einen langen geschotterten Zufahrtsweg. Ich konnte schon von weitem erkennen, wenn es wieder so weit war und ich mich einer Diskussion stellen musste. Es spielte sich ab wie im Wilden Westen: Der unangenehme Besucher, den ich der Einfachheit halber „Platzwart" nenne, kündigte sich mit stattlichen Pferdestärken und einer großen Staubwolke an. Alle Bewohner beziehungsweise Spieler zogen sich zurück, während der Sheriff[33] sich tapfer dem Platzwart entgegenstellte. Zwar waren keine Revolver involviert, aber ich musste mir vom Platzwart jedes Mal die Frage gefallen lassen, was wir auf „seinem" Fußballfeld vorhätten. Meine Antwort lautete: „Wir sind auf Trainingslager und haben den Platz mit unserem Aufenthalt im GIP mitgebucht."

Dem Platzwart war das herzlich egal, weil das GIP vergessen hatte, ihn persönlich von den Vereinbarungen zu unterrichten. So dachte ich die ersten Male. Realistischer war, dass wir mangels Mitgliedschaft im SV Großpetersdorf laut Platzwart keinerlei Berechtigung besaßen, uns auf diesem Spielfeld aufzuhalten. Ab dem dritten oder vierten Jahr änderte ich meine Standardantwort auf: „Ich habe mit dem Obmann gesprochen.[34] Der hat es erlaubt."[35] Auch das stieß auf enden wollende Begeisterung beim Platzwart, aber verscheucht wurden wir nie. Gelegentlich mussten wir auf einen angrenzenden Trainingsplatz ausweichen, weil

---

[33] Sprich: ich!
[34] Habe ich nicht.
[35] Hat er nicht.

zeitgleich ein Spiel der Kampfmannschaft oder der Jugendmannschaften stattfand. Das war natürlich in Ordnung.

Einmal kam vor einem Freundschaftsspiel der U23-Mannschaft ein Funktionär des SV Großpetersdorf auf mich zu. Ich stellte mich auf eine Diskussion ein, schließlich lenkte es die Nachwuchsmannschaft sicherlich vom Freundschaftsspiel ab, wenn wir am Nebenfeld trainierten. Er sagte: „In Kürze beginnt unser Freundschaftsspiel."

„Here we go again", dachte ich.

„Uns ist kurzfristig der Tormann ausgefallen und es sieht so aus, als ob ein paar von euch einen Ball fangen können", führte er zu meiner Überraschung aus.

„Ja?"

„Könnte uns jemand von euch als Tormann aushelfen?"

Wir kamen der Bitte zwar nicht nach, trotzdem zeichnete es sich ab, dass sich das Verhältnis zwischen dem SV Großpetersdorf und den Styrian Studs verbesserte. Nach einigen Jahren schafften wir es durch die Mithilfe des GIP und des Großpetersdorfer Obmanns, ein tolles Einvernehmen mit dem gesamten Fußballverein herzustellen. Nun freuten sich alle, wenn wir zum Trainingslager kamen. Bald wurde zur Tradition, dass wir während eines Abendessens in einem Gasthaus im Ortszentrum persönlich begrüßt wurden. Das Gasthaus Wurglits und dessen Betreiber,[36] haben wir im Laufe der Jahre genauso ins Herz geschlossen wie das GIP.

Beim Trainsl folgte unser Tagesablauf stets demselben Muster: Morgensport – Frühstück – Vormittagstraining – Videoanalyse – Mittagssnack – Nachmittagstraining – Videoanalyse – Abendessen – Nachbesprechung des Abendessens – wenig Schlaf. Das Abendessen fand meist deshalb im Gasthaus Wurglits statt, weil es vom GIP leicht zu Fuß erreichbar war. Ein paar Minuten Gehweg Richtung Ortszentrum, vorbei am Friseursalon „Uschi's Kamm together",[37] und schon war man dort. Legendär war nicht

---

[36] Der Zwillingsbruder von Franco Foda, so vermutete ich jedenfalls.
[37] Wer es mir nicht glaubt, ist herzlich eingeladen, nach Großpetersdorf zu fahren.

nur das Abendessen, sondern vor allem die gemütliche Nachbesprechung. Oft holte der Chef persönlich die Ziehharmonika hervor, um schwungvolle Lieder wie den „Steirischen Brauch" zum Besten zu geben, während wir das eine oder andere Guinness tranken.

Die Trainingseinheiten waren immer gut durchgeplant, da es uns die einmalige Möglichkeit gab, unsere Spielzüge in aller Ruhe einzuüben. Die Trainings während der Saison dienten hauptsächlich der Vorbereitung auf die nächsten Gegner, die Grundlagen mussten wir uns beim Trainingslager erarbeiten. Das bedeutete auch, dass ich bis zum Trainingslager viel Arbeit hatte: Jedes Jahr von November bis März kreierte ich dutzende Spielzüge, manche schaute ich von der NFL ab, einige fielen mir selbst ein. Ich zeichnete alles auf, was mir in den Sinn kam, einmal hatte ich knapp hundert Spielzüge in der Schublade. Je näher aber das Trainingslager kam, desto mehr Ideen wanderten von der Schublade in den Mistkübel. Schlussendlich blieben rund 30 Spielzüge in unserem offiziellen Playbook.

Auch der Spaß durfte während der Trainingslager natürlich nicht zu kurz kommen. Die größten Highlights waren ein nahezu ausgebuchter Auftritt Josef Haders in der Großpetersdorfer Veranstaltungshalle und ein Death-Metal-Konzert mit gezählten 24 fanatischen, mit Ohropax ausgestatteten Fans. Mir wurden Ohrstöpsel angeboten, als ich die Bar betrat, die ich unwissend ablehnte. Nach dem ersten „Song" lief ich schleunigst wieder nach draußen und ging mit dröhnenden Ohren ins Bett.

14 Champions Bowl

Im Frühjahr 2007 erhielt ich eine unerwartete E-Mail mit der Überschrift „Champions Bowl". Von einer „Champions Bowl" hatte ich noch nie gehört, vermutete aber, dass es etwas mit Flagfootball zu tun haben musste. Siehe da, ich hatte Recht. Es handelte sich um die Einladung zu einem Flagfootball-Turnier in Italien. Begeistert rief ich Heinz an, der beschied: „Do samma dabei!" Und so war unsere erste Teilnahme an einem internationalen Turnier beschlossen!

Als Vater der Champions Bowl gilt Raffi Pellegrini, ein italienischer Flagfootball-Spieler, der die Idee hatte, einen Wettbewerb für die besten europäischen Vereinsmannschaften zu organisieren. Als Austragungsort wählte er Ferrara in der Region Emilia-Romagna, zwischen Padua und Bologna. Internationale Turniere hatte es schon vorher gegeben, allen voran das Flag Océane in Le Havre, Frankreich, und die Big Bowl in Walldorf, Deutschland. Das Besondere an der Champions Bowl war, dass es als Einladungsturnier konzipiert wurde, bei dem nur die zwei besten Vereine aus jedem Land antreten durften. Ein gewagtes Unterfangen, musste man doch froh sein, überhaupt genügend Vereine für ein internationales Turnier zusammen zu bekommen. Aber Raffi blieb seiner Linie treu und erlaubte selbst den Klosterneuburg Indians – Drittplatzierte der Österreichischen Meisterschaft von 2006 – nicht, an der Champions Bowl teilzunehmen. Seine Rechnung ging auf: Teams aus fast allen wichtigen Flagfootball-Ländern Europas reisten an. Neben Italien war Deutschland, Dänemark und Österreich vertreten, einzig die Grande Nation,

Frankreich, war etwas zurückhaltend und folgte seinem Ruf nach Ferrara nicht.

Im Jahr 2007 waren die europäischen Länder in Sachen Flagfootball noch sehr unterschiedlich organisiert. Ligastrukturen gab es außer in Österreich maximal in Dänemark, Italien und mit vielen Abstrichen in Deutschland. Jedes dieser Länder besaß aufgrund der geografischen Gegebenheiten unterschiedliche Ligaformate. Nur eines hatten alle gemein: Es gab einen Grunddurchgang, in dem man sich für die Finalspiele qualifizieren konnte. Österreich war dabei das einzige Land, in dem es eine ungeteilte Liga mit fixen Teilnehmern gab. Anders sah es beispielsweise in Dänemark aus: Obwohl das Staatsgebiet ohne Grönland und die in Österreich berüchtigten Faröer Inseln nur halb so groß wie Österreich war, wurde die Liga in eine Westliga und eine Ostliga geteilt. Im Westen spielten größtenteils Mannschaften aus der an Deutschland angrenzenden Halbinsel Jütland, im Osten Mannschaften aus Seeland, jener Insel, an dessen Ostküste Kopenhagen lag. Es wurden mehrere Spiele innerhalb der jeweiligen Liga, aber auch ein Spiel pro Jahr gegen die Mannschaften der jeweils anderen Liga absolviert. Am Ende qualifizierten sich die besten Teams für die Dannebrog Bowl, dem dänischen Pendant zur Flag Bowl. Organisiert wurden viele kleine Spieltage, an denen zumeist nur vier Mannschaften teilnahmen und jeweils zwei Spiele absolvierten. Dies führte zu einer dezentraleren Organisation anstelle der fünf bis sechs großen Spieltage in Österreich.

Aufgrund der Größe Italiens wären beide Varianten dort nicht durchführbar gewesen, man entschied sich daher für eine kreative Lösung. Im ganzen Land wurden Turniere veranstaltet, allerdings ohne verpflichtende Teilnahme. Jede Mannschaft durfte selbst entscheiden, an welchen Turnieren sie teilnahm und musste durch genügend Turnierteilnahmen und Siege sicherstellen, dass sie sich für das Finale qualifizieren konnten. In Deutschland drehte sich, vereinfacht gesagt, alles nur um zwei Mannschaften, die Jahr für Jahr im Finale gegeneinander antraten. Der Rest wurde nur lose organisiert. Man durfte die Walldorf Wanderers und die Kelkheim Lizzards nicht unterschätzen, sie verfügten durchaus über gute Spieler, die Ligastruktur hingegen war äußerst schwach.

Als ich die europäische Bühne betrat, waren die Kräfteverhältnisse gerade im Umbruch. Frankreich gewann die Weltmeisterschaft 2006 in Südkorea vor Dänemark und die Europameisterschaft 2007 vor Deutschland und Dänemark. Es sollten die letzten großen Erfolge Frankreichs sein, seither spielten sie bei internationalen Turnieren keine wichtige Rolle mehr. Ein Grund dafür war sicher die fehlende Ligastruktur und damit die fehlende interne Konkurrenz. Der Vizeeuropameistertitel Deutschlands erwies sich aus den gleichen Gründen ebenfalls als das letzte Mal, dass unser Lieblingsnachbar ein herzeigbares Ergebnis bei einem Großereignis erzielen konnte. Von der dritten Nation, die neben Frankreich und Deutschland die ersten internationalen Turniere dominiert hatte, Österreich, war weit und breit nichts zu sehen. Die Dominanz der ersten Europa- und Weltmeisterschaften war dahin, sowohl 2006 als auch 2007 war für das österreichische Nationalteam nichts zu holen gewesen. Italien hingegen war ein interessanter Fall. Die Italiener waren stets konkurrenzfähig und für Überraschungen gut, der ganz große Erfolg blieb ihnen aber verwehrt. Und dann war da noch Dänemark. Im Jahr 2006 quasi aus dem Nichts auf der internationalen Bühne erschienen, etablierten sie sich in beeindruckender Geschwindigkeit als die uneingeschränkte Nummer 1 in Europa. Ein Gegner, an dem auch ich mir viele Male die Zähne ausbiss, aber auch ein Gegner, an dem ich wachsen konnte und den ich brauchte, um mich und meine Mannschaften verbessern zu können.

Von diesen Stärken und Schwächen der europäischen Mannschaften wusste ich wenig, als wir die sechs Stunden lange Autofahrt nach Ferrara antraten. Fast jeder Spieler unseres Kaders von 2007 nahm teil, nur Georg konnte uns aufgrund seiner Maturavorbereitung nicht begleiten. Nach unserer Ankunft fühlte ich mich wie in einer anderen (Flagfootball-)Welt. Ich sah Fahnen, die mit den Logos jedes einzelnen teilnehmenden Teams bedruckt waren. Alle Spieler bekamen Champions-Bowl-T-Shirts, Kappen und Trinkbecher. Wir erhielten sogar Flags, die das

Teamlogo zierten. Ich war beeindruckt und froh, dass wir den weiten Weg angetreten waren.

Meine sportliche Erwartungshaltung war gering, denn ich konnte unsere Gegner nicht einschätzen. Ich kannte weder die anderen Teams noch deren Spielweise. Ich vermutete nur, dass die beiden anwesenden dänischen Teams und eine Mannschaft aus England, die Mildenhall Mayhem, zu den Favoriten zählten. Warum war bisher nicht von England die Rede? Das ist schnell erklärt: In Mildenhall gab es eine US-Militärbasis, die Spieler waren demnach US-Amerikaner.

Die Champions Bowl war das erste Turnier, bei dem ich Spiele an mehreren aufeinander folgenden Tagen absolvieren musste. Ich dachte mir nichts dabei, musste dann jedoch leidvoll feststellen, wie problematisch diese Art der Belastung für meinen rechten Arm und meine rechte Schulter war. Am zweiten Tag spielte mein Arm nur noch teilweise und am dritten Tag fast gar nicht mehr mit. Ich konnte nur mehr unter Schmerzen werfen und verlor jegliche Wurfkraft. Das Repertoire an Spielzügen war dadurch stark eingeschränkt. Bei jedem Wurf hatte ich das Gefühl, dass mir mein Arm abfiel oder ich mir die Schulter auskegelte. Unmittelbar nach der Champions Bowl ließ ich meine Schulter untersuchen, da die Schmerzen anhielten und ich fürchtete, mich durch die Überbelastung verletzt zu haben. Glücklicherweise war alles in Ordnung.

Ich lernte sehr langsam aus dieser Erfahrung. Bis zum nächsten großen Turnier vergaß ich beinahe, wie es mir, meinem Arm und meiner Schulter bei diesen außergewöhnlichen Belastungen ging. Erst im Jahr 2010 begann ich, Maßnahmen zu treffen, um diese Problematik einzudämmen. Als erstes startete ich ein gezieltes Kräftigungstraining, das meine Muskulatur stärkte und so besser auf die Belastung einstellte. Ich war nun konsequent, weil ich wusste, dass ich jedes Jahr ein bis zwei enorm wichtige Turniere spielte, bei denen ich mir keinen Leistungsabfall leisten konnte. Das Niveau war international so hoch und die Spitze so dicht, dass ein Quarterback, der nicht zu 100 Prozent fit war, den Unterschied zwischen Sieg und Niederlage ausmachen konnte. Als zweite Maßnahme führte ich einen persönlichen „Pitch Count"[38] ein. Ich limitierte bei mehrtägigen Turnieren die Anzahl der Würfe, die ich meinem Arm zumutete. Sowohl bei den Studs als auch beim Nationalteam versuchte ich vor allem die Pässe zu minimieren, die richtig „weh taten".[39] Schon beim Aufwärmen vermied ich solche Würfe und stoppte, sobald mein Arm für das Spiel bereit war. Das restliche vor allem für die Receiver relevante Warm-up mussten meine Backup-Quarterbacks, Patrick Bründl im Nationalteam und Georg bei den Studs, übernehmen. Während des Spiels wendete ich ebenfalls gewisse Strategien an, um die „Lebensdauer" meines Armes zu verlängern. Gegen schwächere Mannschaften versuchte ich möglichst nur kurze Pässe zu spielen, weil diese meinen Arm schonten und wir trotzdem das Spiel sicher gewannen. Wenn wir weit vorne lagen, ging ich auch öfters vom Spielfeld und ließ meinen Backup übernehmen, einmal setzte ich im Nationalteam sogar ein ganzes Spiel aus. All dies tat ich, damit ich am wichtigsten Tag, dem letzten Tag des Turniers, noch meine volle Leistung bringen konnte. Dafür brauchte ich aber trotz allem noch eine weitere Hilfe: Schmerzmittel. Nur alle Maßnahmen in Kombination führten dazu, dass ich uneingeschränkt spielen konnte. Ich war nicht begeistert davon, bei Turnieren regelmäßig Schmerzmittel einzuwerfen, aber es half und im Rückblick gesehen blieb mein Gebrauch trotz allem auf wenige Gelegenheiten limitiert. Am Wichtigsten war es für mich, dass meine Schulter keinen Schaden vom Flagfootball genommen hatte.

Spielerisch zeigten wir in Ferrara, dass wir gut mithalten konnten, auch wenn wir in Summe überfordert waren. Interessant war es, ganz andere Taktiken und Spielweisen kennen zu lernen. In Österreich ähnelten sich die Mannschaften den Spielstil betreffend. Einige standen dabei auf einem höheren, andere auf einem niedrigeren Niveau. Innerhalb einer geschlossenen Liga-

---

[38] „Pitch Count" ist ein Begriff aus dem Baseball. Es werden die Würfe des Pitchers genau mitgezählt und nach dem Erreichen einer bestimmten Anzahl wird er vom Feld genommen.

[39] Würfe, bei denen ich besonders fest oder besonders weit werfen musste.

struktur war es nicht verwunderlich, dass man gegenseitig Spielzüge klaute. Sogar in der NFL war das eine gängige Praxis, die dazu führte, dass die Mannschaften ähnliche Spielzüge einübten. In Ferrara sahen wir erstmals, dass man auch anders spielen konnte. Die Italiener beispielsweise spielten deutlich körperbetonter, viele italienische Spieler waren ehemalige oder aktive American Football-Spieler und auch beim Flagfootball nicht gerade zimperlich. Dementsprechend ließen auch die italienischen Schiedsrichter einiges durchgehen. Eine gewisse Härte war vollkommen normal.

2007 gab es noch kein einheitliches Regelwerk und die Spielfeldgröße war nicht fest definiert. In Italien wurde auf vergleichsweise riesigen Feldern gespielt, was gerade für unsere Spielweise, mit sicheren kürzeren Pässen langsam, aber stetig zum Erfolg zu kommen, einen Nachteil darstellte. Unsere Taktik war nicht darauf ausgerichtet, zehn Yards anstelle von sieben Yards pro Versuch zu erzielen. Das klingt vielleicht nach wenig, aber tatsächlich musste ich einige Spielzüge links liegen lassen, weil sie auf dem größeren Feld keinen Erfolg versprachen.

In meinem Premierenspiel gegen eine italienische Mannschaft wartete noch eine weitere Überraschung auf mich. Vor dem ersten Offense-Spielzug der Italiener beobachtete ich, dass sich der italienische Quarterback am Hintern in die Hose griff und ein Heft im DIN A5-Format hervorholte. Noch mehr staunte ich, als er das Heft seinen Mitspielern zeigte. „Schau einmal, die lesen sich noch einmal die Regeln durch, bevor es losgeht!", sagte ich zu Qualle, der gerade neben mir stand. Vor dem nächsten Spielzug holte der Quarterback wieder dasselbe Heft hervor. Da sagte Qualle mit einem Lächeln: „Ich glaube, die lesen doch nicht in den Regeln nach."

„Was machen sie dann?"

„Da sind ihre Spielzüge aufgemalt!"

Tatsächlich, die Italiener hatten die Spielzüge in dieses Heft gezeichnet. Das Heft war das Pendant zu unserem Wristband, dem Armband, auf dem alle Spielzüge in Kleinformat aufgezeichnet waren. In unserer Mannschaft hatten alle Offense-

Spieler dasselbe Wristband. Ich sagte an, welcher Spielzug gespielt wurde und mit einem Blick auf den Arm wusste jeder Bescheid. Simpel und effektiv. Die italienische Variante schien mir ungleich komplizierter zu sein. Erstens war das Heft extrem unhandlich und zweitens mussten alle fünf Spieler gemeinsam auf eine Seite dieses Hefts schauen.

Ein interessanter Aspekt in Spielen gegen nichtdeutschsprachige Gegner bestand darin, dass ich meinen Receivern etwas zurufen konnte, ohne dass uns die Gegner verstanden.

„Qualle, lauf in Richtung unserer Seitenlinie!", funktionierte mehrmals tadellos.

Ich musste nur aufpassen, dass ich nicht „rechts" oder „links" sagte, da ich annehmen musste, dass auch Dänen oder Italiener diese Wörter kannten. Die Italiener achteten weniger drauf, was wir verstanden oder nicht, da sich die Defense-Spieler der Italiener immer wieder „Uomo" zuriefen. Sie schienen nicht zu ahnen, dass ich auch ohne Italienischkenntnisse schlussfolgern konnte, dass ihr Kommando wohl eine Mannverteidigung ansagte. Geholfen hat uns alles nichts. Wir verloren das Spiel gegen die Italiener trotz ihres unpraktischen Büchleins und unserer sprachlichen Schlussfolgerungen.

Die Dänen zeigten schon damals, wie die Zukunft des Flagfootballs aussehen würde: Athletisch konnte ihnen keiner das Carlsberg reichen, sie waren groß und wendig, spielten hart, aber im Rahmen der Regeln, und wussten genau, wie sie ihre Vorteile ausnutzen konnten. Schon wenn ich beobachtete, wie perfekt koordiniert sich die Dänen aufwärmten, spürte ich einen gewissen Respekt. Vielleicht auch deshalb, weil sich bei den Studs jeder individuell aufwärmte und wir damit wie ein chaotischer Hühnerhaufen aussahen. Zuerst wussten wir es nicht besser, aber nachdem wir das gemeinsame Aufwärmen bei anderen Mannschaften sahen, behielten wir uns diese „Eigenheit" ganz bewusst.

Nach einem anstrengenden ersten Wettkampftag mit mäßigen Ergebnissen, wollten die meisten von uns einfach nur noch Abendessen und dann ins Bett. Auch mir ging es so. Aber wir hatten die Rechnung ohne Raffi gemacht, der für diesen Abend eine „Player's Party" organisiert hatte. Aus Höflichkeit entschloss ich mich, für einen kurzen Moment vorbeizuschauen. Dass „kurz" nicht funktionieren würde, wurde mir dann schnell klar. Einige Studs wollten ohne Rücksicht auf Verluste tun, was man auf einer Player's Party eben macht: Party! Einer der größten Party-Hengste[40] war unser Center, Qualle.

Die Position des Centers war in der Offense enorm wichtig, immerhin startet der Center jeden Spielzug, indem er den Football zwischen seinen Beinen zum Quarterback gibt. Darüber hinaus war Qualle für mich in den ersten Jahren die wichtigste Anspielstation. Seine 1,93 Meter und 110 Kilogramm waren zwar nicht optimal verteilt, er zeichnete sich jedoch durch eine ungemeine Fangsicherheit aus und verstand es, seinen Körper perfekt einzusetzen. Er spürte, wo sich sein Gegenspieler befand und blockierte ihm wie bei einem Rebound im Basketball den Weg zum Ball. Zumeist war er in der Mitte des Feldes zu finden und es gelang kaum jemandem, sich auf ihn und seine Spielweise einzustellen. Wir waren ein perfektes Team, so perfekt, dass er in der FLA-Saison 2007 die meisten Punkte erzielte und völlig verdient zum „Most Valuable Player", dem wertvollsten Spieler der Liga gewählt wurde. Einige Gegenspieler kamen nach der Saison zu mir, um mir zu sagen, dass sie sich noch nie so schwertaten, jemanden zu verteidigen. Sie konnten überhaupt nicht einschätzen, was Qualle beim jeweiligen Spielzug vorhatte. Kein Spielzug schien dem anderen zu gleichen. Sie hatten Recht. Nach so vielen Jahren kann ich nun das große Qualle-Geheimnis verraten: Er bekam in den ersten beiden Jahren von mir nichts angesagt, er hatte vollkommen freie Hand bei allem, was er tat. Bei jedem einzelnen Spielzug konnte er selbst entscheiden, was er machte, wohin er lief und wie er sich von seinem Gegenspieler löste. Das Beste daran war: Es funktionierte. Er war weder schnell noch besonders wendig, aber er fing jeden Ball und hatte ein unglaubliches Ge-

---

[40] Wortwitzalarm.

fühl für den freien Raum. Ich konnte ihn wahnsinnig gut lesen. Gerade in meiner Anfangszeit erleichterte er mir meinen Job sehr.

Mindestens genauso zu Hause wie auf dem Spielfeld war Qualle in der Partyszene. Das bewies er eindrucksvoll bei jener Player's Party in Ferrara. Ich beobachtete ihn interessiert, bald aber mit zunehmender Sorge. Wir hatten am nächsten Tag einige schwierige Spiele vor uns. Außerdem war er mein Zimmerkollege. Bevor er nicht zu Bett ging, machte es auch für mich wenig Sinn. Als die Party irgendwann doch ausklang, gingen wir viel zu spät und viel zu laut zurück ins Hotel. Einige Spieler der anderen Mannschaften rissen wir sicherlich aus dem Schlaf.[41] Nach einer gefühlten Ewigkeit erreichten wir unser Zimmer. Ich war froh, die Tür hinter uns schließen zu können. Doch als wir schon im Bett lagen, fiel Qualle plötzlich ein, dass er sich duschen musste. Die Dusche war blöderweise keine Dusche, sondern eine Badewanne mit Duschvorhang. Das wurde für ihn in dieser Nacht zu einer fast unüberwindbaren Hürde. Nach mehreren Fehlversuchen gelang ihm schließlich der Einstieg, was Qualle feierte wie Sir Edmund Hillary und Tenzing Norgay die Erstbesteigung des Mount Everest. Als ich schon beinahe verzweifelte, legte er sich endlich ins Bett. Im selben Moment läutete das Telefon und ein hörbar aufgebrachter Rezeptionist erklärte ihm in perfektem Italo-Englisch, dass er doch bitte versuchen sollte, etwas leiser zu sein. So lautet die jugendfreie Variante dessen, was Qualle zu hören bekam. Er erwiderte „Yes" und „Okay", gefolgt von einem „Yes" und noch einem „Okay" und schließlich: „Yes, I go to bed now!"

Sekunden später schnarchte er und ich fragte mich, ob ich überhaupt ein Auge zubekommen würde. Irgendwie schien es mir doch gelungen zu sein, denn gefühlte fünf Minuten später läutete der Wecker und der zweite Spieltag stand an. Ich redete mir ein, bereit zu sein und wollte Qualle wecken, aber er war nicht dort, wo ich ihn vermutet hatte. Als ich an seinem leeren Bett vorbei Richtung Bad ging, sah ich ihn. Friedlich schlafend lag er auf

---

[41] An sich eine gute Taktik. Winning ugly!

dem Boden, anscheinend war er aus dem Bett gefallen und hatte die restliche Nacht auf dem Teppich verbracht. Ich weckte ihn auf, ging ins Bad, weckte ihn nochmals auf und ging zum Frühstücksraum, wo bereits ein Großteil der Mannschaften versammelt waren. Ich versuchte etwas zu essen, angeschlagen von der kurzen Nacht und der CBK (Champions Bowl Krankheit), weitschichtig mit der FBK verwandt, als sich unvermittelt alle Blicke auf den Eingang des Frühstücksraums richteten: Qualle, in voller Studs-Uniform inklusive Mannschaftsdress, Footballschuhen, Flaggürtel und Flags stand in der Tür. Ein Bild für Götter!

Er meinte später, dass er zu faul gewesen sei, sich zweimal anzuziehen, deshalb habe er beschlossen, gleich in voller Montur zu erscheinen. Damit hatte er die Lacher auf seiner Seite.

Unser bestes Spiel in Ferrara lieferten wir kurz nach diesem ominösen Frühstück gegen den späteren Champion Mildenhall Mayhem ab. Kurz vor Schluss kamen wir mit einem Touchdown bis auf einen Punkt heran, spielten dann aber mit einem Zwei-Punkte-Versuch[42] auf Sieg, statt mit einem „normalen" Extrapunkt den Ausgleich zu erzielen. Wir scheiterten und verloren das Spiel um einen Punkt. Für uns hatte dieses Ergebnis keine große Auswirkung, wir platzierten uns im Mittelfeld und traten zufrieden und mit Hunger auf mehr die Heimreise an. Auf der langen Heimfahrt mussten wir mehrmals anhalten, um unsere Muskelkrämpfe zu behandeln. Auch mich erwischte es. Ein eindeutiges Zeichen dafür, dass wir die Anstrengungen eines großen Turniers noch nicht gewohnt waren.

Ich erkannte, dass wir bei einer Champions Bowl nicht nur spielerisch viel lernen konnten. Internationale Turniere erwiesen sich auch für das Mannschaftsgefüge als enorm wichtig. Die nationale Meisterschaft reduzierte sich für uns schnell auf eine lange Vorbereitungsphase mit Trainings, Trainingslager und Grunddurchgang. Danach folgten die Playoffs mit zwei oder drei Spielen, die eine Entscheidung über den Meistertitel brachten. In

---

[42] Wenn man den Extrapunktversuch nach dem Touchdown statt von fünf von zehn Yards Entfernung von der Endzone startete, hatte man die Möglichkeit, zwei zusätzliche Punkte zu erzielen.

Wahrheit stach in jedem Jahr nur ein Spieltag als besonders relevant hervor, der Flag-Bowl-Tag. Das war nicht optimal, denn die Mannschaft musste auch die restlichen 364 Tage motiviert bleiben. Die internationalen Turniere boten uns dafür einen idealen zusätzlichen Höhepunkt.

15 Der erste Meistertitel

Oktober 2007. Über den Sportplatz des Grazer Universitätssportinstituts hallte „We are the Champions". Ich schaute auf die Tribüne, das Spielfeld und meine Teamkollegen. Georg lachte mich an und auch Tom war erleichtert. Mir fiel ein großer Stein vom Herzen. Fast hätte uns das Wetter einen Strich durch die Rechnung gemacht. Aber wir hatten es geschafft: Die Spielfeldmarkierungen, die der Regen weggewaschen hatte, waren wieder hergestellt. Zusätzliche Tische und Bänke für Zuschauer standen an ihren Plätzen. Auch der letzte Soundcheck klappte. Der Austragung der „Flag Bowl dahoam" stand nichts mehr im Wege.

Wir hatten dem AFBÖ ein ansehnliches Konzept für die Flag Bowl vorgelegt. Es versprach ein Flagfootball-Event, dass es in dieser Form in Österreich noch nicht gegeben hatte. Meine Studs-Vorstandskollegen und ich organisierten einen Hauptsponsor, die österreichische Bundeshymne sollte von einer A-cappella-Band live vorgetragen werden, die während der Halbzeitpause weitere Lieder zum Besten gab. Eine richtige „Halftime-Show". Ein Stadionsprecher sollte das Finale live kommentieren, noch eine Premiere im österreichischen Flagfootball. Ich wollte dafür nicht irgendeinen Stadionsprecher verpflichten. Für mich gab es nur eine Person, die dafür in Frage kam: Michael Eschlböck, der langjährige Präsident des AFBÖ, der für den ORF bereits einige Super Bowls kommentiert hatte. Zu meiner Überraschung sagte er sofort zu. Die Flag Bowl organisieren zu dürfen, war für uns eine große Ehre und Freude, aber es setzte uns einer Mehrfachbelastung aus: Wir mussten uns zunächst für die Finalrunde qualifizieren und anschließend die Flag Bowl organisieren, während wir uns gleichzeitig sportlich auf den wichtigsten Spieltag des Jahres vorbereiteten.

Die Herbstsaison des Grunddurchgangs verlief erfreulich. Mit der Champions-Bowl-Erfahrung im Rücken lieferten wir endgültig den Beweis, unter den Top-Teams in Österreich angekommen zu sein. 2006 war unser Auftreten noch überraschend, in der Saison 2007 schon Normalität. In den darauffolgenden Jahren beendeten wir den Grunddurchgang stets auf einem der ersten beiden Plätze. Das klingt erfreulich, stellte für mich jedoch auch ein Problem dar. Die Motivation der Mannschaft hochzuhalten war das Eine, aber punktgenau die richtige Taktik zu finden, wurde für mich noch ungleich schwieriger. Wir bereiteten uns fast ausschließlich auf die Flag Bowl vor. Der Grunddurchgang der Meisterschaft lief nebenbei mit. Ich kreierte Spielzüge für den Grunddurchgang und andere für die Flag Bowl. Manchmal warfen wir die während der Saison verwendete Taktik vor dem Finale komplett über den Haufen. Denn jede ernstzunehmende Mannschaft arbeitete bereits damals mit Videoanalysen. Ich wusste, dass es nicht reichen würde, einfach dieselben Spielzüge zu wiederholen, selbst wenn wir in der Lage waren, sie perfekt auszuführen. Speziell in Spielen gegen die Klosterneuburg Indians versuchten wir uns gegenseitig immer wieder aufs Neue zu überraschen.

Bevor wir bei der Flag Bowl dahoam gegen die Indians antreten durften, mussten wir das Halbfinalspiel gegen den amtierenden Meister gewinnen: Eine prima Gelegenheit, um uns an den Vienna Constables für die Finalniederlage im Vorjahr zu revanchieren. Für dieses Spiel hatte ich mir einen ganz besonderen Trickspielzug einfallen lassen. Kurz vor Ende der ersten Halbzeit war der richtige Zeitpunkt gekommen, um ihn auszupacken: Wir waren mit der Offense auf dem Feld, standen ganz lässig herum und taten so, als ob wir uns besprechen würden. Gleichzeitig joggte unser bester Receiver, Markus Zrim, Richtung Seitenlinie, um sich vermeintlich auswechseln zu lassen. Im selben Moment startete Qualle den Spielzug, indem er mir den Ball übergab, und Zrim sprintete los. Ich warf ihm den Ball zu und er rannte in die Endzone. Unsere Gegner hatten zuerst nicht bekommen, was geschah und danach viel zu langsam reagiert. Touchdown Studs. Chaos brach aus. Die Constables waren fuchsteufelswild auf sich selber, weil sie sich so überraschen ließen, auf uns, weil wir einen Trickspielzug einsetzten und auf die Schiedsrichter, weil sie ihn – wohlgemerkt: regelkonform – durchgehen ließen. Im Fortgang war schnell klar, dass die Luft bei den Constables raus war, die zweite Halbzeit war nur mehr Formsache.

Meine Erwartungen waren mittlerweile so weit gestiegen, dass ich mich über diesen Finaleinzug nicht richtig freuen konnte. Während um mich herum alle jubelten, kam mir nicht einmal ein Grinser aus. Ich war zu angespannt und fühlte mich noch nicht am Ziel.

Unser Gegner in der Flag Bowl waren wie erwartet die Klosterneuburg Indians. Mir blieb wenig Zeit zum Regenerieren oder zum Nachdenken, bald nach Beendigung des Halbfinales ging's wieder ans Aufwärmen. Das Spiel um Platz 3 lief schon. Merkwürdigerweise hatte sich der beste Spieler der Constables, ein Receiver mit US-Abstammung, bereits umgezogen und stand etwas abseits vom Spielfeld. Ich ging zu ihm und fragte: "Hey Shawn, are you okay? Why are you not playing?"

Seine Antwort war genauso kurz wie prägnant: "I didn't come here to play for third place."

Ein Satz, den ich im Laufe der Jahre oftmals zitierte, obwohl ich selber nie ein Spiel ausließ.

Es war ein herrlicher Herbsttag. Sonnig, warm und windstill. Perfektes Flagfootball-Wetter. Nachdem die A-cappella-Band die österreichische Bundeshymne (noch ohne Töchter) zum Besten gegeben hatte, waren wir wie im Jahr zuvor nur 40 Minuten vom Meistertitel entfernt. Heuer wollte, nein: musste ich es besser machen. Dem entschlossenen Gesichtsausdruck von Georg, Heinz, Qualle und allen anderen Studs konnte ich entnehmen, dass sie die Sache ähnlich sahen. Wir waren hungrig auf den Meistertitel.

Im Laufe des Spiels konnten beide Mannschaften mit sehenswerten Aktionen punkten, aber niemand sich entscheidend absetzen, nicht in der ersten und auch nicht in der zweiten Halbzeit. Die Führung wechselte ständig. Kurz vor Schluss gelang es unserer Defense, die Offense der Indians zu stoppen. Es waren noch zwei Minuten zu spielen. Unsere Offense ging mit einer 31:26 Führung aufs Feld. Ich hörte, wie Michael Eschlböck den Fans über den Stadionlautsprecher mitteilte, dass wir nur noch mit den nächsten vier Versuchen ein First Down erzielen mussten, um den Sack zuzumachen. Nur noch! Doch die knapp 20 Meter, die uns vom ersten Meistertitel trennten, sahen für mich wie 200 aus. Bei den ersten beiden Versuchen konnten wir kaum Raumgewinn erzielen. Nur noch zwei Versuche. Ich sagte einen Spielzug an, den wir während des gesamten Tages noch nicht verwendet hatten. Der wichtigste Pass meiner bisherigen Laufbahn stand bevor. Ich rechnete damit, dass die Defense der Indians sich auf die beiden besten Receiver, Zrim und Qualle, konzentrierten und Georg außer Acht ließen. Und so kam es: Georg konnte meinen Pass unbedrängt fangen. Er musste sich jetzt umdrehen und zwei Meter zum First Down laufen. Da kam ein Verteidiger herangestürmt und stoppte ihn. Ein Meter fehlte uns noch zum ersten Titel. Wir hatten noch einen letzten Versuch.

Ich wählte einen Spielzug, der einen kurzen Pass auf Markus Zrim vorsah. Aber die Indians ahnten, was ich vorhatte. Zrim kollidierte mit zwei Verteidigern und für einen Augenblick wusste ich nicht, was ich tun sollte. Qualle machte sich lautstark bemerkbar. Er stand völlig frei. Doch ich bemerkte ihn nicht, schaute nur auf Zrim. Der sah die Verzweiflung in meinen Augen, reagierte instinktiv richtig und versuchte, sich mit zwei schnellen Schritten von seinen Verteidigern zu lösen. Ich war im Tunnelblick gefangen, der gegnerische Blitzer hatte mich fast erreicht. In letzter Sekunde lupfte ich den Ball über die beiden Verteidiger in Zrims Richtung. Er fing ihn und fiel zu Boden. First Down. Game Over.

Unser Jubel kannte keine Grenzen. Diesmal sprang auch ich wie verrückt durch die Gegend. Wir waren Meister! Als Michael Eschlböck uns über den Lautsprecher gratulierte, spielte der Stadion-DJ "We are the champions". Einige Studs wurden sentimental und konnten sich die Tränen nicht verkneifen.

Ich trommelte alle Spieler noch einmal zusammen, denn ich hatte eine kleine Überraschung vorbereitet. Sobald wir alle im

Kreis standen, holte ich zwei Sektflaschen aus der Sporttasche, ließ die Korken knallen und spritzte uns in bester Formel-1-Siegerpodest-Manier nass. Es war mein schönster Meistertitel. Mit weiteren Erfolgen sollte ich ein wenig abstumpfen und die jungfräuliche, uneingeschränkte Freude verlieren. Der Moment dieses Sieges war die Krönung eines Weges, der sich zwar schon abgezeichnet hatte, aber in Wahrheit sehr kurz war. Zweieinhalb Jahre vom ersten Spiel zur besten Mannschaft Österreichs. Trotzdem gab es noch viel zu lernen. Spielerisch und taktisch waren große Verbesserungen sichtbar,[43] aber von einem ausgeklügelten Playbook, wie man die Summe aller Spielzüge nennt, waren wir noch weit entfernt.

Im Frühjahr 2008 kam es für den Flagfootball in Österreich zu einer einschneidenden Veränderung. Dem AFBÖ-Präsidenten Michael Eschlböck und seinem Team war es gelungen, unseren Sport ganz offiziell in der österreichischen Bundessportorganisation zu etablieren. Somit durfte sich der Flag Bowl Champion ab 2008 „Staatsmeister" nennen. Auf den ersten Blick mag das nach keinem großen Unterschied klingen, für die Akzeptanz des Sports war es jedoch ein enorm wichtiger Schritt. Die Tatsache, dass wir in der Öffentlichkeit stärker wahrgenommen wurden, zeigte sich auch daran, dass kurz nach der Flag Bowl Einladungen des Landes Steiermark in den Briefkästen der Studs-Spieler zu finden waren. Für den Gewinn des Meistertitels wurden wir im Rahmen einer feierlichen Sportlerehrung mit dem Landessportehrenzeichen in Gold ausgezeichnet. Landeshauptmann Franz Voves überreichte uns persönlich die Medaille und ich war stolz, mit steirischen Sportgrößen wie Renate Götschl und Mario Stecher eine Bühne teilen zu dürfen. An diesem Abend wurde kein Unterschied zwischen einem Schi-Superstar und einer Flagfootball-Mannschaft gemacht. Persönlich nahm ich mir

---

[43]Immerhin hatten wir 2007 schon erfolgreich eine Zonenverteidigung eingesetzt. Zack-zack funktionierte nicht mehr gegen uns.

vor, nach dieser Ehrung einen Schlusspunkt hinter die Meistersaison 2007 zu setzen und den Blick nach vorne zu richten. Ich wollte noch viel erreichen. Also durfte ich mich nicht auf den Lorbeeren eines Meistertitels ausruhen.

Göteborg, Donnerstag 16. August 2012

„Kuwait, Südkorea und Norwegen", geht es mir durch den Kopf. Das sind unsere ersten drei Gegner.
Zehn Jahre zuvor spielten keine Handvoll europäischer Teams um den Weltmeistertitel. In der Zwischenzeit hatte sich einiges getan. 2002 gab es den ersten offiziellen länderübergreifenden – „international" wäre übertrieben – Flagfootball-Bewerb. Ich hatte das Glück, Flagfootball zu einem Zeitpunkt kennenzulernen, als es auf internationaler Ebene noch in den Kinderschuhen steckte. So konnte ich erleben, wie aus einem Treffen von Footballfans auf einer Wiese ein international anerkannter Sport wurde, der sogar im Gespräch war, olympisch zu werden. Ich zähle mich nicht zu den österreichischen Pionieren des Sports, dennoch hatte ich die Möglichkeit einen kleinen Beitrag zur Entwicklung in Österreich zu leisten, und zwar sowohl als aktiver Athlet als auch als Organisator und Funktionär. Das Entstehen einer nationalen Ligastruktur, eines europäischen Wettbewerbs für die besten Vereinsmannschaften, die offizielle Anerkennung des Sports in Österreich und nicht zuletzt die Weiterentwicklung der Welt- und Europameisterschaften fielen sämtlich in die ersten Jahre meiner aktiven Zeit. „Kuwait, Südkorea und Norwegen" war ein eindeutiges Zeichen dafür, dass Flagfootball weltweit an Bedeutung gewann.
Für mich zählt an diesem Tag nur Eines: Kuwait, Südkorea und Norwegen gleich Sieg, Sieg und Sieg. Alles andere wäre eine riesengroße Enttäuschung. Mein Ziel ist es, die ersten drei Spiele mit möglichst wenig Anstrengung zu absolvieren. Für morgen stehen vier schwere Gegner auf dem Spielplan. Für diese Gegner müssen ich und mein rechter Arm hundertprozentig fit sein. Die mittlerweile obligatorischen Schmerztabletten habe ich da-

bei, trotzdem muss ich versuchen, meinen Pitch Count im Griff zu haben. Ich wärme mich wie immer individuell auf, zumindest was die Schulter und den Wurfarm betrifft. Ich absolviere die allgemeinen Aufwärmübungen des Teams, sobald die Sprints beginnen, verabschiede ich mich, um meine Schulter langsam zu aktivieren. Lockeres Einwerfen, einige Passrouten, aber ich halte mich sehr zurück und überlasse den Großteil des Aufwärmens mit den Receivern meinem Backup-Quarterback Patrick Bründl. Während sich meine Mannschaftskollegen bereit machen, suche ich Ruhe und gehe noch einmal die geplanten Spielzüge durch.

Die Mannschaft aus Kuwait ist eine ehrgeizige und sympathische Truppe, mehr als einen Aufwärmgegner stellen sie für uns allerdings nicht dar. Ich spiele hauptsächlich Spielzüge mit kurzen Passrouten, um meinen Arm und meine Schulter zu schonen, gemäß dieser Abnutzungsformel:

Abnutzung = Anzahl der Würfe x Geschwindigkeit und Weite des geworfenen Balles

Meine Receiver erledigen den Rest. Bereits zu Beginn der zweiten Halbzeit übergebe ich das Ruder, oder besser gesagt den Ball an Patrick Bründl, der das Spiel als Quarterback fertig spielt. Das Spiel gegen Südkorea verläuft in allen Aspekten ähnlich, sogar das Ergebnis ist fast ident. Als wir am Nachmittag schließlich gegen Norwegen antreten, spiele ich zu Trainingszwecken durch. Die Norweger hatten zwar noch nicht viel Erfolg bei internationalen Turnieren, erweisen sich aber als guter Gegner, der einen herausfordernden Abschluss des ersten Tages bildet.

Zugleich mit unserem Spiel gegen Norwegen ist das Duell Dänemark-Panama angesetzt. Beide Mannschaften haben wie wir alle bisherigen Spiele gewonnen. Sie sind meiner Einschätzung nach die stärksten Gegner in unserer Gruppe. Ich kann das Spiel nicht sehen, aber hören. Aufgrund der Lautstärke der Jubelschreie, die sich abwechselten, vermute ich, dass es sich um eine enge Partie handelt. Überraschend. Ich hatte die Dänen stärker eingeschätzt. Nach unserem dritten Sieg laufe ich schnell zum anderen Feld hinüber, um noch ein paar Spielzüge zu sehen. Doch gerade als ich ankomme, ertönt der Schlusspfiff. Nun jubelt nie-

Göteborg, 16. August 2012

mand mehr. „Wie ist das Ergebnis?", frage ich einen panamaischen Betreuer.
„Unentschieden!"
„Wow, Gratulation! Super Ergebnis gegen Dänemark!"
„Wieso? Wir hätten gerne gewonnen", antwortet er.
Wieso? Vielleicht weil ich bisher ausschließlich deftige Niederlagen gegen Dänemark kassiert hatte und wir mit dem Nationalteam noch nicht einmal ansatzweise in die Nähe eines Unentschiedens gekommen waren? Es könnte sein, denke ich, dass Panama einen Vorteil hatte, weil sie sich nicht von der Übermacht der Dänen der letzten Jahre beeindrucken ließen.

Für mich bedeutet das Ergebnis nur eines: Das Spiel gegen Panama wird schwierig werden und bringt schon eine Vorentscheidung für die Halbfinal-Qualifikation. Im Moment lachen wir zwar als einziges Team mit drei Siegen und ohne Niederlage von der Tabellenspitze, aber das bedeutet gar nichts. Die schwierigen Spiele stehen uns noch bevor. Es ist noch nichts entschieden. Vier Mannschaften kämpfen um den Einzug ins Halbfinale: Dänemark, Panama, Italien und Österreich. Nur zwei davon werden es schaffen.

16 In der Höhle des Löwen

„Ich packe wie eine Frau!", war Todds Kommentar als er ungläubig auf seine beiden Koffer blickte. Georg und ich mussten lachen. Ja, er hatte im Vergleich zu allen anderen wirklich erstaunlich viel Gepäck dabei. Wir bezogen gerade Wohncontainer, die auf einer Art Campingplatz abgestellt waren. Die Reise nach Dänemark war für uns zwar keine ins Mutterland des Flagfootballs, aber in das Land, das in Europa nun das Maß aller Dinge darstellte. Im Jahr 2008 war das vielen noch nicht klar, ich konnte es aufgrund unserer Erfahrung in Ferrara bereits erahnen. Dort waren wir chancenlos gewesen. Die Dänen hatten uns richtiggehend überrollt. So weit wollten wir es bei dieser zweiten Ausgabe der Champions Bowl nicht kommen lassen. Dass sie in der Nähe von Kopenhagen stattfand, machte es uns sicher nicht leichter.

„Wahrscheinlich brauchst du deshalb zwei große Koffer, weil du so viele Stützstrümpfe eingepackt hast", sagte Georg. Als „Grandpa Vandall" musste sich Todd regelmäßig blöde Witze zu seinem Alter gefallen lassen.

Ich war froh, dass Georg die Reise mit uns antreten und sein internationales Debut geben konnte. Georg war der Allererste gewesen, dem ich einen Football zugeworfen hatte, und er war der Einzige, der von 2005 bis 2016 durchgehend mit mir zusammenspielte. Heinz und Qualle beendeten beide ihre Karriere vor 2015, Tom stieß erst 2007 zu den Studs. Es war schön und ich schätzte es sehr, meine Football-Leidenschaft und fast mein gesamtes Flagfootball-Abenteuer mit ihm teilen zu können. Ich war ihm unglaublich dankbar, dass er auf meinen Football-Zug aufgesprungen und gerade am Anfang immer bereit gewesen war, mit mir zu trainieren. Er war nicht der größte, schnellste oder kräftigste Spieler, aber unglaublich wendig. Seine blitzschnellen Richtungsänderungen auf engstem Raum suchten in Österreich ihresgleichen. Als die Studs gegründet wurden, war er mit 16 Jahren der jüngste Spieler. Es dauerte ein paar Jahre bis er körperlich und spielerisch stark genug war, um zu den absoluten Leistungsträgern unserer Mannschaft zu gehören. Doch der Weg dorthin war vorgezeichnet und führte ihn letztendlich an meiner Seite ins Nationalteam. Ich verstand mich mit ihm genauso blind wie mit Tom und Qualle. Nur dass er mit Kommentaren und Vorschlägen etwas zurückhaltender agierte. Georg erzielte viele wichtige Catches und Touchdowns und konnte seine Leistung in der Flag Bowl am konstantesten abrufen. Bei der Champions Bowl in Kopenhagen zeigte er erstmals, welch wichtiger Teil der Mannschaft er war und noch werden würde.

Das Turnier war ähnlich gut organisiert wie die Champions Bowl I, wenngleich etwas weniger aufwändig, ich bin fast geneigt zu sagen: weniger pompös. In Dänemark waren keine als Briten verkleidete US-Amerikaner anwesend, die besten Mannschaften waren aus dem Gastgeberland, aus Italien und – wie ich hoffte – auch aus Österreich.

Gleich im ersten Spiel wartete die größte Überraschung des Turniers auf uns. Eine Überraschung, die nichts mit einer gegnerischen Mannschaft oder unserer Leistung zu tuhatte: Die Schiedsrichter! Erstmals kamen keine „normalen" Schiedsrichter zum Einsatz, vielmehr übernahmen die Spieler der jeweils spielfreien Teams selbst diesen Job. Das mag etwas unprofessionell erscheinen und wäre bei offiziellen Europa- und Weltmeisterschaften natürlich undenkbar, aber für mich war es enorm erfrischend. Nie zuvor hatten wir dermaßen gute Schiedsrichterleistungen erlebt. In Österreich waren Spieler Spieler und Schiedsrichter waren Schiedsrichter. Prinzipiell sollte es zwar so sein, aber die Realität erwies sich als problematisch. Den Schiedsrichtern fehlte die Ausbildung und teilweise das Wissen und die Fähigkeit, akkurate Entscheidungen in Sekundenschnelle treffen zu können. Die Dänen waren in dieser Hinsicht hochprofessionell und ein Mitgrund, warum sich in ganz Europa die Schiedsrichterqualität in den folgenden Jahren dramatisch verbesserte. Ich selbst nahm die Champions Bowl in Kopenhagen zum Anlass, mich um die Weiterentwicklung des österreichischen Schiedsrichterwesens zu kümmern.

Als Österreichs Ligachef Goofy Geyer am Ende seiner Amtszeit angelangt war, weil er aus privaten Gründen nach Tirol zog, bot er mir an, mich als seinen Nachfolger vorzuschlagen. Das ehrte mich, doch ich lehnte ab. Ich wollte zwar punktuell mithelfen, Flagfootball in Österreich weiterzuentwickeln, die Gesamtverantwortung wollte ich neben meinen vielen Aufgaben bei den Studs aber nicht übernehmen. Wir einigten uns, dass sich meine Mithilfe im Großen und Ganzen auf drei Themenbereiche konzentrierte: Spielplanerstellung, Ideen für eine neue Ligastruktur und das Schiedsrichterwesen.

Die Spielplanerstellung machte mir Spaß. Es war nicht einfach, die Wünsche aller Teams zu berücksichtigen. Doch in all den Jahren gab es kaum Beschwerden, daher nehme ich an, den Job zufriedenstellend erledigt zu haben.

Die Entwicklung einer Struktur für die FLA2, die zweite Liga, war schon ein etwas komplexeres Thema. Die von Goofy Geyer angedachte Ligateilung war zwar im Jahr 2006 noch etwas verfrüht gewesen, aber in den darauffolgenden Jahren kam diese Liga-Diskussion mit Recht wieder auf. Es galt, den Sport weiterzuentwickeln und sicherzustellen, dass er auch in der Breite wachsen konnte. Nach den Studs gelang es niemandem mehr, so rasch und erfolgreich vorne mitzuspielen. Daher musste eine Lösung gefunden werden, wie Einsteigermannschaften zu sinnvoller Spielpraxis kamen. Von den Indians oder den Studs mit einer 60:0 Klatsche nach Hause geschickt zu werden, half weder den Siegern noch den Verlierern. Eine Möglichkeit war es, auf die kleinen Turniere abseits der offiziellen Liga auszuweichen, bei denen auch wir 2005 erstmals angetreten waren. Doch in Summe war das zu wenig. Früher oder später musste es eine zweite Liga geben. Federführend übernahm Mario Kreiner dieses Projekt, ein Footballverrückter, der sich mit seiner Art nicht immer nur Freunde machte. Auch ich hatte Meinungsverschiedenheiten mit ihm, zweifle aber nicht daran, dass er eine tolle Arbeit in der Weiterentwicklung des Flagfootballs leistete. Ich hielt mich eher im Hintergrund, die entscheidende Idee wuchs aber auf meinem Mist oder genauer: Ich hatte sie aus Italien geklaut. Die neu zu schaffende Liga konnte aus meiner Sicht nur in einem etwas loseren Format funktionieren. Man durfte neue Teams nicht abschrecken, indem man ihnen Verpflichtungen und fixe Spieltage hinwarf. Meine Idee war es, wie in Italien Spieltage zu veranstalten, an denen alle Teams teilnehmen konnten, aber nicht mussten. Pro absolviertes Spiel und pro Sieg gab es jeweils einen Punkt. Die fleißigsten Punktesammler qualifizierten sich für den Finalspieltag. Es brauchte auch keine Lizenzen oder medizinische Tests, wie sie in der ersten Liga vorgeschrieben waren. Dieses Modell funktionierte sehr gut und innerhalb weniger Jahre wurde auch die zweite Liga in einen regulären Spielbetrieb mit Auf- und Abstieg überführt und eine dritte Liga gegründet.

Den größten Einfluss im nationalen Bereich hatte ich sicherlich im Schiedsrichterwesen. Inspiriert vom positiven dänischen Beispiel machte ich mich daran, es schrittweise zu verbessern. Von Anfang an beriet ich mich mit dem damaligen Hauptschiedsrichter in Österreich, Erwin Aigner. Er war es auch, der die Rolle des Schiedsrichterbeauftragten später von mir übernahm. Vorbild war das dänische Modell, Anlass die neuen, weltweit einheitlichen Regeln, die 2009 in Kraft traten. Ich traf mich mit aktuellen und potentiellen Schiedsrichtern sowie mit allen Teams, um ihnen meinen Plan zu präsentieren und sie für diesen zu gewinnen. Pro Spiel sollte es einen gut ausgebildeten Hauptschiedsrichter geben, der durch Spieler unbeteiligter Teams unterstützt wurde. Diese Teamschiedsrichter mussten ein Mindestmaß an Ausbildung absolvieren, um eingesetzt werden zu können. Ich führte eine jährliche, verpflichtende Schiedsrichterschulung für alle Teams ein. Nur Spieler, die an der Schulung teilnahmen, konnten während der Saison auch als Teamschiedsrichter eingesetzt werden. In weiterer Folge musste zumindest ein Spieler jedes Teams die Hauptschiedsrichterlizenz erlangen und Spiele auch als Hauptschiedsrichter leiten. Wir waren zwar qualitativ immer noch nicht auf Höhe der Dänen, es waren aber deutliche Verbesserungen erkennbar. Und wegen dieser Verbesserungen waren auch alle Teams bereit, den erhöhten Aufwand mitzutragen und dafür zu sorgen, dass alle Spieler die Regeln kannten. Bei den Schulungen wurden Videos von Spielszenen gezeigt, womit wir versuchten, eine einheitliche Regelauslegung sicherzustellen.

Aber ich schweife ab. Wir, die Styrian Studs, waren also im Sommer 2007 in Dänemark bei der Champions Bowl II und hatten ein Turnier zu absolvieren. Wir spielten beherzt, deutlich besser und mutiger als noch ein Jahr zuvor und ließen auch die abendliche Eskapade bei der Player's Party aus. Gegen andere Gästeteams führte dies in fast allen Spielen zum Erfolg. Die Topteams der Gastgeber erwiesen sich allerdings auch in diesem Jahr als eine Nummer zu groß. Überragend spielten die Avedøre Mammoths, das Nonplusultra des dänischen Flagfootballs, die neben Quarterback-Legende Morten Weber viele weitere erfolgreiche Nationalspieler stellten. Unser Highlight war das Spiel um Platz 3. Es sollte das einzige Spiel in meiner Karriere bleiben, das erst in der Verlängerung entschieden wurde. Nach der ersten Verlängerung stand es noch immer unentschieden. In der zweiten Verlängerung gelang es uns, mit einem Touchdown vorzulegen. Wenn wir die gegnerische Offense stoppen könnten, wäre uns Platz 3 sicher.

Körperlich gelangten wir an unsere Grenzen. Es war das letzte Spiel in einem kräftezehrenden Turnier. Ich war noch der Fitteste, denn ein Quarterback bewegt sich deutlich weniger als andere Spieler. Darum hatte ich mich schon während der regulären Spielzeit an unseren Defense Captain gewandt, zuerst eher vorsichtig: „Todd, falls du jemanden in der Defense brauchst, ich kann mir vorstellen, dass ich aushelfen kann."

Seine Antwort war kurz und eindeutig: „Nein, kein Bedarf."

Etwas später bemerkte ich bei unseren Spielern erste Ermüdungserscheinungen.

„Todd, ich glaube wirklich, dass es Sinn macht, wenn du mich spielen lässt!" Ich kam mir wie Obelix vor, der etwas vom Zaubertrank haben wollte.

Und wiederum erntete ich ein „Danke, aber es geht schon" von Todd, meinem Miraculix.

Erst als es in die Verlängerung ging, einige Spieler Krämpfe bekamen und absolut nicht mehr in der Lage waren, sich aufs Spielfeld zu schleppen, versuchte ich es ein drittes Mal: „Todd, lass mich spielen. Du siehst ja selbst, dass alle anderen fix und fertig sind!"

Aller guten Dinge waren drei. Wenngleich nicht überzeugt, willigte Todd schließlich ein und ich bereitete mich auf einen Defense-Einsatz vor. In der entscheidenden zweiten Verlängerung stand ich schließlich in der Defense auf dem Feld. Anscheinend fiel das auch der gegnerischen Mannschaft auf, denn der erste Wurf ging gleich in meine Richtung. Ich hatte Mühe, den Pass zu verteidigen. Beim alles entscheidenden vierten Versuch entschied sich der gegnerische Quarterback erneut, in meine Richtung zu werfen, um die vermeintliche Schwachstelle auszunutzen. Doch ich war noch flink genug, um den Pass zu antizipieren, in die Flugbahn zu laufen und den Ball abzufangen. Interception. Wir hatten gewonnen.

Meine Mitspieler rannten auf mich zu, ließen mich hochleben und trugen mich auf ihren Schultern übers Spielfeld. Eine Ehrenrunde – das wäre schön gewesen! Die Realität sah anders aus: Außer mir konnte sich kaum noch jemand auf den Beinen halten. Darum kannte der Jubel Grenzen. Die meisten Studs waren nur noch froh, dass das Spiel zu Ende war.

Den Ausgang des Turniers sah ich mit einem lachenden und einem weinenden Auge. Der dritte Platz bei der Champions Bowl war ein Erfolg für uns. Wir waren die beste nicht-dänische Mannschaft. Doch waren wir weit davon entfernt, die beiden Finalisten, die Avedøre Mammoths und die Silkeborg Sharks, besiegen zu können.

17 Tryout

Nach meiner Rückkehr aus Kopenhagen erhielt ich eine E-Mail mit einem erfreulichen Betreff: „Nationalteam-Tryout 2008".

Das österreichische Nationalteam stand nach anfänglichen Erfolgen vor einem Umbruch. Die Weltmeisterschaft 2006 hatte ohne Medaille geendet und auch bei der Europameisterschaft war man unter den Erwartungen geblieben. Welt- und Europameisterschaften wechselten sich im Jahresrhythmus ab, daher stand 2008 wieder eine Weltmeisterschaft auf dem Programm. Es sollte das erste Turnier auf nordamerikanischem Boden (Kanada) und vor allem das erste mit nordamerikanischer Beteiligung werden. In meinen Augen: die erste echte Weltmeisterschaft.

Das österreichische Trainerteam um Headcoach und Offense-Coordinator Wolfgang Vonasek und Defense-Coordinator Dietmar „Dize" Furthmayr, die auch Coaches der Klosterneuburg Indians waren, wussten, dass es schwer werden würde, ein konkurrenzfähiges Team auf die Beine zu stellen. Die Spieler der ersten Generation waren in die Jahre gekommen, den jungen Spielern mangelte es an Erfahrung und Qualität. Die Coaches wollten nicht nur ein Team für die Weltmeisterschaft in Montreal formieren, sondern Weichen für die Zukunft stellen, in der Österreich wieder zum Titelaspiranten werden sollte. Sie hatten einen Plan, und ich freute mich riesig, als ich den ersten Schritt dieses Plans in meinem E-Mail-Postfach fand.

Dass ich bereits in meiner dritten Saison die Möglichkeit erhalten würde, mich fürs Nationalteam zu qualifizieren, hatte ich nicht erwartet. Die Einladung zum Tryout ging natürlich nicht nur an mich, sondern zugleich an dreißig andere Flagfootballer.

Tryout

Dreißig Spieler, die um die begehrten zwölf Plätze im Nationalteam kämpften. Je öfter ich die Nachricht durchlas, desto nervöser wurde ich. Meine Gedanken überschlugen sich und eine Frage überstrahlte alle: „War ich gut genug?"

Als Quarterback fühlte ich mich noch nicht ausgereift. Ich hatte zwar Erfolge vorzuweisen, immerhin waren die Styrian Studs der amtierende österreichische Meister, dennoch war mir klar, dass ich mich in vielen Bereichen noch verbessern musste. Ich sah mich eher als Flagfootball-Spieler, der zwar in seiner Mannschaft die Quarterback-Position besetzte, aber auch Receiver oder Defense-Spieler sein könnte. Mit dieser Einstellung fuhr ich zum Tryout ins sommerliche Wien. Ich spürte großen Respekt vor den anderen Spielern, speziell den Nationalteamveteranen, wollte aber zeigen, dass ich leistungsmäßig dazugehörte. Zu Beginn wurden Schnelligkeit und Ausdauer der Spieler getestet. Ich war top motiviert, gut drauf und schnitt vor allem beim T-Cone-Drill sehr gut ab, der die Wendigkeit anhand schnell zu absolvierender Richtungsänderungen testete. Die Sonne heizte uns ein, und als uns nach den anstrengenden Drills eine Pause im Schatten vergönnt war, sagte Coach Vonasek: „Wir sind jetzt mit den allgemeinen Übungen fertig und beginnen mit positionsspezifischen Tests. Offense-Spieler zu mir, die Defense-Spieler gehen zu Coach Dize."

Ich stand vor einem Dilemma. Während die anderen Spieler zum jeweiligen Coach trotteten, stand ich ratlos in der Gegend herum. Sollte ich mich bei der Offense oder der Defense einreihen? Ich sah keinen Weg, um mir die Peinlichkeit zu ersparen. Also fragte ich Vonasek: „Wolfgang, hast du mich für die Offense oder Defense vorgesehen?"

Er sah mich leicht schief an. Nahm er meine Frage nicht ernst? Dann antwortete er: „Quarterback natürlich. Das spielst du ja auch bei den Studs!", drehte sich um und lief auf seine Seite des Trainingsplatzes.

Quarterback, natürlich! Für mich war das nicht klar gewesen, aber natürlich war es logisch. Ich spielte immer nur Quarterback. Wieso bildete ich mir ein, im Nationalteam Defense spielen zu

Quarterback

können? Ich kam mir plötzlich dumm vor. Natürlich Quarterback! Während ich mich noch damit abfand, kein zweiter Jerry Rice oder Deion Sanders zu werden, erfasste mich zugleich Panik: Ich hatte meinen Ball nicht dabei! Meinen Ball? Ja, meinen Ball! Bisher hatte ich tatsächlich immer mit demselben Ball gespielt. Nicht mit derselben Ballmarke oder einer bestimmten Art von Ball, sondern mit ein und demselben Ei! Das war weder ein Original-NFL-Lederfootball, noch ein echter Collegefootball, sondern ein billiger Football, den ich im Sommer 2004 irgendwo in Graz gekauft hatte. Vier Jahre mit demselben Ball! Er war bereits so lange in Verwendung, dass er an der Stelle, an der ich den Daumen platzierte, komplett abgegriffen und durchgewetzt war. Leider sollte sich herausstellen, dass meine Panik ihre Berechtigung hatte. Denn mein Quarterback-Tryout fühlte sich desaströs an. Die ungewohnten originalen NFL-Bälle konnte ich weder schön noch genau werfen. Nach jedem Versuch schrumpfte mein Selbstvertrauen ein bisschen mehr. Zum Schluss wollte ich mich einfach nur nicht blamieren. Ich war froh, als das Training endlich vorbei war und ich vom Feld schleichen durfte.

Wenige Tage später kam die erwartete E-Mail von den Coaches: „Lieber Philipp! Vielen Dank, dass du am Tryout teilgenommen hast. Leider können wir dich für die weiteren Trainingslager nicht berücksichtigen."

Ich war mit der Entscheidung einverstanden und wusste, woran ich arbeiten musste. Bei Welt- und Europameisterschaften waren nur ganz bestimmte Bälle zugelassen. Manchmal durfte man nicht einmal mit dem eigenen Ball spielen. Ich musste also einen Weg finden, jeden beliebigen Ball schön und genau ans Ziel zu bringen. Ich bestellte neue Bälle für die Studs und begann für mich, am Projekt Nationalteam 2009 zu arbeiten. Ich redete mir ein, dass meine Zeit noch kommen würde und konzentrierte mich vorerst auf das nächste Ziel, das vor mir lag: Die Flag Bowl 2008.

Austragungsstätte dieser und aller zukünftigen Flag Bowls, an denen ich teilnahm, waren die Kunstrasenplätze der Vienna Vikings in der Ravelinstraße in Wien Simmering. Diese Plätze waren für American Football konzipiert und daher auch für Flagfootball geeignet. Weniger geeignet waren die Wetterbedingungen. Anfang Oktober war es in Wien meistens windig und kalt, so auch im Jahr 2008. In dieser Hinsicht wäre es günstiger gewesen, die Flag Bowl im August oder September auszutragen, doch kein Verein wollte auf die Sommerpause verzichten.

Nach Innsbruck und Graz in den Jahren zuvor, versuchten wir unser Glück in Wien unter völlig neuen Voraussetzungen. Für mich zählte nur noch der Meistertitel, genauer gesagt: der erste Staatsmeistertitel. Wir bereiteten uns vor allem auf zwei Gegner vor: Die Vienna Vikings, gegen die wir im Halbfinale antraten, und die Klosterneuburg Indians, die souverän den Grunddurchgang gewannen und uns mit hoher Wahrscheinlichkeit im Finale gegenüberstehen würden. In der Vorbereitung meldete sich wenig überraschend meine FBK, was ich an dieser Stelle eigentlich nicht mehr erwähnen müsste. Das Halbfinale verlief erwartungsgemäß. Trotz anfänglicher Nervosität setzten wir uns gegen die Vienna Vikings durch. Als uns der Sieg nicht mehr zu nehmen war, fiel mir auf, dass es auf dem zweiten Spielfeld unerwartet laut war. Dort standen die Klosterneuburg Indians den Vienna Constables gegenüber. Ich konnte den Spielstand nicht erkennen, hörte nur, dass beide Teams abwechselnd Anfeuerungs- und Jubelrufe über den Platz schickten. Das konnte nur eines bedeuten: Ein knappes Spiel. Angesichts der Ergebnisse des Grunddurchgangs war das eine riesige Überraschung. Noch größer sollte sie werden, als die Constables schließlich in Triumphgeschrei ausbrachen, während die Indians mit hängenden Köpfen vom Feld gingen. Heinz schüttelte mich an der Schulter und rief erfreut: „Die Indians haben verloren!"

Ich schaute ihn nachdenklich an.

„Was ist los?", fragte er, „unser größter Gegner ist gerade im Halbfinale ausgeschieden. Freust du dich nicht?"

„Ich bin mir nicht sicher."

Auf ein Spiel gegen die Constables waren wir nicht vorbereitet, da ich es als vollkommen unmöglich angesehen hatte, dass sie die Indians schlagen würden. Ich rief die Mannschaft zusammen und ermahnte alle, sich nicht zu früh zu freuen. Wir mussten die Constables ernst nehmen. Zeigte meine Botschaft Wirkung? Die Gesichter meiner Kollegen verrieten es mir nicht. Ich sprach mit Todd und Heinz und machte ihnen klar, dass wir nur eine Stunde Zeit hatten, um uns eine Taktik gegen die Constables zu überlegen. Sie kümmerten sich um die Defense, ich befasste mich mit der Offense. Wir versuchten, mehrere Wochen verabsäumte Vorbereitung in sechzig Minuten zu packen. Am Ende war es vergebens. Nach einer schwachen Leistung zogen wir mit 24:27 den Kürzeren und nicht wir, sondern die Vienna Constables krönten sich zum ersten Staatsmeister der Flagfootball-Geschichte.[44] Natürlich waren wir enttäuscht. Verloren hatten wir das Spiel jedoch nicht am Tag der Flag Bowl, sondern in den Wochen davor. Ich schwor mir, dass mir nie wieder solch ein Fehler unterlaufen würde. In Zukunft würden wir uns auf alle potentiellen Gegner vorbereiten, so unwahrscheinlich ein Aufeinandertreffen auch sein mochte.

In den Tagen nach der Flag Bowl fühlte ich zum ersten Mal jene seltsame Mischung aus Erleichterung, weil die Flag Bowl vorbei war, und einer großen Leere wegen des verlorenen Finalspiels. Sowohl im Tennis als auch im Flagfootball absolvierte ich unzählige wichtige Spiele. Das schlimmste Gefühl hinterließ eine verlorene Flag Bowl. Obwohl meine FBK vorbei war und ich mich besser als vor der Flag Bowl fühlte, dauerte es oft Wochen, bis ich mich emotional vollständig davon erholt hatte. Immer und immer wieder musste ich an das Spiel denken. Sämtliche verpasste Chancen gingen mir durch den Kopf. Was hätte ich besser machen können? Was wäre passiert, wenn dieser eine Pass präziser gewesen wäre? Warum habe ich jenen freien Receiver nicht gesehen? Grübeleien wie diese plagten mich. Mein Magen krampfte.

---

[44] Nachdem ich auch diese Flag Bowl Niederlage nie auf Video gesehen habe, kann und will ich mich an keine Details erinnern. Die Nachricht vom Tod Jörg Haiders, die ich am Tag nach der Flag Bowl in der Früh im Radio hörte, ist mir stärker in Erinnerung geblieben.

So schwer tat ich mir damit, die Niederlage zu akzeptieren und zu verarbeiten.

18 Champions Bowl dahoam

Ich vergewisserte mich ein weiteres Mal, dass sich die Spielfelder auf dem Trainingsplatz des österreichischen Fußballbundesligisten Wolfsberger AC in perfektem Zustand befanden. Der Rasen war frisch gemäht und glänzte von der Bewässerung. Die Markierungen waren angebracht. Zelte waren aufgestellt, um den Teams Schatten zu spenden. Anzeigetafeln und Werbetransparente waren montiert. Am nächsten Tag würde hier das erste offizielle Flagfootball-Turnier in Kärnten ausgetragen werden.

Nach unseren Auftritten in Italien und Dänemark entschied der Studs-Vorstand, die Champions Bowl III 2009 in Wolfsberg ausrichten zu wollen. Meine Mutter stammte aus Wolfsberg, daher kannte ich die Stadt sehr gut. Hier hatte schon mehrmals die Austrian Bowl stattgefunden, das Finale der Austrian (American) Football League. Die Wolfsberger Politik setzte auf ein Image als Sportstadt. Darum kam man allen Veranstaltern gerne entgegen, die hier Sportevents austragen wollten. Drei Tage lang durften wir die Anlage des WAC gratis nutzen. Auch in Graz wäre es möglich gewesen, Sportstätten zu finden, doch die horrenden Platzmieten ließen mich befürchten, dass wir dort kein preislich interessantes Gesamtpaket für die anreisenden Teams schnüren konnten. Immerhin hatten sie auch noch die Anreise und die Übernachtung zu bezahlen. Die Zusammenarbeit mit den Wolfsbergern klappte in Vorbereitung und Durchführung der gesamten Champions Bowl großartig. Uns standen mehrere Fußballplätze und der VIP-Klub des Fußballstadions zur Verfügung. Mein Cousin, Eigentümer der örtlichen Fleischhauerei Sajovitz, kümmerte sich um das phantastische Catering. So blieb kein kulinarischer Wunsch unerfüllt.

Neben den beiden Topmannschaften Avedøre Mammoths und Silkeborg Sharks aus Dänemark waren Vereine aus Italien, Deutschland, Österreich und erstmals sogar aus Japan dabei. Mein sportliches Ziel war klar: Ich wollte den positiven Trend fortsetzen und nach dem dritten Platz im Vorjahr erstmals ins Finale vorstoßen. Ich fühlte mich gut, meine Studs-Kollegen ebenso. Das intensive Winter-Training hatte sich bezahlt gemacht. Wir agierten professioneller, mit mehr Selbstvertrauen und unsere Ergebnisse in der FLA waren sehr zufriedenstellend. Wir waren körperlich und mental bereit, an der europäischen Spitze mitzumischen.

Mit einem Sieg gegen eine italienische Mannschaft starteten wir entsprechend gut ins Turnier. Beinahe ein Aufwärmspiel. Im zweiten und dritten Spiel standen uns die beiden dänischen Mannschaften gegenüber. Perfekte Gradmesser. Das Ergebnis lautete, ohne Rücksicht auf meine hohen Erwartungen zu nehmen, wie in den Jahren zuvor: Dänemark 2, Studs 0. Wieder einmal! Im Turnier war noch nichts verloren, aber die Niederlagen taten weh. Ich glaubte, die Lücke zu den dänischen Teams geschlossen zu haben. Trotz dieser Enttäuschung versuchte ich, mit einem positiven Gefühl ins Bett zu gehen. Würden wir am zweiten Tag alle Spiele gewinnen, bekämen wir im Halbfinale eine weitere Chance, gegen die Dänen aufzutrumpfen.

Als ich aufwachte, hörte ich ein eigenartiges Trommeln. Ich schob den Vorhang beiseite. Es regnete in Strömen, offenbar schon seit Stunden. Ein kleiner Bach rann den Gehsteig entlang. Die Wiese vorm Hotel stand unter Wasser. Ich war mir sicher, dass wir an diesem Tag keine Spiele durchführen können würden. Das gesamte Restprogramm der Champions Bowl war fraglich. Verschiebungen waren kein Thema, wir mussten pünktlich fertig werden, da die Teams schon ihre Heimflüge gebucht hatten. Wie könnten wir die Champions Bowl dennoch retten? Große Hoffnungen hegte ich nicht. Mein erster Anruf galt dem wichtigsten Mann in jedem Verein,[45] dem Platzwart. Er meldete sich mit einem freundlichen „Guten Morgen".

Naja, damit lag er irgendwie daneben. Ich tastete mich vorsichtig heran, um zu erfahren, wann es realistisch möglich wäre, an ein Weiterspielen zu denken. „Schaut nicht gut aus heute, oder?", fragte ich ihn.

Er erwiderte: „Naja, so schlimm ist es auch wieder nicht."

So schlimm war es nicht? Die Plätze standen unter Wasser, aber so schlimm war es nicht? Er meinte weiter: „Auf einem der Plätze könnt ihr sicher spielen, den müssen wir ohnehin sanieren."

„Okay!", brachte ich verblüfft hervor.

Wieder ein Grund mehr, warum Wolfsberg die richtige Entscheidung gewesen war. Nachdem ich die Studs-Spieler informiert hatte, berief ich ein Meeting ein, um auch den anderen Mannschaften die gute Nachricht zu übermitteln. Niemand hatte damit gerechnet, dass wir die Champions Bowl an diesem Tag fortsetzen konnten. Doch wenn der Platzwart sagte, dass wir spielen dürften, spielten wir auch und zerstörten den Platz dabei so gründlich, dass kein Zweifel an einer bevorstehenden Sanierung bestand. Der Spielplan wurde über den Haufen geworfen, aber am nächsten Tag sollte Wetterbesserung eintreten.

Natürlich waren die Spiele am zweiten Tag von den schlechten Bedingungen geprägt, dem tiefem Boden und dem teilweise starken Regen. Bei derart rutschigen Verhältnissen waren schnelle Richtungsänderungen kaum möglich, was sowohl für die Offense als auch für die Defense sehr problematisch war. Das Timing der einzelnen Spielzüge ging verloren, weil es länger dauerte, bis die Spieler ihre Zielpositionen erreichten. Der Ball wurde feucht und rutschig. Manche Spielzüge funktionierten bei Regen überhaupt nicht.

Zur Mittagszeit traten wir gegen den deutschen Meister aus Kelkheim an. Innerhalb weniger Sekunden waren wir vollkommen durchnässt.

---

[45] Siehe Kapitel „Trainsl".

„Wird wieder einmal ein Spiel ohne Handschuhe!", sagte ich mehr zu mir selbst als zu irgendjemand anderen.

„Warum? Du hast doch gesagt, ich brauche unbedingt Handschuhe, weil ich dann den Ball leichter fangen kann", fragte mich Jürgen, der unbemerkt neben mir stand. Jürgen war erst seit kurzem bei den Studs und hatte noch nie bei Regen gespielt.

„Das stimmt auch, aber nicht bei Regen. Da ist es besser, wenn du ohne Handschuhe spielst. Aber probiere es doch einfach aus!"

Als der erste Pass der Kelkheimer durch die behandschuhten Finger des Receivers glitt, nickte Jürgen mir lächelnd zu. Ich ahnte, dass wir leichtes Spiel mit unserem deutschen Gegner haben würden, und behielt Recht. An diesem Tag konnten sie uns und unserer Regentaktik nichts entgegensetzen. Wir waren besser auf die Wetterumstände eingestellt, das zeigte sich am Ergebnis. Auch die restlichen Spiele des Grunddurchgangs gewannen wir sicher. Am Abend war meine Erleichterung groß: Das Minimalziel Halbfinale war erreicht und wir konnten das Turnier trotz der widrigen Umstände plangemäß beenden. Doch Minimalziel hin oder her: Wir mussten ins Finale. Wo, wenn nicht vor heimischem Publikum, sollte uns das gelingen?

Am Finaltag der Champions Bowl herrschten herrlicher Sonnenschein und prächtige Verhältnisse. In der Früh stieg Dampf vom Rasen auf, das letzte Zeichen des verregneten Vortages. Wir durften auf die ursprünglich vorgesehenen Spielfelder zurückkehren, die wir am Vortag nicht malträtiert hatten. Sie präsentierten sich in perfektem Zustand. Es war angerichtet!

Nur nicht für uns. Scheinbar hatte mich der ganze Organisationsstress endgültig eingeholt. Die Doppelbelastung war zu viel für mich gewesen. Ich war nicht in der Lage, auf dem Spielfeld die nötige Leistung zu bringen, um uns die Finalteilnahme zu sichern. Meine Zuversicht war schon wenige Minuten nach Beginn des Halbfinales gegen die Silkeborg Sharks gedämpft und zur Halbzeit komplett verschwunden. Ich lieferte das schlechteste Spiel des ganzen Turniers. Wir fingen schwach an und erholten uns nicht. Dänemark 3, Studs 0.

Die Luft war komplett draußen und wir verloren auch noch das kleine Finale. Es blieb uns nur der enttäuschende 4. Platz. Im rein dänischen Finale konnten wie im Jahr zuvor, die Avedøre Mammoths gegen die Silkeborg Sharks triumphieren und ihre Vormachtstellung im europäischen Flagfootball zementieren. Zwar kam von allen Teams großes Lob für die hervorragende Organisation, vor allem angesichts der widrigen Wetterbedingungen. Sportlich gesehen war ich jedoch sehr enttäuscht. Die Dänen schienen unerreichbar, und am Ende war uns nicht einmal ein Platz am Siegerpodest vergönnt.

19 Le Havre

Internationale Flagfootball-Turniere waren etwas Besonderes. Meine Ambitionen waren zu groß, als dass ich mich mit der österreichischen Meisterschaft hätte begnügen können. Ich war stets auf der Suche nach neuen Herausforderungen, war nie zufrieden, wollte immer mehr. Sobald ein Ziel erreicht war, ging es weiter.

Flagfootball spielen: Check.
Verein gründen: Check.
An der Meisterschaft teilnehmen: Check.
Die Meisterschaft gewinnen: Check.
An einem internationalen Turnier teilnehmen: Check
Ein internationales Turnier gewinnen: ...

Nicht nur das Kräftemessen mit den besten Mannschaften Europas bereitete mir so einen Spaß. Jeder Turnier-Trip war auch eine Reise mit Freunden, die mich immer wieder begeisterte und mir viele Erinnerungen bescherte. Bei jedem Turnier versuchten wir, ein paar Tage anzuhängen, um uns die Stadt oder die Umgebung anzusehen.

Nachdem wir uns in der Champions Bowl 2008 den dritten Platz gesichert hatten, zogen wir noch am selben Abend von unserem Wohncontainer aus und checkten in ein nettes, kleines Hotel im Zentrum von Kopenhagen ein. Aufgrund meiner guten körperlichen Verfassung[46] war ich noch äußerst motiviert, etwas zu unternehmen, erntete aber nur ein müdes Lächeln meiner Teamkollegen. Am nächsten Tag sah das anders aus. Wir zogen los und flanierten (für manche wäre das Wort „humpelten" passender) durch die charmante Stadt. Unser erster Weg führte

---

[46]Zur Erinnerung: Als Quarterback lief ich mit Abstand am wenigsten.

zum Gammelstrand, was so viel wie „alter Strand" heißt, uns aber in Anlehnung an „Gammelfleisch" köstlich amüsierte. Wir saßen am Ufer des kleinen Kanals, tranken Kaffee oder Bier und ließen uns die Sonne auf den Bauch scheinen. Perfekt. Bis einer auf die Idee kam,[47] dass wir uns doch noch das Wahrzeichen Kopenhagens anschauen müssten: „Kommts, gehen wir noch schnell zur kleinen Meerjungfrau!"

Die Reaktionen waren verhalten, trotzdem rafften wir uns alle auf und machten uns geschlossen auf den Weg. Die 2,5 Kilometer Fußmarsch fühlten sich für uns wie 25 Kilometer an. Als wir endlich angekommen waren, stellten wir fest, dass die kleine Meerjungfrau tatsächlich klein war und drehten wieder um.

Das Flag Océane in Le Havre, Normandie, hatte sich als gut besetztes Turnier etabliert. Qualitativ nicht ganz mit der Champions Bowl vergleichbar, stellte es für uns eine sehr gute Möglichkeit dar, Spielpraxis zu sammeln und erstmals gegen französische Teams anzutreten. Darum hatte ich ein Auge darauf geworfen, nach der Wolfsberger Champions Bowl war es 2009 unser nächstes Ziel.

Das Turnier in Le Havre war ordentlich, aber unspektakulär organisiert. Das Schönste am Flag Océane war, dass keine Dänen teilnahmen. Mittlerweile empfand ich eine Art Hassliebe gegenüber den Dänen oder wie ich gerne zu sagen pflegte: „denen gegenüber". Ich sah einfach keinen Weg, an „denen" vorbeizukommen. Immer und immer wieder war ich mit meiner Mannschaft an ihnen gescheitert. Gleichzeitig respektierte und bewunderte ich die Art und Weise, wie sie Flagfootball spielten. Jeder braucht einen Gegner, der einen fordert und zu Höchstleistungen antreibt. In meinem Fall waren es die Dänen. Meine gesamte internationale Flagfootball-Karriere war davon geprägt, sie besiegen zu wollen.

In Le Havre lautete mein Motto: „Kein Däne, keine Probleme."

---

[47] Ich kann nicht ausschließen, dass ich es war.

Die Vorrunde spulten wir souverän herunter und auch das Halbfinale konnten wir sicher gewinnen. Wir spielten konzentriert und ließen uns durch die abendlichen Partys nicht irritieren.[48] Sogar Qualle konnte ich im Zaum halten. Ich fühlte mich gut und glaubte an unsere Chance, das Turnier zu gewinnen. Die Franzosen waren stark, aber schlagbar, die Italiener mit ihren Bilderbüchern hatten wir schon einmal in den Griff bekommen.

Doch wieder einmal gelang es uns nicht, im entscheidenden Moment unsere beste Leistung aufzurufen. Im Finale liefen uns die quirligen Italiener ein um das andere Mal um die Ohren und spielten uns aus. Ihre Spielweise war unorthodox. Sie setzten sogar zwei Quarterbacks ein, einen für die normalen Spielzüge und einen in der Nähe der Endzone. Aber egal was sie machten und wie sie es machten: Am Ende zählte das Ergebnis und das sah nicht gut für uns aus. War es ein Schritt in die richtige Richtung? Ja. Schließlich standen wir zum ersten Mal außerhalb Österreichs bei einem Turnier in einem Finale. War ich zufrieden? Nein. Meine Erwartungen waren höher gewesen, vor allem bei einem Turnier, wo von „denen" keiner dabei war. Um die Finalniederlage schneller abhaken zu können, redete ich mir ein, dass das Flag Océane ohnehin weniger wichtig als die Champions Bowl war. Ein schwacher Trost.

Am Tag nach unserer Finalniederlage fuhren wir fast drei Stunden mit Mietautos nach Paris. Zehn Flagfootball-Spieler in der Stadt der Liebe. Weil das Romantik-Programm eher unpassend schien, konzentrierten wir uns auf das Wesentliche: Versailles, Triumphbogen, Eiffelturm, Champs-Élysées. Nur zwei Dinge blieben mir in Erinnerung. Erstens: Georg Hofer meinte gelesen zu haben, dass man ohne Probleme oberirdisch zum Triumphbogen gehen könne. Als wir uns der Unterführung näherten, die man normalerweise verwendete, bestätigte er sein Vorhaben mit dem Satz: „Ich geh da direkt hinüber."

---

[48] Ja, die Mehrzahl ist korrekt. In Le Havre legte jeden Abend nach Beendigung der Spiele ein DJ auf und sorgte für gute Stimmung.

Das liest sich nicht wahnsinnig aufregend. Höchstens, wenn man weiß, dass beim Kreisverkehr um den Triumphbogen nicht weniger als zwölf Straßen, darunter die Champs-Élysées, aufeinandertrafen. Dieser „rond point" umfasst einen Durchmesser von 240 Metern. Wie in Österreich gilt in Paris die Rechtsregel, mit dem Unterschied, dass sie nicht durch eine „Vorrang geben"-Tafel aufgehoben wird.[49] Wie viele Spuren um den Triumphbogen führen, ließ sich nicht genau sagen, weil statt fester Spuren eher ein riesiges Chaos herrschte, in dem mitunter auch mehr als zehn Autos nebeneinanderfuhren. Unbegreiflich, warum es nicht alle paar Minuten krachte. Aber die Franzosen hatten das Chaos erstaunlich gut im Griff.

Georg Hofer meinte also gelesen zu haben, dass man ohne Probleme oberirdisch zum Triumphbogen gelangen könne. Die Taktik: In normalem, aber gleichmäßigem, Tempo drauflosgehen ohne nach links oder rechts zu sehen. Die Autofahrer würden sich darauf einstellen und alles wäre gut. Als er sein Vorhaben in die Tat umsetzte, schauten wir gespannt zu. Und tatsächlich: Es funktionierte! Allgemeingültigkeit würde ich aus diesem Vorkommnis nicht ableiten, auch keine Nachahmung empfehlen.

Meine zweite Erinnerung an Paris betrifft den Tod Michael Jacksons. Ich war kein großer Fan, doch sein Tod war für mich das letzte große Ereignis vor der Smartphone-Ära. Wir marschierten durch Paris und in scheinbar jedem Geschäft wurden Songs von Michael Jackson gespielt. In der Abendausgabe der Zeitungen war er auf dem Titelblatt abgedruckt. Erst nach und nach verstand ich, was passiert war. Ich hatte noch keine Möglichkeit, schnell im Internet nachzulesen oder zu schauen, welches Ereignis gerade auf Twitter trendete.

---

[49] Zwölf Straßen bedeutete also zwölf Mal Rechtsregel! Ich wollte nur auf Nummer sicher gehen, dass wir alle vom Gleichen reden.

Meine Eltern und ich im Jahr 1980.

Seewiesen, meine erste Heimat.

Ich war schon früh auf Schi unterwegs.

Am hoteleigenen Tennisplatz.   *Mein Bruder Georg und ich.*

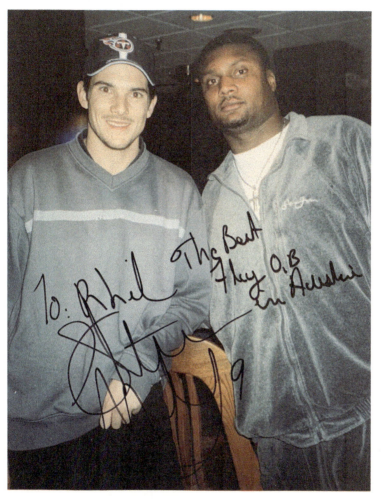

Mit meinem großen Idol Steve McNair in einer Hotelbar in Houston im Jahr 2003.

Das erste Flagfootball-Turnier am 1. Mai 2005. Kniend von links: Gernot Uhlir, Michael Kroißenbrunner, Gernot Leitner, stehend von links: Qualle, ich und Heinz.

Hochkonzentriert bei der Styrian Bowl 2007.

Mit Larry Fitzgerald ...   *... und Mark Sanchez auf der Super-Bowl-Party von Michael Bay.*

Überglücklich nach dem Besuch meiner Super Bowl im Jahr 2010.

Im InterContinental Hotel Miami gratuliere ich Thomas Morstead zum Gewinn der Super Bowl 2010.

Die Styrian Studs laufen bei der Flag Bowl 2012 aufs Spielfeld.
© *Holly Kellner, 2012*

Bereit für den nächsten Spielzug!
© *Holly Kellner, 2012*

Endlich Staatsmeister!
Während eines Interviews bekomme ich eine Sektdusche von Todd und Heinz.

Meine Studs und ich.

Spaziergang durch Göteborg auf dem Weg zum Weltmeistertitel.

Szene aus dem WM-Finale 2012 gegen die USA in Göteborg.

Das österreichische Weltmeisterteam 2012.

Weltmeister Philipp Pölzl.

Gesammelte Erinnerungen.

Mit Tom und Georg nach dem Gewinn der Bronzemedaille bei der Europameisterschaft 2013.

Meine Frau Claudia und ich. Damals (2012) ...

... wie heute (2022).

Leo und Maja, mein ganzer Stolz!

20 Nationalteam

Bei der Weltmeisterschaft 2008 in Montreal war dem Nationalteam keine gute Platzierung vergönnt. Kanada wurde Weltmeister und Dänemark kürte sich zum Vizeweltmeister, womit sie die beste europäische Mannschaft waren. Für viele war das noch eine Überraschung, aber nicht für mich. Die Spieler des österreichischen Teams schwärmten von den Kanadiern und US-Amerikanern, die mit spektakulären langen Pässen eine ganz andere Spielweise an den Tag legten, als wir sie gewohnt waren. Sie gaben aber auch zu, dass es dem österreichischen Team an Qualität fehle, um mit den besten Mannschaften der Welt mithalten zu können. Das Nationalteam 2008 war eine Mischung aus Veteranen und Neulingen gewesen. Es war ein gescheiterter Versuch, einen langsamen Übergang zwischen der alten und der neuen Generation zu schaffen. Den Coaches war nun klar geworden, dass nur ein kompletter Umbruch das Team weiterbringen konnte. Eine neue Generation musste aufgebaut werden, die idealerweise ein paar Jahre später wieder um den Titel mitspielen konnte. Ich hoffte nun, Teil dieser neuen Generation zu werden, denn als ich aus Le Havre zurückkehrte, hatte ich erneut eine Einladung zum Tryout des Nationalteams erhalten.

Wenn ich behaupten würde, mit reichlich Selbstvertrauen angereist zu sein, stimmte das nur bedingt. Ich wusste zwar, dass ich mich verbessert hatte, ich fühlte mich auch persönlich bereit, das Nationalteam als Quarterback anzuführen. Dennoch war ich nervös, fast ängstlich, als ich wie im Jahr zuvor mit rund dreißig anderen Spielern auf dem Trainingsplatz stand. 2009 war es mir zumindest klar, dass ich als Quarterback vorstellig wurde. Im Grun-

Quarterback

de brauchten mich nicht alle dreißig Spieler zu interessieren, sondern nur die drei anderen Quarterbacks, gegen die ich direkt antreten musste. Im Gegensatz zur Champions Bowl, die keinerlei Beschränkungen in Bezug auf die Spieleranzahl eines Teams vorsah, war bei Welt- und Europameisterschaften die Teamgröße auf zwölf Spieler limitiert. Die Coaches suchten demnach nach den jeweils besten sechs Offense- und Defense-Spielern. Man musste mit Verletzungen rechnen, darum war es außerdem wichtig, dass Spieler mehrere Positionen spielen konnten, idealerweise sogar in der Offense und in der Defense. Diese Philosophie war auch für die Position des Quarterbacks relevant. Zwei Plätze standen für Quarterbacks zur Verfügung, man konnte ja nicht einpacken und heimfahren, wenn sich der einzige Quarterback verletzte. Es war aber klar, dass nicht zwei Quarterbacks ausgewählt werden konnten, die jeweils keine andere Position spielten, denn dann würde man einen der wertvollen Plätze im Team quasi herschenken. Genau dieser Punkt war problematisch für mich.

Zwei der anderen Quarterback-Aspiranten besaßen im Vergleich zu mir mehr Erfahrung als Receiver. Sie beide kämen eher als Backup, das heißt als Ersatz-Quarterback in Frage als ich. Wenn Not am Mann wäre, würden sie schließlich auch als Receiver eingesetzt werden können. Als Backup-Quarterback würde ich dagegen einen hergeschenkten Platz bedeuten, weil ich nur bei einer Verletzung des Haupt-Quarterbacks zum Einsatz käme. Als Receiver war ich objektiv gesehen zu schwach. Also bestand meine einzige Chance ins Team zu kommen darin, mich als Nummer Eins (Starting)-Quarterback zu qualifizieren. Erschwerend kam dazu, dass einer meiner beiden „Rivalen", Patrick Bründl, Quarterback der Klosterneuburg Indians war. Und von welchem Team kamen die Coaches des Nationalteams? Richtig, von den Klosterneuburg Indians! Meine Leistung musste überzeugend genug sein, dass die Coaches ihren eigenen Vereinsquarterback unberücksichtigt ließen und stattdessen den Quarterback der Styrian Studs, also eines Ligakonkurrenten, wählten. Würde ich unter diesen Umständen eine faire Chance bekommen?

Das Tryout zehrte an meinen Nerven. Coach Vonasek stand neben mir und machte sich bei jedem meiner Pässe Notizen. Wie ein Lehrer, der mir beim Schreiben der Schularbeit zusah. Ich war nervös und ärgerte mich bei jedem Wurf, der nicht exakt ins Ziel fand. Immerhin zahlte sich mein Spezialtraining mit „fremden" Bällen aus. Ein Jahr zuvor hatte ich mir mehrere originale NFL-Bälle gekauft. Zuerst hatte ich sie nur im Training verwendet, erst nach vielen Wochen kamen sie erstmals in einem Spiel zum Einsatz. Mehrere tausend Würfe waren notwendig gewesen, um die Umstellung zu schaffen. Auch Georg kam mir wieder mit Spezialtrainingseinheiten zu Hilfe. Es war harte Arbeit, aber das Ergebnis ließ sich sehen: Ich konnte mit allen Bällen umgehen, die mir zugeworfen wurden. Meine Gesamtleistung war wohl gut, doch ich konnte nicht ganz zufrieden sein. Waren es die Coaches? Auf dem Heimweg in die Steiermark ermutigte mich Tom Pronnegg, der mit mir zum Tryout gefahren war. „Wenn du meine Meinung wissen willst: Du warst der beste Quarterback", sagte er.

Das war nett von ihm, doch sagte er es, um mich aufzumuntern oder aus voller Überzeugung?

Tom war in der Saison 2007 zu den Studs gekommen. Er war von einem Auslandsaufenthalt aus Italien zurückgekehrt und hatte gehört, dass wir einen Flagfootball-Verein gegründet hatten. Er stammte aus Aflenz, wir hatten uns ein paar Mal auf dem Tennisplatz gesehen, aber er kannte vor allem die Spieler der Studs mit Basketballvergangenheit, Heinz und Qualle. Tom war ein hervorragender Basketballspieler, der nach einer neuen sportlichen Herausforderung suchte. Zunächst hatte er wenig Ahnung vom Football, dafür ein umso größeres Kämpferherz. Er spielte wahnsinnig intelligent, agierte auf dem Spielfeld als meine rechte Hand und entwickelte sich schnell zum emotionalen Anführer der Studs. Weil ich mich gerade in wichtigen Spielen und Situationen zurückzog, freute ich mich, dass er die Rolle des Motivators übernahm. Nur mit Georg und Qualle verstand ich mich auf dem Platz so blind wie mit ihm. Am eindrucksvollsten sollte sich das bei einem Spielzug gegen Israel während der Europameisterschaft 2013 zeigen. Tom lief einen „Post In" in der gegnerischen Endzone, einen Laufweg, der zwei Richtungsänderungen beinhaltete und genaues Timing verlangte. Wir hatten diese Variante schon dutzende Male gespielt, aber aus irgendeinem Grund war es das erste Mal, dass er nach der zweiten Richtungsänderung nicht sofort in meine Richtung sah. Der gegnerische Blitzer hatte mich schon fast erreicht. Ich war gezwungen, den Ball zu werfen. Erst kurz bevor dieser Tom erreichte, brachte er seine Hände in die richtige Catch-Position und schaute zu mir. Da war der Ball auch schon angekommen und fiel ihm genau in die Hände. Er hatte den Ball nicht kommen sehen, er musste ihn nur noch festhalten. Es war einer der besten Würfe meiner Karriere, weil er millimetergenau sein Ziel erreichte. Möglich war er nur, weil ich jahrelang mit Tom zusammengespielt und seine Bewegungsmuster genau studiert hatte. Und weil ich mich auf ihn verlassen konnte. Er spielte nicht spektakulär, beging aber kaum Fehler und war beinahe immer dort, wo ich ihn brauchte. Im Nationalteam gab es Receiver, die bessere körperliche Voraussetzungen mitbrachten, deren Spielverhalten aber gelegentlich von dem abwich, was ich erwartete. In knappen Spielen oder wichtigen Situationen ging mein erster Blick darum oft in Toms Richtung. In den Jahren, die vor uns lagen, sollte er für mich der wichtigste Nationalteamspieler werden.

Das erlösende E-Mail der Coaches traf ein paar Tage nach dem Tryout ein: „Lieber Philipp, es freut uns, dir mitteilen zu können, dass du es in den erweiterten Nationalteamkader geschafft hast."

Yeeeessss! Der erste Schritt war getan. Ich war extrem erleichtert, aber noch nicht am Ziel. Es sollten noch drei Trainingslager folgen, an deren Ende der fixe Kader für die Europameisterschaft 2009 in Belfast feststehen sollte. Sie wurden im Bundessportzentrum Schielleiten in der Oststeiermark und in Lindabrunn in Niederösterreich abgehalten. Die dortigen Bedingungen waren ideal, angefangen von der Qualität der Spielfelder über die Verpflegung bis hin zu den Seminarräumen und den Unterkünften. Obwohl ich der Meinung bin, dass der Österreichische Footballverband AFBÖ vor allem im Bereich der Öffentlichkeitsarbeit und der Organisation eines Flagfootball-Großereignisses mehr für unseren Sport hätte machen können, muss ich ihm für die finanzielle Unterstützung des Nationalteams ein großes Lob aussprechen. In meinen ersten Nationalteamjahren sollte ich das kaum wahrnehmen. Erst nachdem ich mit Spielern anderer Nationen gesprochen hatte, wurde mir klar, wie gut wir unterstützt wurden. Wir genossen die besten Trainingsvoraussetzungen, reisten zu einem Vorbereitungsturnier nach Deutschland, bekamen einen Teamphysiotherapeuten und eine Teampsychologin zur Seite gestellt, und bis auf einen kleinen Selbstbehalt wurden sämtliche internationalen Wettkämpfe vom Verband finanziert. Teams anderer Nationen bezahlten praktisch alles selbst, was sich pro Spieler auf einen vierstelligen Betrag summierte. Der AFBÖ scheute keine Kosten und Mühen, um dem Nationalteam die besten Voraussetzungen für ein erfolgreiches Abschneiden bei Welt- und Europameisterschaften zu verschaffen.

Die Trainingslager liefen alle nach demselben Schema ab. Coach Vonasek erklärte es uns: „Ihr seid alle hier, weil ihr die besten Spieler eurer Vereine und Österreichs seid. Die Basis für euer spielerisches Können legt ihr bei euren Vereinen. Die Aufgabe des Nationalteams ist es nicht, eure Fitness oder eure Fangtechnik zu verbessern, dafür müsst ihr selbst sorgen. In den Trainingslagern geht es darum, als Team zusammenzuwachsen und die Spielzüge für die Offense und Defense zu erlernen und einzuüben. Ich möchte bei niemandem ein T-Shirt, eine Tasche oder ein Handtuch eures Vereins sehen. Im Nationalteam gibt es keine Indians, keine Studs und keine Constables, sondern nur ein Team Austria!"

Vonasek war mit seiner ruhigen und sachlichen Art nicht der ideale Kandidat für emotionale Motivationsreden, das war die Aufgabe von Defense Coach Dize, dennoch sprach mich seine kurze Rede extrem an. Ich fühlte mich von Beginn an nicht länger als Studs-Spieler, der im gleichen Raum mit einigen Spielern anderer Teams, vor allem der Indians, saß, sondern als Teil von Team Austria. Es klingt nach Klischee, aber sobald wir das rot-weiß-rote Leibchen überstreiften, waren alle Rivalitäten vergessen, und die gab es zuhauf. Doch nun arbeiteten wir alle an einem gemeinsamen Ziel.

Meine anfängliche Skepsis, ob ich als Studs-Quarterback eine faire Chance bekommen würde, war nun komplett verflogen. Coach Vonasek, mit dem ich als Offense-Spieler deutlich mehr zu tun hatte als mit Coach Dize, behandelte mich vom ersten Tag an wie alle anderen Quarterbacks, inklusive „seines" Indians-Quarterbacks Patrick Bründl. Wir arbeiteten gemeinsam an den Spielzügen, ich konnte sie ändern, neue Ideen einbringen oder streichen, wenn ich nicht mit ihnen klarkam. Nach fast jedem Training analysierten wir die Spielzüge per Video und suchten nach Verbesserungsmöglichkeiten.

Die Abstimmung mit den Receivern war zunächst nicht leicht, ich musste erst ihre Bewegungsmuster kennenlernen. Wie liefen sie ihre Routen? Wie schnell beschleunigten sie nach Richtungsänderungen? Wie hoch war ihre Grundschnelligkeit? Am Anfang warf ich viele Pässe in Richtung Tom, mit dem das Timing schon funktionierte.

Zu Beginn des zweiten Trainingslagers wurde offensichtlich, dass die Coaches mich als den Quarterback Nummer Eins sahen. Sie standen zu ihrem Wort: Es gab keine Vereinsmannschaften, es gab nur ein Team Austria. Coach Vonasek unterstützte mich so gut er konnte. Er tat, was meiner Meinung nach die wichtigste Aufgabe eines Coaches ist: Er half mir, meinen Job als Quarterback so einfach wie möglich zu gestalten. Das begann bei der Auswahl der Spielzüge, bei der ich vollständig freie Hand bekam. Sogar bei der Auswahl der Receiver für den endgültigen Nationalteamkader fragte er mich um meine Meinung. Er organisierte alles perfekt, sodass ich machen konnte, was mir bei den Studs selten möglich war: Mich ausschließlich auf das Spielen zu konzentrieren. Das war, was mir im Nationalteam am besten gefiel.

Ich war der Quarterback und musste mich um sonst nichts kümmern.

Das letzte Trainingslager vor der Europameisterschaft diente der Perfektionierung der gewählten Spielzüge und der Fixierung des Kaders. Obwohl schon klar war, dass ich das Nationalteam als Quarterback in die Europameisterschaft führen würde, erfüllte mich die offizielle Ankündigung mit großem Stolz. Nur vier Jahre nach meiner ersten Teilnahme bei einem offiziellen Flagfootball-Turnier hatte ich die Spitze erklommen, so dachte ich für einen herrlichen, aber kurzen Augenblick. Solange bis mir klar wurde, dass ich genaugenommen noch gar nichts erreicht hatte. Der Weg hatte gerade erst begonnen. Ich hatte bloß die Wanderschuhe angezogen und die notwendige Ausrüstung für den Weg zum Gipfel erhalten. Der schwere Aufstieg lag noch vor mir.

Ich freute mich, dass auch Tom im finalen Kader stand. Er würde bis zu meinem letzten Spiel im Nationalteam immer an meiner Seite sein. Die Coaches hatten ein Umfeld geschaffen, dass nicht nur mir, sondern allen Spielern ermöglichte, ihre beste Leistung zu erbringen. Jetzt mussten wir herausfinden, ob unsere beste Leistung gut genug war.

21 Belfast

Ich stand auf einer Wiese und zog mir ein Leibchen an. Die Wiese war ein Footballfeld in Belfast und das Leibchen war das Trikot von Team Austria. Am Ende des letzten Trainingslagers hatten wir feierlich unsere Ausrüstung für die Europameisterschaft überreicht bekommen und ein Mannschaftsfoto gemacht – aber erst jetzt bekam ich eine Gänsehaut, als ich das Trikot überstreifte. Die Gänsehaut war definitiv nicht dem Wetter geschuldet, denn Belfast präsentierte sich von seiner besten Seite. An den Tagen, an denen wir zu Gast waren, machte das typisch irische Regenwetter Pause, einer war heller und klarer als der andere. Wir waren zwei Tage vor Beginn der Wettkämpfe angereist und hatten auf einer Rundfahrt durch Belfast bereits viel von der ereignisreichen Geschichte der Stadt erfahren. Als Wettkampfstätte diente ein großes Areal, das an das Feld eines lokalen Rugby-Vereins angrenzte. Wir hatten das Glück, einem Spiel der nordirischen Rugby-Liga aus nächster Nähe beiwohnen zu dürfen. Die gastfreundlichen Rugbyfans fragten uns sogar, wer wir seien und versuchten, Näheres von unserem Sport zu erfahren. Nach wenig erfolgreichen Erklärungsversuchen wandten sie sich dann doch lieber wieder dem Spiel ihrer Mannschaft zu.

Meine Vorfreude auf die Europameisterschaft war groß, ich blieb überraschend unbekümmert und versuchte, mir keinen unnötigen Druck zu machen. Das erste Flagfootball-Turnier, die erste Meisterschaft, das erste internationale Spiel und die erste Teilnahme an einer Europameisterschaft waren alles Ereignisse, zu denen ich ohne feste Erwartungen anreiste. Es ging mir einfach nur um den Spaß am sportlichen Wettkampf.

Die beiden Vorrundengruppen wurden nach den Ergebnissen der letzten Europameisterschaft eingeteilt. Das brachte uns unter anderem Duelle gegen die beiden Topmannschaften aus Frankreich und Italien ein. Wir mussten also mindestens gegen eine von beiden gewinnen, um uns für das Halbfinale zu qualifizieren. Obwohl das Nationalteam in den Jahren zuvor keine Erfolge hatte erzielen können, war ich zuversichtlich. Die Italiener kannte ich von den Champions Bowl. Ich wusste, dass wir mit ihnen auf Augenhöhe waren. Die Franzosen waren das große Fragezeichen. In Le Havre hatte ich gegen französische Mannschaften gespielt, Nationalspieler waren aber nicht dabei gewesen.

Bei jedem Turnier, sogar bei Spieltagen der FLA, bevorzugte ich es, gegen schwächere Gegner zu starten. So hatte ich mehr Zeit, um den richtigen Rhythmus zu finden und Selbstvertrauen zu tanken. Die Flagfootball-Götter, die Losfee oder wer auch immer für die Spielansetzungen in Belfast zuständig war, kümmerte sich leider wenig um meine Vorlieben: Wir starteten gegen Frankreich und mussten gleich danach gegen Italien antreten.

Als ich zum ersten Mal im Trikot von Team Austria aufs Feld ging, setzte schließlich doch eine leichte Nervosität ein. War ich der Aufgabe gewachsen? Ich hatte das Gefühl, nicht nur mir selbst, sondern auch den Coaches beweisen zu müssen, dass sie die richtige Wahl getroffen hatten.

Alle Augen waren auf mich gerichtet. Während ich vor mich hinträumte, warteten meine Receiver darauf, dass ich den ersten Spielzug ansagte.

„Womit starten wir?", fragte mich Tom unruhig.

Ich schaute auf mein Wristband, auf dem über vierzig verschiedene Spielzüge fein säuberlich in einem Raster aufgezeichnet waren. Die Spalten mit Buchstaben gekennzeichnet, die Reihen mit Zahlen. In den Wochen zuvor hatte ich das Wristband stundenlang angesehen, ich kannte es fast auswendig. Trotzdem war es für mich eine gute Stütze. Ich sagte den Spielzug an, für den ich mich am Vorabend schon entschieden hatte: A3. Mit einem kurzen Pass auf Tom startete ich meine Nationalteamkarriere.

Vor dem letzten Spielzug wurde ich ausgewechselt. Die Franzosen hatten sich wie erwartet als starker Gegner präsentiert. Wir spielten gut und ließen uns nicht abschütteln. Das war schon ein kleiner Erfolg, denn das österreichische Nationalteam hatte in den drei Jahren zuvor stets gegen Frankreich verloren, teilweise deutlich. Wenige Sekunden vor Schluss lagen wir nur um einen Punkt zurück. Es war unsere letzte Chance, einen Touchdown zu erzielen und das Spiel zu gewinnen. Dafür hätten zwei Dinge geschehen müssen: Ich hätte den Ball über 50 Meter weit in Richtung der gegnerischen Endzone werfen und ein Receiver unserer Mannschaft diesen dort fangen müssen. Es scheiterte schon an Punkt eins. Coach Vonasek traute mir zurecht nicht zu, den Ball 50 Meter weit zu werfen, darum musste ich raus. Das war eine von insgesamt nur zwei Situationen in meiner Karriere, in denen ich unfreiwillig das Feld räumen musste. Es war mir eine Lehre. Nach der Europameisterschaft startete ich das Projekt „Football 50 Meter weit werfen". Ich absolvierte ein gezieltes Krafttraining für meinen Arm und suchte nach Tipps im Internet, die mir halfen, meine Wurftechnik zu verbessern. Übertreiben durfte ich es nicht, meine Schulter meldete sich sofort bei jeder Überbelastung. Das Training half mir auch, meine Möglichkeiten und Limitierungen in Bezug auf meinen Arm besser kennenzulernen. Ein Baustein, der für meinen sportlichen Aufstieg in den nächsten Jahren verantwortlich sein sollte.

Im Spiel gegen Frankreich gelang auch meinem Ersatzmann kein 50-Meter-Wurf, somit mussten wir eine bittere 26:27 Niederlage hinnehmen. Uns blieb keine Zeit, enttäuscht zu sein, schließlich warteten schon die Italiener. Sollten wir auch gegen sie verlieren, wäre die Europameisterschaft für uns vorbei, bevor sie richtig begonnen hatte.

Wieder startete ich mit A3 und warf einen kurzen Pass auf Tom. Doch dieses Mal spielte ich bis zum Schluss durch und holte meinen ersten Sieg mit der Nationalmannschaft. Die Italiener waren gut, doch wir waren besser. Nach einem kurzen Auslaufen und einer Ansprache der Coaches ging es zurück ins Mannschaftshotel, wo ich erschöpft und erleichtert ins Bett fiel. Ich musste nicht viel laufen, doch es war auch anstrengend, den Ball mit der nötigen Körperspannung dutzende Male pro Spiel mit hoher Geschwindigkeit punktgenau zu werfen. Noch kräfteraubender waren der Stress und die Verantwortung auf der Position des Quarterbacks. Diese Komponenten trugen dazu bei, dass ich mich genauso viel wie meine Teamkollegen erholen musste.

Ich schlief wie ein Stein. Voller Elan wachte ich am zweiten Wettkampftag auf, und mit der am Vortag gewonnenen Erfahrung gelang es mir, sehr gute Leistungen zu bringen. Wir gewannen unsere restlichen Spiele sicher und qualifizierten uns für das Halbfinale gegen den Gruppensieger der zweiten Gruppe: Dänemark. Wie bei den Studs sollten die Dänen auch im Nationalteam jener Gegner sein, der sich mir immer und immer wieder in den Weg stellte. Bei allen drei Europameisterschaften und zwei von drei Weltmeisterschaften, an denen ich teilnahm, sollte dem Duell „Österreich gegen Dänemark" eine entscheidende Bedeutung zukommen.

Quarterback des dänischen Nationalteams war Morten Weber, der auch das Team der Avedøre Mammoths anführte. Er spielte viele schnelle, kurze Pässe und versuchte nur gelegentlich, die Defense mit einem langen Pass zu überraschen. Das alles sah nicht spektakulär aus, war aber wahnsinnig effektiv. Schwer zu sagen, ob er zu dieser Zeit der beste europäische Flagfootball-Quarterback war. Der französische Quarterback war groß, athletisch und verfügte über einen phantastischen Wurfarm. Die Franzosen spielten weitaus spektakulärer. Aber am Ende gewann meistens die Mannschaft von Morten Weber.[50] Inwieweit das seinen Fähigkeiten zuzuschreiben war oder der Tatsache, dass er auch die besten Receiver hatte, ließ sich nicht sagen. Für mich war er jedenfalls ein Vorbild. Ein paar Jahre später sollte ich mit Sicherheit zu den besten Quarterbacks Europas gehören, vielleicht war ich sogar der Beste. Doch auch in meinem Fall stellte sich die Frage, ob meine eigenen Fähigkeiten entscheidend waren oder

---

[50] Frei nach Gary Linecker: „Flagfootball dauert 40 Minuten und am Ende gewinnt immer Morten Weber".

die Fähigkeiten meiner Receiver. Ich hatte das große Glück, sowohl bei den Studs als auch im Nationalteam mit sehr talentierten Mannschaftskollegen spielen zu dürfen, aus denen ich das Beste herausholte.

Coach Vonasek erwartete gegen die Dänen eine offene Partie und ich war mir sicher, dass das trotz der schlechten Vorzeichen kein bloßer Zweckoptimismus war. Aber das Spiel verlief für uns unglücklich. Einer unserer Defense-Spieler verletzte sich schon früh schwer am Knie, und wir kamen nie so richtig in Fahrt. Am Ende stand eine verdiente 25:41 Niederlage zu Buche. Ich war nicht allzu enttäuscht, denn ich hatte noch nicht geglaubt, ganz vorne mitspielen zu können. Coach Vonasek hingegen war nach dem Spiel der Meinung, dass der Hauptgrund unserer Niederlage in der Verletzung unseres Spielers lag. Wir seien mit den Dänen auf Augenhöhe. Doch uns blieb keine Zeit, um uns viele Gedanken über das Dänemark-Spiel machen. Das Spiel um die Bronzemedaille wartete, und Gegner war eine Mannschaft, gegen die wir nicht verlieren durften: Deutschland.

Spiele gegen unsere Lieblingsnachbarn waren stets etwas Besonderes. Lag es an einem generellen österreichischen Minderwertigkeitskomplex, dass Siege gegen Deutschland deutlich mehr Freude machten, als gegen jede andere Nation? Schließlich konnten wir uns immer noch daran erfreuen, 1978 ein Fußballspiel gegen sie gewonnen zu haben. Ich wollte das nicht überbewerten, aber trotzdem unbedingt gegen die „Piefke" gewinnen, die ihrerseits nur allzu gern uns „Ösis" in die Pfanne hauen wollten. Diese kleine Zusatzmotivation half uns in Belfast auf jeden Fall. Das Team Austria zeigte im kleinen Finale die beste Leistung des Turniers. Wir gewannen 34:19. Nach dem Schlusspfiff herrschte Jubelstimmung. Wir klatschten ab, sprangen durch die Gegend und schrien inbrünstig. Bei zwei älteren Spielern, die die Niederlagen der letzten Jahre miterlebt hatten und für die es das letzte internationale Turnier war, flossen sogar Tränen. Ich zog mich nach dem ersten Jubel etwas zurück und ließ die Atmosphäre auf mich einwirken. Meine Art zu feiern bestand oft darin, innerlich zu genießen und zuzusehen, wie die extrovertierteren Kollegen auf die Pauke hauten. Extrovertiert war auch Coach Dize, der nach dem Spiel gegen Deutschland eine emotionale Ansprache hielt: „Burschen, die Stimmung gerade war ein Wahnsinn! Der Zusammenhalt innerhalb der Mannschaft ist einzigartig, die Leistung sehr zufriedenstellend und diesen Höhepunkt, das Spiel gegen die Germanen, zu erleben, war ein echter Genuss. Ich hatte zu keinem Zeitpunkt den Eindruck, dass irgendeiner von uns nur den geringsten Zweifel daran hatte, dass wir diese Partie gewinnen würden. Der Wille, die Medaille zu holen, war spürbar, das gegenseitige Anfeuern, all das zeichnet ein gutes Team aus. Die Offense hat souverän ihren Gameplan umgesetzt und ich glaube die Deutschen hatten den Eindruck, dass wir immer noch hätten zulegen können, wenn es notwendig gewesen wäre. Die Defense hat sich mit Kampf und Motivation gepusht und je länger das Spiel gedauert hat, desto dominanter sind wir trotz der Verletzungen geworden. Vor allem war die Leistungssteigerung am zweiten Tag bemerkenswert. Auf dieser Leistung kann man aufbauen. Gratulation, Burschen, es macht echt Spaß, euch zu trainieren."

Ich bin mir sicher, dass er noch mehr gesagt hätte, wenn seine durchs Anfeuern strapazierte Stimme nicht versagt hätte. Während ich meinen Blick übers Spielfeld schweifen ließ, auf dem wir soeben die Bronzemedaille erobert hatten, spürte ich Dankbarkeit gegenüber den Coaches. Dankbarkeit, weil sie mich zum Quarterback des Nationalteams ernannt hatten. Ich war froh, dass ich ihr Vertrauen mit meiner Leistung bestätigen und meine Nominierung damit mehr als rechtfertigen konnte.

Göteborg, Freitag 17. August 2012

Oh, wie schön ist Panama. Die Kindergeschichte von Janosch und der berühmte Kanal waren die einzigen beiden Dinge, die mir bisher in den Sinn kamen, wenn ich an Panama dachte. Anscheinend können die Einwohner dieses Landes aber auch richtig gut Flagfootball spielen. Das haben sie mit einem Unentschieden gegen Dänemark bewiesen. Unser erstes Spiel des zweiten Wettkampftages in Göteborg steht kurz bevor. Meine Nervosität erreicht das gewohnte, fast unerträgliche Level. Ein Sieg gegen Panama wäre ein wichtiger Schritt in Richtung WM-Halbfinale. Bei einer Niederlage müssten wir alle restlichen Spiele gewinnen, um nicht auszuscheiden. Auch das gegen die Dänen. In aller Ruhe bereite ich mich auf die schwere Aufgabe vor. Nicht das, was von einem Leader erwartet wird. Aber für das „Heißmachen" der Mannschaft sind andere zuständig.

Wir haben Schwierigkeiten, mit der Offense ins Spiel zu kommen. Waren die Gegner gestern zu leicht? Hätte ich gegen Kuwait und Südkorea mehr spielen sollen, um besser vorbereitet zu sein? Diese Gedanken gehen mir durch den Kopf, nachdem wir im ersten Angriff, dem ersten „Drive", keine Punkte erzielen. Die Defense ist ebenfalls nicht ganz auf der Höhe. Schnell geraten wir in Rückstand. Immerhin kann sich Panama nicht entscheidend absetzen. Zu Beginn der zweiten Halbzeit gehen wir erstmals in Führung, aber Panama kontert. Es steht 31:32. Uns bleiben jetzt nur wenige Minuten, um das Ruder herumzureißen. Wir starten einen vielversprechenden Drive, der uns bis kurz vor die gegnerische Endzone bringt. Der Schiedsrichter zeigt an, dass es unser dritter Versuch ist. Wir haben noch zwei Möglichkeiten, um einen Touchdown zu erzielen und wieder in Führung zu gehen. Aus

Göteborg, 17. August 2012

derart kurzer Distanz sollte, nein: musste uns das gelingen. Ich wähle einen Spielzug, den wir in einer solchen Situation schon oft gespielt haben. Er funktioniert immer. Immer? Nein! Ausgerechnet in diesem wichtigen Moment übersehe ich einen Verteidiger. Sobald der Ball meine Hand verlässt, weiß ich, dass der Wurf ein Fehler war. Interception, Sieg Panama.

Ich bin am Boden zerstört. Ich habe den Sieg aus der Hand gegeben! Vor einer solchen Situation habe ich mich immer gefürchtet. Weil ich unbewusst damit rechnete, dass der Spielzug „wie immer" funktionieren würde, wurde ich unvorsichtig. Die Defense, dachte ich, würde wie immer reagieren und der Spieler, der immer frei war, wäre auch dieses Mal anspielbar. Ich rechnete nicht damit, dass ein Verteidiger in die Nähe des Passes kommen könnte, darum sah ich ihn nicht. Mein Frust und meine Enttäuschung sind grenzenlos. Ein schlechter Pass und alles geht scheinbar den Bach hinunter! Nun müssen wir gegen Dänemark gewinnen, um uns fürs Halbfinale zu qualifizieren. Schon wieder Dänemark! Die Erinnerung an die Dänemark-Spiele der vergangenen drei Jahre ist noch frisch und schmerzhaft. Der Traum einer erfolgreichen Weltmeisterschaft ist geplatzt, eine Welt zusammengebrochen. Trainingslager, individuelle Trainings: Die Mannschaft hatte viel in dieses Turnier investiert. Und dann kam ein Spielzug, ein Fehler von mir, und alles ist vorbei. Ich kann dem Team die Enttäuschung ansehen. Nur die Coaches bleiben ihrer Linie treu. Sie stellen sich auf den Standpunkt, dass wir nun eben Dänemark schlagen müssen. Einfach so! Go for Gold! Ja, eh.

Doch bevor wir gegen die Dänen antreten müssen, kommen die Italiener. Gegen Italien spielte ich immer gern und erfolgreich und an diesem Tag ist es sogar ein Spiel mit großem Spaßfaktor. Warum? Nicht etwa, weil ich so gerne gegen die italienischen Routiniers Massimo Fierli und Fabrizio Rossi spiele. Sondern, weil mir das Ergebnis jetzt egal ist. Nach der Niederlage gegen Panama ist die Anspannung verschwunden und ich will einfach nur noch Spaß haben. Ich spiele ohne Nervosität, ohne Druck. Wir liegen schnell 6:14 zurück, aber das lässt mich kalt. Meine Lockerheit und die geschlossen gute Mannschaftsleistung führen schließlich dazu, dass wir in Führung gehen und nicht mehr aufzuhalten sind. Würde mir der Sport nur immer so leicht und unbeschwert von der Hand gehen! Die starken Italiener haben heute keine Chance.

Und nun treffen wir erneut in einem entscheidenden Spiel auf meinen „Angstgegner": Österreich gegen Dänemark, Teil 4. Ich glaube nicht wirklich daran, eine Überraschung zu schaffen, zu oft und zu deutlich sind wir schon an der dänischen Übermacht gescheitert. Bei den bisherigen drei Duellen hatten wir nicht den Funken einer Chance. Wenn ich an die Europameisterschaft in Thonon-les-Bains im Vorjahr denke, rasselt mein Selbstvertrauen in den Keller. Normalerweise bin ich kein Typ, der sich leicht hängen lässt. Doch jetzt mache ich mich alleine für die Niederlage gegen Panama verantwortlich. Als Coach Vonasek wieder einmal die „Go for Gold"-Devise verkündet, höre ich kaum noch hin. Meine Nervosität kehrt zurück. Die Lockerheit ist verschwunden.

„Reiß dich zusammen", denke ich mir trotzdem – nein, ich spreche es laut aus.

Tom, der neben mir steht, fragt: „Wieso, was ist los?"

„Nichts", antworte ich. Doch ich spüre, wie ich mir selbst einen Ruck gebe.

„Reiß dich zusammen", befehle ich mir gedanklich. „Du hast die Chance, bei einer Weltmeisterschaft mitzuspielen und versinkst hier in Selbstmitleid, obwohl noch nichts verloren ist. Du bist der Captain, deine Mannschaft zählt auf dich."

Ich hole tief Luft. Wir haben noch eine Chance! Immerhin konnte auch Panama mit Dänemark mithalten. Meine kleine innere Ansprache an mich selbst zeigt Wirkung, ich fühle mich besser und bin bereit, den Kampf gegen die Dänen aufzunehmen.

Ich hatte mir abgewöhnt, den Dänen bei ihrem perfekt koordinierten Aufwärmen zuzusehen. Auch ihre lautstarken Anfeuerungsrufe vor dem Spiel versuche ich auszublenden. Ich muss mich auf mich selbst und unsere Offense konzentrieren. Unser Plan ist es, die dänische Verteidigung mit kurzen und sicheren Pässen zu knacken. Wir müssen vorsichtig spielen, dürfen nicht zu viel riskieren, denn die großen und athletischen Verteidiger würden jeden Fehler bestrafen.

Fokussiert und wieder etwas zuversichtlicher gehe ich gemeinsam mit Defense Captain Benni Lang zur Spielfeldmitte. Wir begrüßen die gegnerischen Captains und der Schiedsrichter bereitet den Münzwurf vor. „Heads or Tails?", fragt er mich. Kopf oder Zahl? Ich entscheide mich wie immer für Tails. Die Münze landet auf Heads, die Dänen beginnen mit der Offense. Quarterback-Altstar Morten Weber führt seine Mannschaft aufs Feld. Eine Überraschung. Er war bisher während der Weltmeisterschaft nur sporadisch zum Einsatz gekommen. Die Dänen haben offenbar entschieden, ihn gegen uns das ganze Spiel absolvieren zu lassen. Als verdienten „Österreich-Bezwinger". Er legt wie gewohnt los und erzielt ordentlichen Raumgewinn. Dann verteidigt unsere Defense gut und die Dänen müssen ohne Punkte vom Feld. Im Gegenzug spielen wir eine souveräne Angriffsserie und gehen mit 7:0 in Führung. Meine erste Führung mit dem Nationalteam gegen die Dänen. So weit, so gut. Die Dänen kontern rasch zum 7:6 – kurz danach folgt die erste Schlüsselszene des Spiels: Vierter und letzter Versuch für unsere Offense. Und noch 15 Meter bis zur Endzone. Eine schwierige Situation. Ich sage einen Spielzug an, bei dem unser größter Receiver, Michael Terzer, die erste Anspielstation ist. Es ist seine Aufgabe, in gerader Linie bis zur Endzone zu laufen und dann in einem Winkel von 90 Grad nach rechts außen abzubiegen. Als er seinen linken Fuß hart auf den Boden setzt, um die Richtung zu ändern, werfe ich den Ball so fest ich kann dorthin, wo ich ihn eine Sekunde später erwarte. Seinen Verteidiger hat er nicht abschütteln können, dieser klebt förmlich an seiner Seite. Die Wahrscheinlichkeit, dass er den Catch jetzt machen und einen Touchdown erzielen kann, ist extrem gering. Ich habe trotzdem zu ihm geworfen, da mir keine Zeit blieb, mich nach einem anderen freien Receiver umzusehen. Der Ball ist nur kurz in der Luft. Doch für mich eine Ewigkeit. Wie in Zeitlupe beobachte ich, wie er schnurgerade auf sein Ziel zufliegt, leicht außerhalb des vorderen Ecks der Endzone. Michael muss seine gesamte Körpergröße von über 1,90 Meter nutzen, um ihn zu erreichen. Der dänische Defense-Spieler will dazwischengehen, doch seine Hand verfehlt ihr Ziel um wenige Zentimeter. Als der Ball genau in Terzers ausgestreckte Arme fliegt und er es zugleich schafft, mit einem Fuß den Boden der Endzone zu berühren, reiße ich meine Arme in die Höhe. Touchdown Österreich. Ein unfassbarer Wurf, ein unfassbarer Catch, zu einem denkbar wichtigen Zeitpunkt. Österreich 14, Dänemark 6. Kaum habe ich mich etwas beruhigt, höre ich schon wieder die Dänen jubeln. Es steht nur mehr 14:12. Halbzeit.

Man möchte meinen, dass unsere erste Halbzeitführung gegen das dänische Nationalteam befreiend auf mich wirkt. Das Gegenteil ist der Fall: Ich werde immer nervöser. Die erste Halbzeit bewies, dass wir eine Chance haben. Keine Spur mehr von „befreit und locker aufspielen". Die zweite Halbzeit wird ein Kampf auf Biegen und Brechen. Die Coaches erinnern uns daran, dass wir fokussiert bleiben und ruhig weiterspielen sollen. Unser Kurzpassspiel hat funktioniert. Auch zu Beginn der zweiten Spielhälfte marschieren wir bis kurz vor die Endzone. Vierter Versuch: Noch ein Meter zwischen uns und dem nächsten Touchdown. Mit „Down-Set-Hut" signalisiere ich den Start des Spielzugs. Tom steht frei. So schnell ich kann werfe ich den Ball in seine Richtung. Zu meinem Entsetzen sehe ich, dass ein Däne den Pass noch mit den Fingerspitzen erreicht. Statt die Führung weiter auszubauen, stehen wir mit leeren Händen da. Nun haben die Dänen die Möglichkeit, ihrerseits in Führung zu gehen. Doch auch sie spielen nicht fehlerlos. Morten Weber wirft ungenau und unserer Defense gelingt eine sehenswerte Interception. Ich will auf das Feld stürmen, doch Tom hält mich zurück: „Mir ist etwas aufgefallen", sagt er. „Wir haben schon zwei Mal E3 gespielt. Beim zweiten Mal hat mein Verteidiger genau gewusst, was ich mache."

„Was schlägst du vor?"

Göteborg, 17. August 2012

„Wir spielen den Spielzug ein drittes Mal. Aber diesmal laufe ich statt des Posts einen Corner."[51]

Auf Toms Einschätzungen kann ich mich verlassen. Darum gehe ich auf seinen Vorschlag ein. Ich laufe aufs Feld und sage den Spielzug an: „E3, Tom, wie besprochen."

Tom sprintet los und täuscht einen Post an, bevor er in die entgegengesetzte Richtung weiterläuft. Die Finte funktioniert. Als der Verteidiger seinen Fehler bemerkt, strauchelt er und fällt. Ich werfe den einfachsten Touchdown, den ich jemals gegen Dänemark erzielt habe. Toms Idee verhalf uns zum 21:12. Jetzt müssen wir mit der Defense einen schnellen Touchdown verhindern, doch zwei Spielzüge und 30 Sekunden später steht es 21:18. Die Offense muss wieder aufs Feld. Wenn wir noch einen Touchdown erzielen, würden wir sie endlich bezwingen. Noch einmal steigt der Druck. Der sonst so fangsichere Bernie Theissl lässt einen Ball durch seine Hände gleiten. Im nächsten Spielzug übersehe ich Patrick Bründl, der alleine stand. Nur wegen zweier Strafen gegen die Dänen, denen ebenfalls die Nerven durchgingen, konnten wir die Mittellinie überqueren. First Down. Es folgen drei schwache Spielzüge ohne viel Raumgewinn. Die Dänen verteidigen enorm stark. Ich finde keine freien Receiver. Vorm letzten Versuch fehlen noch 20 Meter bis zur Endzone. Gegen eine gute Verteidigung ist das kaum zu bewältigen. Also ein Trickspielzug! Ich werfe den Ball, nachdem der Blitzer zu mir rennt, schräg nach hinten zu unserem zweiten Quarterback Patrick Bründl, der jetzt genügend Zeit hat, um einen präzisen Wurf Richtung Endzone anzusetzen. Nun kann ich nur noch hoffen. Bründl wirft den Ball in hohem Bogen nach vorne. Michael Terzer springt ihm mit ausgestreckten Armen entgegen. Wie ein Basketballer beim Rebound blockt er seinen Verteidiger zur Seite. Und fängt den Ball unter ärgster Bedrängnis. Touchdown! Die Dänen sind fassungslos. Wir sind es auch! Wir haben das scheinbar Unmögliche geschafft! Nach den Niederlagen 2009, 2010 und 2011 ist das eine große Genug-

---

[51] Sowohl „Post" als auch „Corner" sind Laufrouten, bei denen der Receiver in Richtung gegnerische Endzone läuft. Beim Post biegt er nach wenigen Schritten nach innen ab, beim Corner nach außen.

tuung. Für Dänemark ist es die erste Niederlage gegen ein europäisches Team seit fünf Jahren. Während bei einigen meiner Kollegen grenzenloser Jubel ausbricht, klatsche ich nur ab. Ich denke schon einen Schritt voraus. Jetzt gilt es, uns mit einem Sieg gegen Japan fürs Halbfinale zu qualifizieren.

Zwei Stunden später werden die Halbfinalpaarungen auf der großen Anzeigetafel verkündet: USA gegen Dänemark und Mexiko gegen Österreich. Wir sind im WM-Halbfinale! Da steht es, schwarz auf weiß. Japan war kein Stolperstein. Die Panamaer verloren völlig überraschend gegen Italien und verpassten das Halbfinale.

Mexiko ist uns an diesem Abend egal. Wir genießen unseren Erfolg und freuen uns auf den spielfreien Samstag. Für uns geht es erst am Sonntag weiter.

22 Enttäuschung

Als mein Wurfversuch bei auslaufender Uhr in der gegnerischen Endzone harmlos zu Boden fiel, stellte sich bei allen Studs-Spielern eine maßlose Enttäuschung ein. Wir hatten das Halbfinale der Staatsmeisterschaft 2009 verloren. Ich sah in die verärgerten Gesichter meiner Teamkollegen und konnte mir ausmalen, was sie gerade dachten: „Das soll es gewesen sein? Einfach so ausgeschieden?"

Ich schaute zu Georg und schüttelte ungläubig den Kopf. Er senkte den Blick und sagte nichts. Die ganze Saison über hatten wir die heimische Liga dominiert, bei den internationalen Turnieren gute Ergebnisse erzielt. Davon blieb jetzt nichts übrig. Der Sieg im „kleinen Finale" konnte uns nicht trösten. Auch nicht, dass ich zum wertvollsten Spieler der Liga gewählt wurde.

Die Saison 2009 war bisher voller Highlights gewesen, sowohl auf Vereinsebene mit den Styrian Studs, bei der Champions Bowl und dem Flag Océane, als auch mit dem Nationalteam bei meiner ersten Europameisterschaft. Den Liga-Grunddurchgang gewannen wir und gingen als Favorit in den Finaltag. An der Vorbereitung scheiterte es dieses Mal nicht, wir analysierten jeden möglichen Gegner genau und waren voller Zuversicht. Im Halbfinale standen uns die Vienna Vipers gegenüber, ein junges Team, das aus einer Schülermannschaft hervorgegangen war. Im Nachwuchsbereich konnten sie schon internationale Erfolge erzielen, und auch in der FLA gehörten sie mittlerweile zu den besseren Mannschaften. Wir taten uns meist recht schwer gegen sie, auch wenn wir auf dem Papier stärker waren. In den Playoffs zählten aber weder Papierformen noch die bisherigen Ergebnisse. Der One-and-done-Modus[52] war nichts für schwache Nerven und trug zur enormen Spannung in den Playoffs bei. Unser Spiel gegen die Vipers an diesem kalten und windigen Oktobertag in Wien war denkwürdig, nämlich denkwürdig schlecht. Wir fanden nie ins Spiel, liefen schnell einem Rückstand hinterher und schafften es in keiner Phase, das Spiel unter Kontrolle zu bringen.

Wenige Tage nach dieser Flag-Bowl-Enttäuschung wurde mir klar, dass wir für das Jahr 2010 neue Impulse brauchten. Wir hatten uns als eine der besten Flagfootball-Mannschaften Österreichs etabliert und wurden auch international ernst genommen. Doch es fehlte etwas, um ganz an die Spitze zu gelangen. Ich berief eine Vorstandssitzung ein. Sollten wir darüber nachdenken, nach dem Vorbild der Klosterneuburg Indians einen Trainer zu engagieren? Vielleicht war es das, was wir brauchten: Einen objektiven Blick von außen, der uns im Training und an den Spieltagen weiterhelfen konnte? Doch wer könnte unser Trainer sein? Wir entschieden, uns auf die Suche nach einer passenden Person zu begeben. Zugleich wollten wir beim Universitätssportinstitut (USI) Graz anfragen, ob wir ab der Saison 2010 einen USI-Kurs für Flagfootball anbieten durften. Ich hatte vor, als Trainer zu agieren und zu versuchen, die teilnehmenden Studenten ins Mannschaftstraining der Studs zu locken. Wir erhofften uns, dadurch sowohl die Kaderbreite als auch – mittelfristig – die Kaderspitze zu erweitern.

Was ich im Oktober 2009 noch nötiger hatte als Ideen und Vorhaben, war eine Pause zur mentalen Regeneration. Von Jänner bis Oktober beschäftigte ich mich ständig mit den unterschiedlichsten Flagfootball-Aspekten. Als Obmann der Studs nahm ich an Ligasitzungen teil, kümmerte mich um die Spielerrekrutierung, half bei der Sponsorensuche und war erster Ansprechpartner für alle Spieler. Für die FLA erstellte ich jährlich den Spielplan, kümmerte mich um die Weiterentwicklung des Schiedsrichterwesens und versuchte, meine Ideen in Bezug auf die Ligastruktur einzu-

---

[52] Eine Niederlage und man ist ausgeschieden, egal wie viele Siege man im Grunddurchgang erringen konnte.

bringen. Als Offense-Captain und Quarterback hatte ich die Verantwortung für die Spielzüge und war Coach der Offense-Spieler. Ich musste meine eigenen spielerischen Fähigkeiten weiterentwickeln. Schnell schlüpfte ich auch im Nationalteam in die Rolle des Offense-Captains und des Verantwortlichen für Spielzüge. Mir wurde nicht fad.[53]

Umso wichtiger war es für mich, das Thema Flagfootball nach der Flag Bowl für einige Wochen völlig beiseite zu legen und mich zu zwingen, nicht einmal daran zu denken. Ich entwickelte in dieser Zeit keine neuen Spielzüge, plante nichts für die nächste Saison und schaute mich auch nicht nach neuen Spielern um. Mein Kopf brauchte eine Pause. Nur die Sonntagabende, an denen ich pünktlich um 19 Uhr vor dem Fernseher saß und die NFL verfolgte, waren wie immer Fixpunkte.

Schlusspunkt jedes Studs-Jahres war die Weihnachtsfeier. Sie stellte die Brücke zwischen der abgelaufenen und der anstehenden Saison dar. Im November beendete ich meine selbstauferlegte Flagfootball-Pause und analysierte mit etwas Abstand und ohne Emotionen die abgelaufene Saison. Der Rückblick und dann die Vorausschau auf die kommende Saison waren wichtige Bestandteile meiner Rede, die ich als Obmann seit 2006 alljährlich hielt. Zum Abschluss präsentierte ich dann eine humorvolle Bilderschau vom Trainingslager und den Spielen.

2009 schlug ich erstmals andere als nur stolze und begeisterte Töne an. Ich begann meine Rede fast ein wenig philosophisch, indem ich Konfuzius zitierte: "Der Weg ist das Ziel!"

Nach einer Kunstpause, in der ich interessierte und überraschte Blicke erntete, fuhr ich fort: „Der Weg ist das Ziel! Wir haben uns in den letzten Jahren immer an unseren Ergebnissen gemessen. Wenn wir das heuer tun, war die ganze Saison eine Enttäuschung. Aber war sie das wirklich? Sollen wir niedergeschlagen und verärgert sein, weil wir ein Spiel verloren haben? Wollen wir die vielen gemeinsamen Stunden, das lustige Trainingslager und

---

[53] Von meinem Beruf und Privatleben habe ich dabei noch gar nichts geschrieben.

die gewonnenen Spiele gegen nationale und internationale Gegner einfach vergessen, nur weil wir nicht Staatsmeister geworden sind? Ich bin wahrscheinlich der ehrgeizigste Spieler im ganzen Raum und glaubt mir, unsere Niederlage hat mir wochenlang extrem im Magen gelegen. Aber mit etwas Abstand kann ich der vergangenen Saison trotzdem viel Positives abgewinnen. Allen voran: Der gemeinsam beschrittene Weg. Wir sind viel länger unterwegs als zusammen am Ziel, und wenn wir den Weg nicht genießen können, macht es dann einen Unterschied, ob wir ans Ziel kommen oder nicht? Wir verbringen 99 Prozent der Zeit am Weg, sollte das letzte Prozent alleine für unser Glück verantwortlich sein? Gewinnen kann nicht alles sein. Der Weg ist das Ziel. Niemand weiß, ob wir unser Ziel nächstes Jahr erreichen werden. Wir werden alles dafür geben, aber versprecht mir eins: Definieren wir uns nicht nur über das Ergebnis. Lasst uns den Weg genießen und dabei viele schöne Erinnerungen sammeln."

Ich würde an dieser Stelle gerne behaupten, dass nach einem kurzen Moment der Stille tosender Applaus aufbrandete und meine Rede mit Standing-Ovations bedacht wurde. In Wahrheit erlebte ich keine anderen Reaktionen als in den Jahren zuvor, als ich uns eher sachlich zu unseren Leistungen gratuliert hatte. Soll ich zum Schnitzel noch ein Bier bestellen? Etwas in der Art werden die meisten sich wohl gedacht haben. Egal. In erster Linie hielt ich die Rede ohnehin für mich selbst. Gerade ich war es, der sich viel zu sehr über das Ergebnis definierte. Ich wollte, ich musste, versuchen, mehr Spaß auf dem Weg zu haben. Hier musste ich ansetzen, um nicht früher oder später die Freude am Flagfootball zu verlieren. Ist es mir gelungen? Ich glaube nicht.

23 Super Bowl XLIV

Ich stand staunend im InterContinental-Hotel Miami. Um mich herum: dutzende Spieler des frisch gebackenen Super Bowl Champions New Orleans Saints. An ihren Blicken konnte ich erkennen, dass sie ihr Glück ebenso wenig fassen konnten wie ich. Sie, weil sie gerade die Super Bowl XLIV gewonnen hatten. Ich, weil ich im selben Hotel war.

Im Januar und Februar 2009 war ich beruflich an der US-Ostküste unterwegs, zuerst in New York und anschließend in Miami. Als Geschäftsführer und Partner einer Wertpapierfirma, die Investmentfonds managte, besuchte ich regelmäßig Konferenzen und nahm Kundentermine in London, der Schweiz, Japan und den USA wahr. Mein Aufenthalt in Miami im Jahr 2009 bedeutete, dass ich die Super Bowl erstmals nicht mitten in der Nacht, sondern am Abend in einer gut gefüllten Bar verfolgen konnte. Während des Spiels wurde ich auf eine Einblendung aufmerksam, in der die Austragungsorte der zukünftigen Super Bowls gezeigt wurden. Ein Datum stach mir ins Auge: 07. 02. 2010 in Miami. Ein Jahr später würde ich die gleiche Reise absolvieren. Der Gedanke traf mich wie ein Blitz: „Ich bin nächstes Jahr in Miami – und die Super Bowl ist in Miami!"

Ich dachte: „Ich muss zur Super Bowl!", und dann: „So ein Schwachsinn!", und gleich darauf: "Wie kann ich an Tickets kommen?" und „Das kostet sicher ein Vermögen!" Vor lauter Aufregung konnte ich mich kaum aufs laufende Spiel konzentrieren.

Ich hatte mittlerweile schon einige NFL-Spiele live gesehen. Seit 2007 fanden regelmäßig Spiele in London statt, um den Fans in Europa die Möglichkeit zu geben, ihre Lieblingsmannschaften auch diesseits des Atlantiks live erleben zu können. Schon zum allerersten Spiel zwischen den Miami Dolphins und den New York Giants war ich mit Georg und ein paar Freunden angereist und seither mehrmals dorthin zurückgekehrt. Einmal hatte ich sogar meine Titans gesehen, Autogramme sammeln und Fotos mit den Titans-Spielern machen dürfen. Das von mehr als zehn Spielern signierte Titans-Dress hat genauso wie das Foto mit Steve McNair einen Ehrenplatz in meinem Haus inne.

Kurz nachdem ich aus den USA zurückgekehrt war, beschloss ich, auf jeden Fall zu versuchen, an Tickets zu kommen. Ich wollte live bei diesem einzigartigen Spektakel dabei sein und was am Anfang nur eine Schnapsidee war, entwickelte sich schnell zu einem realistischen Szenario. 2010 würde meine beste Chance sein, da ich mir nicht vorstellen konnte, extra für die Super Bowl in die USA zu fliegen. Doch ich stellte schnell fest, dass es auf normalem Weg unmöglich war, Tickets zu ergattern. Fans beider teilnehmenden Mannschaften erhielten kurzfristig ein gewisses Kontingent, viele weitere Tickets gingen an Sponsoren. Es gab praktisch kaum einen freien Ticketverkauf. Meine einzige Hoffnung war der Secondhand-Markt, genauer: ein Online-Tickethändler namens „Stub Hub". Die Verfügbarkeit der Tickets auf der Stub-Hub-Seite war überraschend gut, aber der Preis war eine ganz andere Geschichte: Für Tickets in der unteren Stadionhälfte waren einige Tausend Dollar fällig, auf den „billigen" Plätzen nur unwesentlich weniger. Dazu konnte ich mich nicht direkt durchringen, meine Entscheidung war aber schon längst gefallen. Ich konnte mir diese Chance nicht entgehen lassen! Ein paar Wochen später entdeckte ich ein einzelnes Ticket einer sehr guten Kategorie direkt hinter der Endzone. Kostenpunkt: 2200 Dollar. Ich schlug sofort zu. Mit einem Klick auf „Buy ticket" erfüllte ich mir einen riesigen Traum. Mir war vollkommen egal, welche Mannschaften spielen würden, nur der Gedanke an das Ereignis versetzte mich schon in Euphorie.

Ich verfolgte die NFL-Playoffs nun mit noch mehr Interesse als zuvor. Wenn das überhaupt möglich war. Der Teilnehmer der AFC wurde im Duell der Indianapolis Colts gegen die New York

Jets ermittelt. Etwas enttäuschend, da ich als Titans-Fan die Colts und deren Quarterback Peyton Manning nicht mochte. Viel zu oft hatten meine Titans gegen die „bösen" Colts das Nachsehen gehabt. Im Endeffekt war ich jedoch froh, dass sich die Colts für die Super Bowl qualifizierten, weil Manning objektiv betrachtet einer der besten Quarterbacks aller Zeiten war.[54]

Im NFC Championship Game standen sich die New Orleans Saints und die Minnesota Vikings mit Quarterback-Altstar Brett Favre gegenüber. Es war Favres letzte Chance, noch einmal in die Super Bowl zu gelangen. Das Spiel war an Dramatik kaum zu überbieten. Kurz vor Schluss stand es 28:28 und Minnesota hatte die Chance, mit einem 55 Yard Field Goal in die Super Bowl einzuziehen. Beim Versuch, näher an die Endzone der Saints heranzukommen und damit ein leichteres Field Goal zu ermöglichen, warf Favre wenige Sekunden vor Ende der regulären Spielzeit eine Interception. Die Saints gewannen in der Verlängerung, die Interception war der letzte Pass, den Favre jemals in den Playoffs warf. Die Begegnung der Super Bowl XLIV[55] lautete demnach: Indianapolis Colts gegen New Orleans Saints.

Die Super Bowl war nicht nur ein Spiel, sondern auch eine riesengroße Party, die bereits mehrere Tage vor dem Anpfiff begann. Es gab Meet-and-Greet-Events mit Football Stars und ein Celebrity-Beach-Flagfootball-Turnier mit bekannten Persönlichkeiten aus dem Sport- und Unterhaltungsbereich. Zentrum aller dieser Festivitäten war der Ocean Drive in Miami Beach. Da ich erst kurz vor meiner Super Bowl anreisen konnte, blieb mir nur der Samstag, der Tag vor dem Spiel, um mich in die Menge zu werfen und das Flair zu genießen. Die etwa zwei Kilometer lange Prachtstraße wurde in eine einzigartige Partymeile umfunktioniert. TV-Stationen sendeten von dort ihre Vor-

---

[54] Doch würde ich dem Quarterback der Jets, Mark Sanchez, in Miami deutlich näherkommen als Manning.
[55] Von hier an „Meine Super Bowl".

berichterstattung. Es fühlte sich an, als würden alle Geschäfte nur mehr Super-Bowl-Fanartikel anbieten. Bei diversen kleinen Veranstaltungen ergaben sich Möglichkeiten, auf Tuchfühlung mit den NFL-Stars zu gehen. Positiv zur Stimmung trug das friedliche Miteinander der Fans der beiden Teams bei. Die eigene Mannschaft wurde mit vollstem Herzen unterstützt, für alle Fans ging es jedoch hauptsächlich darum, eine NFL-Party zu feiern. Selbst im Stadion saßen Heim- und Gästefans nebeneinander, ohne dass es jemals zu Problemen kam. Faszinierend. Und kein Vergleich mit den europäischen Fußballstadien, in denen man die beiden Fangruppen auseinandersperren musste, wenn es zu keinen Handgreiflichkeiten kommen sollte. Ich versuchte, die einzigartige Atmosphäre in mich aufzusaugen. Ich plauderte ein bisschen mit ein paar Miami-Dolphins-Cheerleadern,[56] dann ging ich zum Pflichtprogramm für einen aktiven Flagfootball-Spieler über, dem Celebrity-Beach-Flagfootball-Turnier. Sportlich war das Event ziemlich wertlos, außer man hatte Spaß daran, J.Lo im Sand herumstapfen zu sehen, doch Unterhaltungswert und Sonnenbrandfaktor waren groß. Als das Ende des Spiels absehbar war, verließ ich die Tribüne und begab mich in Richtung des Hospitality-Bereichs, wo sich die Spieler vor und nach dem Turnier aufhielten. Mein Ziel war es, Fotos oder Autogramme zu erhaschen. Ich ging vom Strand einen kurzen Pfad zu einer Kuppe, hinter der ich den Hospitality-Bereich vermutete. Als ich oben war, blickten mir plötzlich hunderte Menschen entgegen. Sie zückten die Fotoapparate und schossen Fotos in meine Richtung. Ich drehte mich um und griff nach meiner eigenen Kamera, um die Berühmtheit zu fotografieren, die wohl hinter mir stehen musste. Doch hinter mir stand niemand. Bevor ich darüber genauer nachdenken konnte, packten mich zwei Security-Mitarbeiter. Sie beförderten mich aus dem Weg und wiesen mich darauf hin, dass ich hier nichts verloren hätte. Da realisierte ich, dass ich den für Stars reservierten Weg genommen hatte. Die Leu-

---

[56] Dass ich das nur in einem Nebensatz erwähne, zeigt, wie unglaublich dieser Tag für mich war und noch werden würde.

te hatten vermutet, dass ich eine „Celebrity" sei. Ich verlor keine Zeit, mich selbst hinter der Absperrung zu positionieren. Kurz darauf gelangen mir Selfies mit dem legendären Titans Running Back Eddie George und dem dreifachen Super Bowl Champion Daryl Johnston. „Gelangen" deshalb, weil es mit einem Fotoapparat ohne Bildschirm auf der Vorderseite nicht so einfach war, alles ins rechte Bild zu bekommen.

Als alle Celebrities im Hospitality-Bereich verschwunden waren, erhielt ich einen Anruf von Giovanni, einem Geschäftspartner, den ich von der Vorjahres-Konferenz kannte. Auch heuer war er wieder vor Ort. Er wusste, dass ich ein großer Football-Fan war und versuchte, mich mit etwas ganz Besonderem zu überraschen. „Hast du heute Abend schon was vor?", fragte er mich.

Ich verneinte.

„Gut, dann zieh dir was Schickes an und ich hole dich gegen 19 Uhr beim Hotel ab!"

Ich vermutete, dass sein Vorschlag etwas mit der Super Bowl zu tun haben könnte, und so sagte ich zu.

„Also, wohin geht's?", erkundigte ich mich bei Giovanni, sobald ich zu ihm ins Auto gestiegen war.

Er lächelte verschmitzt: „Du hast keine Ahnung, oder?"

„Nein, woher denn?"

„Wir fahren nach Miami Beach, zur ehemaligen Villa von Hulk Hogan."

„Das ist ja großartig, aber was ist jetzt dort? Ein Wrestling-Museum?"

Ich dachte mir schon, dass er mich nicht in Hulk Hogans „Graceland" bringen wollte, wurde aber langsam ungeduldig.

„Natürlich nicht! Michael Bay wohnt jetzt dort. Ich habe zwei Karten für seine Party organisieren können."

Im ersten Moment konnte ich nicht glauben, was ich hörte. Ich war vollkommen überrascht und überwältigt. Michael Bay, der Regisseur von Bad Boys, Transformers und Armageddon war mir ein Begriff, aber in seinem Haus bei einer Super-Bowl-Party dabei zu sein, war für mich fast unvorstellbar.

Als wir an unserem Ziel ankamen, fuhr Giovanni zum Eingangstor, sprang aus dem Auto und sagte: „Los geht's!"
„Wie?", fragte ich, „willst du nicht zuerst parken?"
Es war sicher nicht ideal, das Auto mitten auf dem Weg stehen zu lassen.
„Noch nie etwas von Valet-Parking gehört?"
Nein, hatte ich nicht.[57] Er erklärte mir, dass Valet-Parking in den USA gang und gäbe sei. Man fuhr direkt mit seinem Auto vor ein Hotel, ein Geschäft, ein Restaurant oder eben ein Privathaus und übergab den Schlüssel und ein Trinkgeld an einen Mitarbeiter. Dieser händigte einen Zettel aus und parkte den Wagen. Mit dem Zettel und wiederum etwas Trinkgeld bekam man den Wagen später wieder zurück.

„Worauf wartest du?", rief mir Giovanni zu, der den Parkzettel inzwischen entgegengenommen hatte.

Wir gingen durchs riesige Eingangstor, vorbei an zwei fast genauso großen Türstehern, und ich erhaschte einen ersten Blick aufs Anwesen. Es war noch pompöser, als ich es mir ohnehin schon vorgestellt hatte. Der Eingangsbereich umfasste einen Parkplatz, der breit genug gewesen wäre, um dort die komplette Transformers-Armee zu stationieren. Stufen führten durch ein Steintor an einem Gästeflügel von der Größe eines mittleren Einfamilienhauses vorbei. Dahinter befand sich ein zweiter Innenhof mit einem von Palmen umgebenen Pool. Wir durchquerten ihn auf korallenartigen Konstruktionen, die überm Wasser zu schweben schienen. Abends war diese Szene noch beeindruckender, weil die Kunstkorallen im Mondschein glänzten und zusätzlich von Unterwasserlichtern angestrahlt wurden. Wir betraten das Haus und standen in einer riesigen Eingangshalle. Mein Blick fiel auf eine Glas- und Stahltreppe im Wohnbereich, die drei Stockwerke hoch auf die Dachterrasse führte. Die Böden bestanden aus Kalkstein, neben der Couch stürzte ein Wasserfall vor einer Steinwand über eine Glasscheibe. Der Poolbereich hinter dem Haus bot einen Blick auf den Intracoastal Waterway und die Sunset Is-

---

[57] Bezüglich des Ablaufs von High Society Events hatte ich noch viel zu lernen.

lands. Also recht nett das Ganze. Neben dem Gastgeber Michael Bay waren unzählige Berühmtheiten aus Film und Sport anwesend. Die Schauspieler Chris Rock und David Spade sowie den ehemaligen NFL Running Back und Super Bowl MVP Marcus Allen erkannte ich. Viele andere Schauspieler – anscheinend waren ein paar Stars der populären Serie Gossip Girl anwesend – konnte ich nicht zuordnen, leider stellten sie sich bei mir auch nicht vor.

Zur Beruhigung schnappte ich mir einen Drink oder drei, und versuchte mir einzureden, dass es wohl am besten sei, zu tun, als ob ich in irgendeiner Form zur Gesellschaft gehören würde. Als ich mir einen weiteren Drink vom Tablett nahm und mich umdrehte, standen zwei Frauen vor mir. Sie meinten, mich erkannt zu haben und fragten höflich nach, bei welcher Modelagentur ich tätig sei. Wenn mein Gesicht nicht schon vom Sonnenbrand gerötet gewesen wäre, wäre ich bestimmt jetzt knallrot geworden. Kurze Zeit später erkannte ich einen der besten und erfolgreichsten Receiver der NFL-Geschichte, Larry Fitzgerald, ging auf ihn zu, sprach kurz mit ihm und ließ mich von Giovanni mit ihm fotografieren. Solche Foto-Gespräche waren bei dieser Art von Event scheinbar ganz normal, auch wenn ich dabei beinahe hyperventilierte. Im Laufe des Abends musste ich einmal das mit Goldarmaturen bestückte Bad aufsuchen. Während der Wartezeit vor dem Bad plauderte ich mit dem sechsfachen NBA-Allstar Mitch Richmond. Ich konnte die Eindrücke, die sekündlich auf mich einprasselten, kaum verarbeiten.

Kurz bevor Giovanni und ich die Party verließen, entdeckte ich den Quarterback der New York Jets, Mark Sanchez. Zwei Wochen zuvor hatte ich die Niederlage der Jets gegen die Indianapolis Colts noch im Fernsehen gesehen, jetzt stand er vor mir. Ich bat auch ihn um ein gemeinsames Foto. Er stimmte zu, allerdings musste ich mein Getränk abstellen, weil er mit niemandem abgelichtet werden mochte, der Alkohol konsumierte. Dass man in den USA größere Probleme mit Trinkgewohnheiten als mit Besitz und Gebrauch von Feuerwaffen hat, ist inzwischen hinlänglich bekannt. Nach dem letzten Foto des Abends war ich einfach nur noch erschöpft. Was für ein Tag! Und meine Super Bowl stand ja noch bevor![58]

Am eigentlichen großen Tag war es erneut Giovanni, der mich abholte und Chauffeur spielte. Er bot mir an, mich zum Sun Life Stadium zu bringen, das sich etwas außerhalb Miamis befand, und nach dem Spiel wieder abzuholen. Rund ums Stadium gab es vor dem Spiel Events und Konzerte, welche die klassischen Tailgaiting-Partys ersetzen, die bei normalen Heimspielen veranstaltet wurden. Das kannte ich von der NFL International Series in London.

Die Inszenierung meiner Super Bowl war einzigartig, inklusive der US-amerikanischen Hymne vor dem Spiel, die mit einem perfekt koordinierten „Air Force Flyover" zelebriert wurde.[59] Das Spiel selbst begann unspektakulär und plätscherte während der ersten Halbzeit etwas dahin. Die Halftime-Show war zum Vergessen, was entweder daran lag, dass sich die Bühne am anderen Ende des Spielfelds befand, dass mich die Tonqualität nicht überzeugte oder dass The Who generell ihre beste Zeit hinter sich hatten. Ich hatte scheinbar auch meine beste Aufmerksamkeitsphase hinter mir, denn nur so konnte ich mir erklären, dass ich den wichtigsten Spielzug meiner Super Bowl schlichtweg nicht wahrnahm. Ich war wohl noch im „Halbzeitmodus", blickte in Richtung der VIP-Tribüne und versuchte, berühmte Gäste zu entdecken. Ich sprach mit meiner Sitznachbarin, einer jungen Dame mit Kind und organisierte mir noch ein Getränk. Nur auf das Spielfeld schaute ich nicht. Das änderte sich erst, als es plötzlich laut wurde und die Saints-Fans wie verrückt von ihren Sitzen sprangen. Was war geschehen? Jetzt sah ich es auf der riesigen Videoleinwand: Beim Kickoff zur zweiten Halbzeit übte der Saints Punter

---

[58] Im Nachhinein wurde Michael Bays Party von ESPN als die beste Super Bowl-Party 2010 ausgezeichnet!
[59] Nach der Hymne donnerten also mehrere Kampfjets ganz knapp über das Stadion.

Thomas Morstead überraschend einen Onside-Kick aus. Eine gefährliche taktische Variante, die allerdings funktionierte und den Saints kurz darauf die erste Führung brachte.

Die endgültige Entscheidung zugunsten der Saints fiel kurz vor Ende des Spiels, als Colts Quarterback Peyton Manning eine Interception warf und der Saints-Verteidiger den Ball bis in die Endzone zurücktrug. Wenn jemand wissen möchte wo ich genau saß, braucht er sich nur das Video von diesem Spielzug anzusehen: Nach der Interception zeigte der Saints Spieler nämlich mehrmals genau auf mich, so zumindest ist es mir vorgekommen. Nach dem Spiel gab es den obligaten Konfetti-Regen für die Sieger, ich knipste noch ein paar Fotos und ließ mich kraftlos in den Sitz fallen. Ich sah Colts-Spieler, die enttäuscht in ihre Kabine zurückkehrten. Ich sah Saints-Spieler, die weinend am Boden lagen, und andere, die sich umarmten und tanzten. Ich war wieder einmal ein stiller Beobachter und war dankbar, das alles erlebt zu haben.

Erst lange nach Ende des Spiels, außer mir waren kaum noch Fans im Stadion, begab ich mich zum vereinbarten Treffpunkt mit Giovanni. Auf dem Weg dorthin kaufte ich noch ein New-Orleans-Saints-Super-Bowl-Champions-T-Shirt, das bereits kurz nach Spielende parat lag.[60] Ich stieg zu Giovanni ins Auto und wir machten uns auf den Weg zurück nach Miami. Nach wenigen Metern wurden wir von der Polizei angehalten. Mit „wir" meine ich alle Autos, die auf diesem Weg waren. Die Polizei hatte eine Straßensperre errichtet. Ich sah mehrere Busse aus einer Seitenstraße einbiegen und Giovanni sagte: „Das sind die Busse der Saints, denen fahren wir nach!" Sobald der Verkehr wieder freigegeben wurde, verfolgte Giovanni Busse und Polizei bis zum InterContinental-Hotel im Zentrum von Miami. Vor der nächsten Straßensperre ließ mich Giovanni aussteigen. Er sagte: „Schau, dass du ins Hotel reinkommst. Die feiern hier ihre Super Bowl-Party! Ich fahr nach Hause!" und verschwand.

---

[60] Die falsch bedruckten T-Shirts, die die Indianapolis Colts als Champions feierten, wurden angeblich gespendet.

Beim Hotel wartete eine große Menschenmenge. Die Polizei hatte sich formiert und den Eingang großräumig abgeriegelt, um die Mannschaft aussteigen und ungestört ins Hotel gehen zu lassen. Ich lief in die erste Reihe und hörte, wie ein Polizist zu einem Fan neben mir sagte, dass das Hotel die gesamte Nacht über gesperrt bleibe. Wenig später ging ein Pärchen auf den Polizisten zu, und siehe da: Nach kurzer Diskussion durften sie zum Hotel weitergehen. Ich fragte ihn, warum er diese Ausnahme gemacht habe, und erfuhr, dass es Hotelgäste waren, denen der Zugang zum Hotel natürlich gewährt werden müsse. Da fiel mir etwas ein. Auf meiner Dienstreise war ich einige Tage zuvor im InterContinental-Hotel New York einquartiert gewesen. Hatte ich nicht während meines Fluges nach Miami die Zimmerkarte in meiner Brieftasche entdeckt? Eigentlich sollte man die Karte beim Check-out abgeben. Wenn ich das vergaß, warf ich sie in den Müll. Doch diesmal hatte ich sie noch gehabt. Vorsichtig griff ich nach der Brieftasche und öffnete sie einen Spalt breit, um einen Blick hineinzuwerfen. Wie ein Pokerspieler, der sich seine verdeckten Karten ansah. Tatsächlich! Mir blitzte etwas Weißes entgegen! Die Zimmerkarte war noch da. Mit zitternden Händen nahm ich sie heraus, fasste Mut und ging mit inszeniertem Selbstvertrauen zum nächsten Polizisten. Ich zeigte ihm die Zimmerkarte und er ließ mich durch. Wahnsinn!

Mit weichen Knien stolperte ich die knapp 30 Meter zum Hotel und beobachtete, wie ein paar Spieler und Coaches in einen großen Konferenzraum gingen. Ich folgte ihnen sofort, beim Eingang zum Konferenzraum war aber endgültig Endstation. Meine Konzentration musste also der Lobby gelten, in der einiges los war und Spieler mit Freunden und Familien zu feiern begannen. Einer der Spieler wurde von einer kleinen Menschenmenge umringt, die ihm gratulierten und für ein Foto posierten. Ich tat, was ich tun musste: Ich stellte mich an, tat so, als ob ich dazugehörte, gratulierte dem Spieler zum Sieg und machte ein Foto mit ihm. „Wer ist das?", fragte ich jemanden. Ein verwunderter Blick. Eine Antwort. Es war Thomas Morstead, der für den Onside-Kick verantwortliche, gefeierte Held des Abends.

Danach blieb ich noch eine Weile im Hotel, doch als alle Spieler die Lobby in Richtung Konferenzraum verlassen hatten, ließ ich es gut sein. Glücklich und müde rief ich ein Taxi, um in mein echtes Hotel zu fahren.

Zufälligerweise sollte es nicht meine einzige Begegnung mit Morstead bleiben. Fast zwei Jahre später absolvierte Georg ein Auslandssemester an der Oklahoma University. Ich besuchte ihn dort für einen gemeinsamen Roadtrip. Dieser Ausflug führte uns nach Nashville, der Heimat der Titans, Memphis und unter anderem auch in eine Bar in New Orleans, wo der DJ plötzlich Thomas Morstead begrüßte. Ich motivierte Georg dazu, ihn anzusprechen, um sich auch ein Foto mit ihm zu holen. Stolz drückte ich selbst auf den Auslöser.

24 Römische Hitzeschlacht

Es war ein sonniger Tag im April 2010. Auf einem Sportplatz in Graz tummelten sich ein Trainer und zahlreiche Flagfootball-Spieler, die sich auf die Trainingseinheit freuten. Der Trainer bereitete das Spielfeld vor, überreichte jedem Spieler einen Flaggürtel und legte fünf mitgebrachte Bälle auf den frisch gemähten Rasen. Er blickte in die Runde und versuchte einzuschätzen, wer von den Leuten vor ihm wohl Potential besaß und wer nicht. Dann rief er die Spieler zu sich, um sich vorzustellen und eine kurze Ansprache zu halten.

Der Trainer war ich, die Spieler Studenten, die sich für den Flagfootball-Kurs des USI Graz angemeldet hatten. Die Suche nach einem Trainer für die Studs war bislang erfolglos geblieben, aber immerhin hatten wir es erreicht, einen USI-Kurs anzubieten. Und der war mit 25 Anmeldungen ausgebucht! Es war alles dabei: Ich hatte eine bunte Mischung aus großen und kleinen, schnellen und langsamen, fangsicheren und tollpatschigen, athletischen und unsportlichen Studenten vor mir. Ich begann mit ein paar Erklärungen zu Flagfootball im Allgemeinen, versuchte den Burschen dann aber schnell zu zeigen, wie der Sport funktionierte. Am Ende der ersten Einheit wollte ich ein paar Spielzüge spielen lassen. Als Vorbereitung zeigte ich den Studenten die richtige Wurf- und Fangtechnik und Grundzüge der Defense, ohne allzu sehr ins Detail zu gehen. Wer den Sport näher und intensiver kennen lernen wollte, den versuchte ich für ein Probetraining bei den Studs zu gewinnen.

Und tatsächlich schlossen sich uns einige Studenten im Laufe der Jahre an. Einer davon war Franz Wiesenhofer. Über lange

Zeit sollte er ein wesentlicher Bestandteil unserer Defense und einer der beliebtesten Spieler werden. Ein anderer stach mir gleich bei der allerersten USI-Einheit ins Auge: Er war über 1,90 Meter groß, wirkte athletisch und war richtig schnell. Seine Fangsicherheit ließ zwar zu wünschen übrig, sehr wendig war er ebenfalls nicht, aber man konnte ja nicht alles haben. Potential war jedenfalls vorhanden. Jetzt lag es an mir, ihm den Sport schmackhaft zu machen. Als ich ihn schließlich überzeugen konnte, zum Studs-Training zu kommen, war der erste Schritt getan. Alles weitere war Geschichte: Martin Etschmaier wurde ab 2011 zu einem integralen Bestandteil unserer Offense und war während seiner aktiven Zeit der Topscorer der Studs. Aufgrund seiner Schnelligkeit war er von gegnerischen Mannschaften gefürchtet. Ich stimmte einige Spielzüge genau auf seine Fähigkeiten ab und warf unzählige lange Pässe auf ihn, die oft zu Touchdowns führten. Seine unvergleichliche Fitness ermöglichte es ihm, immer und immer wieder über das gesamte Feld zu sprinten. Auch wenn ich ihn nicht anspielte, wurde sein Verteidiger mit jedem Spielzug müder. Für die Studs war Martin nicht nur spielerisch, sondern auch menschlich eine unglaubliche Bereicherung. Während Tom der emotionale Leader der Offense war, bildete Martin ihren Ruhepol. Seine unaufgeregte und immer positive Art half mir in wichtigen Situationen ungemein. Unsere Freundschaft überdauerte die aktive Karriere, bis heute ist er einer derjenigen unter meinen Ex-Kollegen, mit dem ich am meisten Kontakt habe. Allein dafür hatten sich die vielen Stunden ausgezahlt, die ich in die Organisation der USI-Kurse investiert hatte.

Ob Rom im Hochsommer der perfekte Austragungsort für ein Flagfootball-Turnier war, sei dahingestellt. Spätestens als ich aus dem Flugzeug ausstieg und merkte, wie heiß es war, wurde mir klar, dass es ein äußerst anstrengendes Turnier werden würde. Als ich das meinen Mitspielern gegenüber erwähnte, erntete ich aber nur Sprüche wie: „Das kann dir doch egal sein, du steht als Quarterback ja eh nur herum!"

Touché. Also hielt ich meinen Mund und sparte mir in diesem Moment weitere Bemerkungen zu den gefühlten 40 Grad.

Die Anreise vom Flughafen zur Spielstätte war über eine Stunde lang. Als wir endlich ankamen, dachte ich, dass wir uns verfahren hatten. Es stand zwar überall „Champions Bowl" angeschrieben, auch die anderen Mannschaften waren vor Ort, aber die Spielfelder konnten nicht für uns markiert sein. Es sah eher so aus, als ob gleich ein American Football-Spiel starten würde. Warum? Weil die Spielfelder unfassbar riesig waren. Ich schritt sie mehrmals ab, aber an der Größe änderte sich nichts. Bald darauf startete das Captains Meeting. Mit Sicherheit würde ich dort eine Erklärung für die fehlerhaften Spielfeldmarkierungen erhalten. Als Raffi Pellegrini, der schon die Champions Bowl I organisiert hatte, am Ende seines Vortrags nach Anmerkungen fragte, meldete ich mich zu Wort: „Die Spielfelder scheinen mir zu groß zu sein."

„Zu groß, was ist damit nicht in Ordnung?"

Ich merkte an, dass es seit dem vorherigen Jahr international gültige IFAF-Flagfootball-Regeln gebe, in denen die Spielfeldmaße genau definiert seien.

„Ach so, nein, diese Regeln gelten bei der Champions Bowl nicht!"

„Was?", schrie ich auf, aber nur innerlich. Hörbar sagte ich: „Wieso gelten sie nicht?"

„Wir haben uns entschieden, nach den italienischen Regeln zu spielen!"

Aha! Weil es sonst scheinbar niemanden störte und ich mit meiner Meinung allein auf weiter Flur stand, musste ich es wohl oder übel dabei bewenden lassen. Es war das letzte Aufbäumen der Italiener gegen die internationalen Regeln. Im darauffolgenden Jahr würden sie klein beigeben und sich anpassen. Für das Turnier in Rom half mir das aber wenig.

Bereits im ersten Spiel, bei dem wir gegen niemand geringeren als die Avedøre Mammoths antreten mussten, wurde es augenscheinlich, dass unsere gewohnte Spielanlage auf diesem Spielfeld nicht funktionieren würde. Der Offense gelang wenig. Immerhin konnte die Defense gut dagegenhalten, weil auch die Dänen auf dem großen Feld Anfangsschwierigkeiten hatten. Im

Endeffekt wurde es eine klare Niederlage und eine ziemliche Euphoriebremse. Ich hatte uns im Vorfeld gute Chancen eingeräumt, ganz vorne mitzumischen. Wir hatten härter denn je trainiert. Nach Platz 4 in Wolfsberg hatte ich zumindest auf das Siegerpodest zurückkehren wollen. Eine hohe Auftaktniederlage war nicht eingeplant gewesen. Den restlichen Tag spielten wir gegen schwächere Teams, was mir die Chance gab, die Offense etwas an die Gegebenheiten anzupassen. Gleichzeitig kämpften wir alle gegen die enorme Hitze, ich eingeschlossen. Als ich mein Leid kundtat und meinte, dass alle, die laufen mussten, wenigstens einen kühlen Gegenwind hatten, während bei mir die heiße Luft stünde, erntete ich müde Blicke, überdrehte Augen und teilweise zornige Reaktionen. Das letzte Spiel absolvierten wir gegen eine britische Mannschaft,[61] die noch mehr von der Hitze gezeichnet war als wir. Vor Beginn des Spiels warteten wir im Schatten auf die Schiedsrichter. Da hatte Tom eine Idee: „Wir gehen jetzt raus aufs Spielfeld, wärmen uns richtig auf, und zeigen den Briten, dass wir Spaß haben und uns die Temperaturen nichts ausmachen."

Ich hielt das für einen Scherz. Einen noch schlechteren Scherz als meinen mit der heißen Luft. Erstaunlicherweise fand sein Vorschlag jedoch Anklang. Einer nach dem anderen rannte vom wohltuenden Schatten in die glühende Hitze und dort lachend umher. Die spinnen, die Österreicher, dachten sich die Briten da wohl. Zumindest sah es so aus, als ob sie das dachten, während sie im Schatten eines Baumes liegen blieben. Als das Spiel jedoch losging, dominierten wir sie nach Belieben. Sei es, weil wir ihren Willen mit unserer Aufwärmroutine schon vor dem Spiel gebrochen hatten, oder weil wir einfach besser waren. Am Ende des Tages stand nur eine Niederlage zu Buche, es war noch nichts verloren.

Letzter Programmpunkt des Tages war eine kurze Mannschaftsbesprechung. Ich wollte die absolvierten Spiele Revue passieren lassen und uns auf das restliche Turnier einstimmen. Nach

---

[61] Glücklicherweise ohne amerikanische Beteiligung.

aufmunternden Worten begann ich, die Leistung der Mannschaft zu analysieren und merkte an: „Wir sollten mit der Leistung von Offense und Defense zufrieden sein. Ein Knackpunkt war heute definitiv das Spielfeld. Gerade die Offense hatte Schwierigkeiten, sich auf die ungewohnte Größe einzustellen. Für die Defense hingegen war es leichter, den Gegner zu stoppen, weil deutlich mehr Raumgewinn für ein First Down oder einen Touchdown nötig war."

Es folgte ein Orkan. Ein echter Orkan hätte vielleicht etwas Abkühlung gebracht. Dieser aber ließ die Stimmung eisig werden. Todd, unser Defense-Captain, fühlte sich dermaßen angegriffen, dass die Besprechung in kürzester Zeit eskalierte. Todd warf mir vor, dass ich die Defense schlecht rede und zugleich nach Ausreden für meine Offense suche. So hatte ich das zwar nicht gemeint, begriff aber, dass man es aus seiner Sicht so interpretieren konnte. Doch es spielte noch mehr mit. Es stimmte, dass ich mich der Defense gegenüber oft kritisch verhielt und mich immer wieder einmischte. Ich war mit unterschiedlichen Defense-Taktiken vertraut, glaubte zu wissen, welche Varianten funktionierten und was weniger half, weil ich mich in meiner Rolle als Quarterback auf die Defense der Gegner vorbereiten musste. Ich kannte Schwächen, die man ausnutzen konnte, und sah Stärken, die für die gegnerische Offense nur schwer zu bewältigen waren. Das alles wollte ich weitergeben, in der Absicht, zu helfen, doch das wurde nicht immer freudig aufgenommen. Ich sah mich nicht nur als Offense-Captain, sondern als Headcoach und Teil der Vereinsführung. Daher war es mein Anspruch, auch der Defense meinen Input zu geben. An diesem heißen Sommerabend in Rom jedoch schien das Fass überzulaufen. Todd und ich schafften es nicht mehr, vernünftig miteinander zu reden. Auch besonnene Teamkollegen konnten unseren Streit nicht schlichten, und wir gingen beide verärgert ins Bett.

Am nächsten Morgen war es nicht besser. Wir konnten uns nicht in die Augen sehen, während wir uns auf das erste Spiel gegen eine italienische Mannschaft vorbereiteten. Wir sahen es eigentlich als Aufwärmspiel vor dem Duell gegen die Silkeborg

Sharks, der zweiten dänischen Mannschaft. Das Spielfeld präsentierte sich in fabelhaftem Zustand, die Veranstalter hatten in der Nacht den Rasen bewässert, damit er sich von den Strapazen des Vortages erholen konnte. Doch wir hatten von Anfang an Probleme. Die Offense kam überhaupt nicht ins Laufen[62] und auch die Defense tat sich schwer. Wir gerieten in Rückstand, hatten dann aber kurz vor der Pause die Chance, den Ausgleich zu erzielen. Ich sah Tom, der auf der linken Seite frei wurde, und warf den Ball in seine Richtung. Übersehen hatte ich jedoch einen Italiener, der dazwischen sprang und eine Interception machte, nein schlimmer noch: Er lief jetzt auf mich zu, weil er seinerseits auf einen Touchdown aus war. Ein „Interception Return Touchdown" ist die Höchststrafe für jeden Quarterback. Ich musste verhindern, dass der Italiener unsere Endzone erreichte. Ich lief ihm entgegen, um seine Flag zu erwischen, oder ihn zumindest so weit zu verlangsamen, dass ihn ein anderer Offense-Spieler einholen konnte. Als ich ihn schon fast erreicht hatte, versuchte ich, auf dem linken Fuß zu stoppen, rutsche auf dem von der morgendlichen Bewässerung noch feuchten Rasen weiter, blieb dann stecken und überknöchelte. Der Italiener lief an mir vorbei, erzielte seinen Touchdown und erhöhte unseren Rückstand auf zwölf Punkte. Ich humpelte wütend vom Spielfeld und setzte mich ins Gras, um mir zunächst meinen Fuß näher anzusehen. Zwei Sanitäter, die die Szene mitverfolgt hatten, rannten zu mir und halfen mir aus dem Schuh. Ich zog den Socken aus und erschrak. Mein Knöchel war bereits mächtig angeschwollen. Georg fragte mich, wie es mir ginge. Als er den Knöchel sah, wurde er weiß im Gesicht und drehte um. Nicht weil er es nicht aushielt oder mir nicht helfen wollte. Er hatte eine andere Aufgabe zu erfüllen. Wenn ich ausfiel, musste er als Quarterback übernehmen. Die Sanitäter schauten etwas ratlos drein, begannen dann aber sofort, meinen Knöchel dick einzubinden. Ich sah ruhig zu. Es gab nun nichts mehr, was ich hätte ändern können.

---

[62] Logisch, bei den großen Spielfeldern, oder?

Als wir wieder in Österreich waren und ich meinen Knöchel untersuchen ließ, würde sich herausstellen, dass ich einen Bänderriss erlitten hatte. Als Erstmaßnahme sollte man in einem solchen Fall pausieren, Eis auflegen, eine Kompressionsbinde anlegen und den Fuß hochlagern. Zumindest eines davon hatte ich richtig gemacht. Nach Anlegen der Kompressionsbinde ließ ich mir den Schuh wieder anziehen. Ein Wunder, dass ich noch hineinpasste. Erst als ich versuchte, zu meinen Kollegen zurückzuhumpeln, fiel mir auf, dass ich mir im Stürzen auch mein rechtes Handgelenk verstaucht hatte. Bänderriss im Knöchel, verstauchtes Handgelenk an der Wurfhand und ein riesiges Spielfeld: Wohl nicht mehr die besten Voraussetzungen, um als Quarterback groß aufzuspielen.

Während ich mich medizinisch versorgen ließ, rettete mich die Halbzeit unseres Spiels, wie die Glocke am Ende der Runde einen am Boden liegenden Boxer. Fest entschlossen, das Spiel zu Ende zu bringen, ging ich zu Georg: „Ich spiele weiter."

Er war erleichtert. In meiner gesamten aktiven Zeit war ich immer im Einsatz, ich versäumte in zehn Jahren kein einziges Spiel,[63] war niemals krank und meine einzige Verletzung war gerade eben passiert. Georg hatte also noch nie die Gelegenheit gehabt, in einer Matchsituation Quarterback zu spielen. Er tat es im Training und war talentiert, aber ohne Spielpraxis aufs Feld zu müssen, und das auch noch während einer Champions Bowl, war schlicht eine unmögliche Aufgabe. Ich wollte weder meine Mannschaft im Stich lassen, noch ihn ins kalte Wasser werfen. Also spielte ich weiter.

Ich war nicht mehr mobil und meine Wurfkraft war aufgrund der Prellung des Handgelenks stark eingeschränkt, trotzdem schaffte ich es, irgendwie zu spielen. Für das Spiel gegen die Italiener war es allerdings „too little, too late". Wir gingen als Verlierer vom Platz. Etwas Gutes hatte meine Verletzung immerhin: Wir fanden als Mannschaft wieder zusammen. Mir war plötzlich klar, wie lächerlich unsere Auseinandersetzung vom Vorabend

---

[63]Stimmt nicht. Ein Spiel versäumte ich absichtlich, aber mehr dazu später.

gewesen war. Todd sah ein, dass ich es nicht böse gemeint hatte. Ich entschuldigte mich, wir umarmten uns und alles war wieder gut.

Zeit zum Verschnaufen hatten wir nicht, es wartete das Spiel gegen die Silkeborg Sharks, dem vermutlich zweitstärksten Gegner des Turniers. Eine Stunde und vier Interceptions später hatten wir die höchste Niederlage der Studs-Geschichte eingefangen. Ich war heillos überfordert gewesen. Die Kombination aus meiner Verletzung, der Enttäuschung, dass wir die Champions Bowl wohl wieder einmal abschreiben konnten, und dem erbarmungslosen Gegner machte das Spiel zu einer bitteren Erfahrung. Nach dem Schlusspfiff schlichen wir mit gesenkten Köpfen davon. Genauer gesagt: Ich humpelte davon, aber was machte das schon für einen Unterschied.

Ich suchte mir einen Sessel im Schatten und legte meinen Fuß hoch. Leider hatten wir noch zwei weitere Verletzungen zu beklagen: Todd hatte sich die Nase gebrochen und Heinz eine Rippe angeknackst. Verletzungen dieser Art sind Großteils Pech, die Häufung hatte allerdings mit der generell harten Gangart während des Turniers und den etwas zu toleranten, nach italienischen Regeln pfeifenden[64] Schiedsrichtern zu tun. Drei schwere Verletzungen an einem Tag mussten als eine absolute Seltenheit gelten. Und dass es nur eine Mannschaft traf, war einzigartig. Noch drei Mal mussten wir an diesem Tag aufs Feld. Also saß ich in meinem Sessel und wartete auf das unvermeidliche „Gemma Jungs, aufwärmen!"

Als ich es hörte, versuchte ich, aufzustehen. Mein erster Gedanke: „Wie um alles in der Welt soll ich bitte spielen?"

Ich war nicht einmal in der Lage, auf meinem linken Fuß aufzutreten, geschweige denn, einen schnellen Schritt zu machen. Während der vorherigen Spiele waren meine Muskeln noch warm gewesen, sodass ich die Auswirkungen meiner Verletzung weniger gespürt hatte. Der Weg zum Spielfeld war weit. Ich legte mit Sicherheit einen Rekord im Langsamgehen hin. Ich war

---

[64] Oder besser: nicht pfeifenden

nicht traurig, dass ich den Beginn des Aufwärmens verpasst hatte, doch mein Knöchel bereitete mir ziemliche Sorgen. Mitspieler und Gegner, die mich gehen sahen, blickten erstaunt herüber. Als meine Schmerzen etwas nachließen, erhöhte ich das Tempo von „Schnecke" auf „Schildkröte". Ich schnappte mir einen Ball und da kam das nächste große Problem ans Tageslicht. Mein Handgelenk. Auch dieses war noch nicht auf Betriebstemperatur. Mein erster Wurf fiel nach geschätzten fünf Metern wie ein Stein zu Boden. Georg, dem der Wurf gegolten hatte, schaute mich verwundert an, lief dann aber ohne Kommentar weiter. Auch mein nächster Wurf verfehlte sein Ziel um Längen. Tom fragte: „Alles okay?"

In Wahrheit war es keine Frage, eher ein dezenter Hinweis. „Mein Handgelenk ist wahrscheinlich geprellt", antwortete ich. „Ich hab ziemliche Schmerzen und kann nicht voll durchziehen."

„Hast du schon etwas genommen?"

Wieso hatte ich daran nicht selbst gedacht? Ich hatte doch Schmerztabletten dabei, falls meine Schulter nicht mehr mitspielen würde. Mit einem anderen Körperteil hatte ich sie einfach nicht in Verbindung gebracht! Ich schluckte schnell eine Tablette und versuchte, mich weiter aufzuwärmen. Zum Glück spielten wir nun gegen eine schwächere lokale italienische Mannschaft. Meine kurzen Pässe wurden länger, als die Wirkung des Schmerzmittels einsetzte. Sie reichten aus, um das Spiel sicher zu gewinnen. Auf diese Weise hatte ich einen Weg gefunden, um das Turnier fortzusetzen: Aufwärmen, aufwärmen, Tablette, aufwärmen. Diese Taktik funktionierte auch in den restlichen beiden Spielen und wir konnten sie für uns entscheiden.

Am Ende des Tages fragte ich Raffi: „Wann spielen wir morgen?"

„Die Halbfinalspiele starten um halb zehn."

„Okay, aber ich wollte wissen, wann unser Platzierungsspiel startet."

Er grinste: „Ich hab's doch gerade gesagt: Die Halbfinalspiele beginnen um halb zehn."

Plötzlich kapierte ich, was er mir sagte. Wegen der vielen Verletzungen hatte ich das Ziel des Turniers völlig aus den Augen verloren. Doch auf der Anzeigetafel stand es, schwarz auf weiß:
09:30 Avedøre Mammoths vs. Styrian Studs
Wir hatten es tatsächlich geschafft, uns als Vierter des Grunddurchgangs für das Halbfinale zu qualifizieren! Ich trommelte meine Mitspieler zusammen, um ihnen die freudige Mitteilung zu überbringen, dass wir am nächsten Tag noch einmal zwei Spiele in dieser unerbittlichen Hitze vor uns hätten. Die beiden anderen Verletzten hatten es nach einer nächtlichen Odyssee in ein Krankenhaus und schließlich kurz nach Mitternacht auch wieder zurück ins Quartier geschafft. Warum ich nicht mitgefahren bin, um mir meinen Knöchel untersuchen zu lassen, weiß ich nicht. Ich schlief schlecht, nicht aufgrund von Schmerzen oder der Nervosität, sondern wegen der Hitze. Im Zimmer herrschte eine Temperatur von 27 Grad. Meine ideale Schlaftemperatur liegt bei 16 Grad, 20 Grad sind schon grenzwertig, alles darüber wird schwierig. Als der Wecker läutete, hatte ich das Gefühl, dass ich soeben erst eingeschlafen war.

Der Morgen empfing uns mit einem wolkenlosen Himmel, heißen Temperaturen und einem nassen Spielfeld. Unser Lazarett wurde auf individuelles Aufwärmen umgestellt. Jeder tat, was sein Körper brauchte, um für das Spiel bereit zu sein. Die Mammoths hingegen spulten ihr professionelles Aufwärmprogramm ab, ich wartete nur mehr darauf, dass sie einen Haka aufführten. Eigentlich hatten wir keine Chance. Wir hatten fit gegen sie verloren und jetzt waren wir weit davon entfernt, bei vollen Kräften zu sein. Vielleicht stellten wir aber genau aus diesem Grund einen unberechenbaren und für die Mammoths unangenehmen Gegner dar. Wir gingen locker in den vermeintlichen Untergang – doch von Anfang an schien alles für uns zu laufen. Die Mammoths bekamen Probleme gegen unsere kämpferisch enorm stark spielende Defense[65] und ich konnte mit unserer Offense überra-

---

[65] Damit ist bewiesen, dass ich der Defense durchaus auch ein Lob aussprechen kann.

schende Scores erzielen. Wir spielten clever und in einer wichtigen Situation konnte sich Georg mit einem kaum merklichen und zumindest in Österreich grenzwertig legalen Block in Szene setzen und Qualle zu einem Touchdown verhelfen. Mit zunehmendem Spielverlauf wurden die Mammoths nervös. Eine Sensation lag in der Luft. Wir kämpften bis zum Umfallen. Wir gingen in Führung, die Mammoths konterten. Wir gingen wieder in Führung. Am Ende mussten wir einen vierten Versuch aus knapp sieben Metern für ein First Down verwerten, um zu gewinnen. Ich setzte auf eine Kombination aus Lieblingsspielzug und Tom, unserem robustesten Receiver. Die Dänen würden versuchen, das First Down mit allen ihnen zur Verfügung stehenden Mitteln zu verhindern und dabei sicher nicht zimperlich vorgehen. Tom war für diese Situation wie geschaffen. Ich traute ihm zu, diesen wichtigen Catch auch unter starker Bedrängnis zu machen. Mein Plan war allerdings zu offensichtlich. Auch die Mammoths wussten, was kommen würde. Als Tom seine Anspiel-Position erreichte, waren zwei Verteidiger zur Stelle. Ich musste stark bedrängt eine Alternative finden. Da sah ich Georg aus dem Augenwinkel. Er lief völlig frei Richtung gegnerische Endzone. Sein Verteidiger hatte auf den Pass zu Tom spekuliert und Georg allein gelassen. Ein Däne stürmte heran, doch ich schaffte es noch, den Ball über ihn weg zu Georg zu hieven. Der fing den Ball und spazierte in die Endzone.

Das Spiel war vorbei! Wir hatten das Finale der Champions Bowl erreicht. Ich schaute in dreißig fassungslose Gesichter und hätte nicht sagen können, wer überraschter war. Die Mammoths oder wir. Unentschieden, wahrscheinlich. Zum Jubeln fehlte uns die Kraft. Erschöpft ging ich vom Spielfeld, ließ mich auf eine Bank fallen und lagerte die Füße hoch. Die Schmerzen waren dem Adrenalin gewichen. Nun wusste ich, wie man eine dänische Topmannschaft besiegte. Man nehme eine angeknackste Rippe, eine gebrochene Nase, eine Prise Bänderriss, garnierte dies mit einem geprellten Handgelenk und schon ist alles kein Problem mehr. Und da soll noch jemand sagen, dass Psychologie im Mannschaftssport nicht existiert!

Wer hatte eigentlich das zweite Halbfinalspiel gewonnen? Ich blickte zur großen Anzeigetafel. Wer war unser Finalgegner? Natürlich der zweite dänische Vertreter, die Silkeborg Sharks! Das einzig Positive, was mir zu diesem Duell einfiel: Nach der Vorrundenpleite hatten wir noch eine Rechnung offen. Wir mussten noch einmal sämtliche Kräfte mobilisierten!

Das Finale wurde zu einer Defense-Schlacht mit wenigen Touchdowns. Keiner Mannschaft gelang es, mit der Offense den Ton anzugeben.[66] Wir lagen permanent im Rückstand, entscheidend Absetzen konnten sich die Dänen allerdings nicht. In der zweiten Halbzeit waren wir wieder einmal beim vierten und letzten Versuch angelangt und mussten in dieser Situation noch mehr als 20 Meter bis zur Endzone überwinden. Ich musste einen Spielzug auspacken, den wir viele Monate lang geübt, aber noch nie im Ernstfall umgesetzt hatten: „Es ist so weit", kündigte ich meinen Receivern an: „Wir spielen Volleyball."

Vier überraschte Blicke, dann ging jeder wortlos auf seine Position. Alle wussten, was zu tun war. Nach dem Beginn des Spielzugs warf ich den Ball schräg nach hinten zu Georg, der bei „Volleyball" als zweiter Quarterback agierte. Er sollte den Ball zu Qualle werfen, der sich ein paar Meter vor der gegnerischen Endzone positioniert hatte. Qualle durfte den Ball allerdings nicht fangen, sondern sollte ihn in hohem Bogen in die Endzone weiterleiten. Dieses „Abfälschen" sollte die Gegner überraschen. Mit etwas Glück würde ein anderer Studs-Spieler den Ball in der Endzone fangen und einen Touchdown erzielen. So viel zur Theorie.

Praktisch war der Spielzug für mich vorbei, als Georg der Ball etwas aus der Hand rutschte und er ihn Richtung Seitenauslinie warf. Ich sah dem Ball hinterher, der sicherlich außerhalb des Spielfelds landen würde. Doch da passierte etwas Unerwartetes: Mit einer nicht für möglich gehaltenen Athletik sprang Qualle über die Seitenauslinie und schaffte es, den Ball zurück ins Spielfeld Richtung Endzone zu bugsieren, bevor er selbst den

---

[66] Ich sagte nichts. Mittlerweile wurde sogar mir der Witz mit dem großen Feld zu blöd.

Boden berührte. Wie so oft bei diesem Turnier stand Tom goldrichtig und fing den Ball zum Touchdown. Die Dänen waren außer sich und protestierten wütend bei den italienischen Schiedsrichtern. Sie zweifelten die Regelkonformität unseres Spielzugs an. Die Italiener blieben aber bei ihrer Entscheidung. Touchdown Studs. Wir hatten die Führung übernommen.

Ein Pfiff des Hauptschiedsrichters kündigte die letzten zwei Spielminuten an. Den Sharks blieb nur noch eine Angriffsserie, um die Führung zurückzuerobern und uns den Sieg aus den Händen zu reißen. Mühevoll erzielten sie das First Down. Es folgten zwei Versuche, die wenig Raumgewinn brachten. Ihr vorletzter Versuch startete knapp hinter der Mittellinie. Sie hatten noch über 25 Meter vor sich. Es waren die entscheidenden Sekunden der Champions Bowl. Genau in diesem Moment holten uns unsere Verletzungen ein. Der dänische Quarterback entwischte Heinz, der aufgrund seiner Verletzung nur noch als Blitzer eingesetzt werden konnte, und warf einen langen Pass. Heinz war durch seine angeknackste Rippe beeinträchtigt und einen Schritt zu langsam gewesen. Nächster Spielzug: Touchdown Sharks. Wir hatten in letzter Sekunde verloren. Die Champions Bowl ging erneut nach Dänemark.

Wenn mir jemand vor dem Turnier den zweiten Platz prophezeit hätte, hätte ich mich gefreut. Nach den Verletzungen von Todd, Heinz und mir hätte ich dieses Ergebnis keinesfalls noch für möglich gehalten. Doch wenn man im Finale ganz knapp scheitert, kann es nur eine Gefühlsreaktion geben: bittere Enttäuschung. Minutenlang saßen wir nur auf dem Boden und starrten vor uns hin. Erst zur Siegerehrung rafften wir uns auf. Nachdem wir die Trophäe für den zweiten Platz erhalten hatten, sorgte ich für ein letztes Highlight: Ich musste der emotionalen und körperlichen Anstrengung der letzten Tage Tribut zollen und mich vor sämtlichen Turnierteilnehmern herzhaft übergeben.

Später wich meine Enttäuschung einem riesigen Stolz: Die Defense hatte uns trotz der Verletzungen zweier Schlüsselspieler gegen die stärksten Mannschaften Europas im Spiel gehalten. Heinz und Todd hatten keine Sekunde lang daran gedacht, das Turnier zu beenden. Trotz all dieser Widrigkeiten hatten wir unser bisher bestes Ergebnis bei einer Champions Bowl erzielt.

Das geplante Rom-Sightseeing nach der Champions Bowl fiel zum größten Teil ins Wasser. Wir schleppten uns zwar zu ein paar Sehenswürdigkeiten, in Wahrheit wollten wir jedoch schleunigst wieder nach Hause, um uns von den Strapazen zu erholen und in der österreichischen Meisterschaft durchzustarten. Offiziell waren wir jetzt die zweitbeste Mannschaft Europas, in Österreich hatten wir aber seit drei Jahren keinen Titel gewonnen. Das wollten wir ändern. Und für mich gab es vorher auch noch die Weltmeisterschaft in Ottawa.

Göteborg, Samstag 18. August 2012

Für viele Mannschaften stehen die Platzierungsspiele auf dem Programm. Nicht für uns. Zum ersten Mal habe ich bei einem internationalen Turnier einen spielfreien Tag. Erst am vierten und letzten Tag werden die Medaillen ausgespielt. Es fühlt sich eigenartig an, mitten in einem großen Turnier einen Regenerationstag zu haben, ungelegen kommt er mir nicht. Ich schwimme auf der Euphoriewelle des Vortages. Die Erinnerungen an meinen ersten Sieg gegen das dänische Nationalteam zaubern mir ein Lächeln auf die Lippen. Mein rechter Oberarm und meine Schulter schmerzen gehörig, aber das beunruhigt mich nicht. Der Ruhetag, Adrenalin und eine Schmerztablette werden sicherlich dafür sorgen, dass ich am Finaltag fit bin.

Ich weiß nicht recht, was ich mit der freien Zeit anfangen soll, aber wie immer haben die Coaches einen Plan. Mir ist alles recht, was nicht einer Trainingseinheit ähnelt. Den Coaches ist bewusst, dass wir Ablenkung benötigen, um uns später noch einmal voll fokussieren zu können. Sie schlagen eine Bootsrundfahrt vor. Die Kombination aus Wasser und Großstadt hat für mich immer einen großen Reiz. Wir fahren durch kleine Kanäle und auf den Fluss Göta älv, der ins Kattegat mündet, ein Meeresgebiet zwischen Jütland (Dänemark) und der schwedischen Westküste. Manche Brücken sind so niedrig, dass wir uns flach auf das Boot legen müssen, um darunter durchfahren zu können. Ich genieße die Fahrt, meine Gedanken mit einem Mal weit weg von dem, was mich morgen erwartet. Gegen Ende der Bootsfahrt beginnt es zu regnen. Wir schaffen es gerade noch zurück ins Quartier, bevor der Regen stärker wird.

Göteborg, 18. August 2012

Nachmittags beginnt die Vorbereitung für das Halbfinalspiel gegen Mexiko. Die Defense trifft sich mit Coach Dize, Coach Vonasek leitet das Offense-Meeting. Während einer Videoanalyse schauen wir uns Szenen aus mehreren Spielen unseres Gegners an. Wir müssen ein Gefühl dafür bekommen, welche Defense-Varianten unser Gegner spielt, und analysieren einzelne Spieler genauer. In diesem Fall ist die Videoanalyse überraschend einfach: Die Mexikaner scheinen eine insgesamt gute und schnelle Mannschaft zu sein, aber ein Spieler sticht hervor. Schon zu Beginn unseres Meetings lenkt Coach Vonasek unsere Aufmerksamkeit auf ihn. Coach Dize wird ihn später als „Hydranten" bezeichnen. Vonasek sagt: „Schaut Euch Nummer 15 an, der bewegt sich nicht!"

Beim ersten Spielzug, den wir uns ansehen, kann ich nicht erkennen, was er damit meint. Einen kurzen Pass in seine Richtung verteidigt er ordentlich. „Was meinst du damit?", frage ich.

„Wart's ab."

Der nächste Spielzug sieht ganz ähnlich aus. Ein kurzer Pass, Nummer 15 verteidigt. Stumm schaue ich weiter zu, und jetzt sehe ich es auch: Der kanadische Quarterback[67] wirft einen weiten Pass auf die rechte Seite, der erst im letzten Moment abgewehrt werden kann. Interessanter ist aber, was währenddessen links passiert. Dort läuft der kanadische Receiver ebenfalls kerzengerade Richtung Endzone, der Quarterback hätte sowohl nach rechts als auch nach links werfen können. Und hätte sich für die linke Seite entscheiden sollen. Denn die Nummer 15 reagiert viel zu langsam und liegt schnell mehrere Schritte hinter dem kanadischen Receiver.

Coach Vonasek zeigt uns zwei weitere Sequenzen. Sie offenbaren dasselbe Muster. Unser „Hydrant" reagiert zu spät auf weite Pässe. Darum einigen wir uns auf folgende Taktik: Wir wollen mit weiten Pässen auf der Seite des Hydranten punkten. Unsere Receiver Michael Terzer und Bernie Theissl scheinen mit ihrer Schnelligkeit dafür prädestiniert zu sein, sich gegen den Hy-

---

[67] Wir schauen uns das Vorrundengruppenspiel Mexiko gegen Kanada an.

dranten durchzusetzen. Dabei ist jedoch Vorsicht geboten. Wir können schließlich nicht jeden Spielzug darauf auslegen, einen Touchdown gegen Nummer 15 zu erzielen. Ich werde versuchen müssen, die Pässe gleichmäßig zu verteilen. Je länger die Mexikaner nicht bemerken, was wir vorhaben, desto größer ist unser Vorteil. Eine andere nennenswerte Schwäche in der Verteidigung der Mexikaner können wir nicht entdecken.

Für mich bedeutet die Taktik eine Umstellung, da es gegen starke Gegner normalerweise schwierig ist, mit weiten Pässen zum Erfolg zu kommen. Meistens ziele ich darauf ab, mit mehreren kurzen und sicheren Bällen über das Feld zu gelangen, nur selten streue ich lange Pässe ein.

Die Defense mit Coach Dize ist optimistisch, das schnelle Spiel der Mexikaner zumindest verlangsamen zu können. Es wird ein Spiel mit vielen Touchdowns und vielen Punkten werden, das ist klar. Es fühlt sich so an, als ob der größere Druck auf der Offense und somit auf mir liegt. Wenn ich die vereinbarte Taktik nicht umsetzen kann, sind wir chancenlos.

Als nächstes nehmen wir die Spielweise der USA in Augenschein. In Bezug auf die Dänen, die das zweite Halbfinale gegen die USA bestreiten, brauchen wir uns nicht noch einmal speziell vorzubereiten. Gegen die USA jedoch habe ich noch nie gespielt. Nur am Rande habe ich ein wenig von ihrer Spielanlage mitbekommen, eine Spielanlage, wie wir sie in Europa nicht kennen. In der Offense marschieren sie meistens mit wenigen Spielzügen über das gesamte Feld. Sie halten sich nicht lange mit kurzen Pässen auf. Fast immer gelingt es ihnen, mit weiten Pässen die Endzone zu erreichen. Ihre Defense ist darauf ausgelegt, genau diese zu verhindern. Auch die Videoanalyse der USA ist überraschend einfach: Hier würden wir mit langen Würfen keinesfalls punkten. Wenn wir gegen sie antreten, müssen wir versuchen, mit sicheren Bällen fehlerlos übers Feld zu marschieren und sie damit zu zermürben. Außerdem nehme ich mir vor, das Spiel künstlich zu verkürzen, indem ich mir vor jedem Spielzug Zeit lasse. Je weniger Spielzüge gespielt werden, desto eher können wir mit ihnen

mithalten, denke ich, da es ihnen wohl schwerfallen würde, einen
großen Vorsprung herauszuholen.

25 Weltmeisterschaft

Nachdem ich von jener verletzungsintensiven Champions Bowl zurückgekehrt war, galt mein erster Anruf Coach Vonasek: „Coach, ich habe eine schlechte Nachricht!"
„Was ist los?"
„Ich habe mir eine Bänderverletzung im Knöchel zugezogen."[68]
„Kannst du spielen?"
Gute Frage! Ich war mir nicht sicher. Die Weltmeisterschaft 2010 sollte nur wenige Wochen später stattfinden.
„Das geht schon", hörte ich mich sagen.
„Ist gut, aber schau, dass du dich bis zur WM schonst. Wir können es uns nicht leisten, dass du ausfällst."
„Alles klar, ich halte dich auf dem Laufenden."
Ich hatte wohl deutlich mehr Zuversicht ausgedrückt, als angebracht war. An meinem Fuß war vor lauter Schwellung kein Knöchel zu sehen, und ich konnte nicht normal auftreten, ans Laufen war gar nicht zu denken. Aber schließlich hatte ich in Rom trotz der akuten Verletzung bis zum Schluss durchgehalten. In einigen Wochen wäre ich bestimmt wieder voll einsatzfähig, redete ich mir ein. Doch ich war nicht ganz ehrlich gewesen, damit fühlte ich mich unbehaglich. Vonaseks Worte, das Team könne sich meinen Ausfall nicht leisten, stimmten mich nachdenklich. Ich war in einer Zwickmühle. Einerseits wollte ich nicht riskieren, während der Weltmeisterschaft auszufallen. Dann würde Patrick Bründl meine Rolle übernehmen müssen und wir hätten weder einen Ersatzquarterback noch einen zusätzlichen Ersatzspie-

---

[68] Mein verstauchtes Handgelenk „vergaß" ich zu erwähnen.

ler in der Offense. Bei einer weiteren Verletzung wären wir nicht mehr konkurrenzfähig und alle Vorbereitungen umsonst gewesen sein. Andererseits war ich mir sicher, der beste Quarterback Österreichs zu sein, darum war ich von den Coaches nominiert worden. Mit mir hätte das Nationalteam also die besten Chancen. Fazit: Ich musste alles daransetzen, um so schnell wie möglich wieder fit zu werden. Auch wenn ich es nicht auf 100 Prozent meiner Leistungsfähigkeit bringen würde, dachte ich, wäre ich noch immer die beste Option für das Team. Ich entschied, auf jeden Fall nach Kanada zu fliegen, ob vollständig genesen oder nicht.

Damit ich möglichst wieder bei vollen Kräften sein konnte, ging ich sofort nach der Rückkehr aus Rom zu einem Sportarzt. Vier Tage waren seit der Verletzung vergangen, in sechs Wochen würde die Weltmeisterschaft starten. Kurz zusammengefasst zeigte er sich optimistisch, dass ich bis dorthin wieder fit sein würde. Und er hatte drei Tipps für mich: schonen, schonen, schonen. Das tat ich dann auch. Ich schmierte Salben auf den geschwollenen Knöchel, zog einen Stützstrumpf an und versuchte, das Bein so wenig wie möglich zu belasten. Meine Handgelenksprellung erwies sich als nicht so schlimm, ich konnte zumindest rasch wieder einen Football normal werfen.

Am Anfang hatte ich das Gefühl, dass sich mein Knöchel jeden Tag gleich anfühlte. Nach drei Wochen wurde es langsam besser und ich konnte wieder mit einem leichten Lauftraining beginnen. Ich war zuversichtlich, in Ottawa ohne Einschränkungen spielen zu können.

In den Gesprächen mit Coach Vonasek fühlte ich mich im Jahr 2010 deutlich mehr auf Augenhöhe. Er bezog mich mehr und mehr in die taktische Planung mit ein, und ich ging mit meinen Wünschen und Anregungen offener auf ihn zu. Wir wussten beide, dass die Offense zu 100 Prozent auf mich zugeschnitten sein musste, um den größtmöglichen Erfolg zu haben. Das hatte nichts mit Eitelkeit zu tun, sondern damit, dass jeder Quarterback Stärken besaß, die es auszunutzen galt, und Schwächen, die man kaschieren musste. Der beste Spielzug war nutzlos, wenn ich den geforderten Wurf nicht zusammenbrachte oder mich dabei nicht wohl fühlte.

2009 war im Nationalteam noch ein Lehrjahr gewesen, 2010 legten wir die Basis für zukünftige Erfolge. Altbestände, mit denen ich nichts anfangen konnte, fielen raus und wurden durch neue Spielzüge ersetzt. Ich baute sogar ein paar Studs-Spielzüge ein.[69] Noch wichtiger war der Offense-Kader, der sich 2009 und 2010 bildete: Bernie Theissl, Michael Terzer und Patrick Bründl von den Indians, sowie Tom und ich von den Studs bildeten den Kern der Offense, der jahrelang nahezu unverändert zusammenspielen würde. Die zunehmende Vertrautheit mit Spielzügen und Mannschaftskollegen half mir gewaltig, die Vorbereitung war bis zu meiner Verletzung in Rom sehr vielversprechend gelaufen.

Als ich im August 2010 in Toronto aus dem Flugzeug stieg, war mein Knöchel erneut geschwollen. Knapp zehn Stunden Flug zollten ihren Tribut.

„Na bravo, guter Start", dachte ich mir. Und vor uns lag noch eine fünfstündige Busfahrt nach Ottawa. Auf dem Weg zum Bus achtete ich darauf, nicht zu humpeln. Ich hätte nicht gewusst, was mit der Moral der Mannschaft passiert wäre, wenn ich meinen Knöchel vorgeführt hätte. Daher setzte ich mich alleine in eine Reihe, lagerte den Fuß möglichst unauffällig hoch und nutzte die Busfahrt, um mich mental auf die kommenden Aufgaben einzustimmen. Die Weltmeisterschaft in Ottawa war das erste Flagfootball-Turnier, dass ich außerhalb Europas bestritt. Ich freute mich auf mein erstes Spiel gegen ein nordamerikanisches Team im Laufe meiner ersten Weltmeisterschaft. Wir mussten in der Vorrunde gegen Italien, Kanada, Deutschland und Schweden antreten. Zwei Siege sollten für die Viertelfinal-Qualifikation reichen, eine machbare Aufgabe und unser Mindestziel. Ab dem Viertelfinale war vieles möglich, damit wollte ich mich noch nicht

---

[69] Nur wenige, denn ich konnte nicht alle meine Lieblingsspielzüge verraten. Schließlich wollte ich mit den Studs die Staatsmeisterschaft gewinnen.

beschäftigen. Tom und ich bezogen gemeinsam ein Zimmer. Ich betrachtete noch einmal heimlich meinen Knöchel und fiel ins Bett.

Der nächste Tag war geprägt von einem leichten Training, regenerieren und ein bisschen Sightseeing im Zentrum von Ottawa. Meinem Knöchel ging es nun wieder besser. Einem erfolgreichen Turnierstart sollte nichts im Wege stehen.

Der erste Gruppengegner, Schweden, war kein harter Brocken. Es war ein Aufwärm-Spiel, das wir sicher gewannen, genau wie ich es mochte. Als zweiter Gegner wartete mit Kanada schon ein anderes Kaliber. Kanada war eine Art amerikanische Variante der Franzosen. Beide Teams verfügten über starke Spieler, konnten ihre individuelle Klasse jedoch nie hundertprozentig auf dem Spielfeld umsetzen. Sie spielten aus meiner Sicht ein bisschen planlos und waren taktisch schlecht auf ihre Gegner vorbereitet. Trotzdem gelang es den Kanadiern zu dieser Zeit immer wieder, um die Medaillen mitzuspielen. Das lag vor allem daran, weil die Spieler das Footballspielen im Blut oder zumindest in jungen Jahren gelernt hatten und dadurch einen Startvorsprung gegenüber Nationen wie Dänemark oder Österreich besaßen. Die US-Mannschaft war auch von starken Spielern geprägt, kümmerte sich ebenfalls nicht darum, was die Gegner taten, aber sie waren den Kanadiern taktisch überlegen. Unser Ansatz, und der der Dänen, war hingegen ein ganz anderer. Wir waren gute Einzelspieler, aber viel stärker waren wir als Kollektiv. Wir versuchten jeweils, das Beste aus unseren Fähigkeiten herauszuholen und analysierten die gegnerischen Teams gründlich per Video. Bei jedem Turnier hatten wir immer jemanden dabei, der die Spiele unserer potentiellen Gegner filmte. So konnten wir uns auf die gegnerische Defense einstellen und wussten, wer ihre besten Spieler waren. Keine andere Mannschaft betrieb hier einen ähnlichen Aufwand wie die Dänen und wir. Gerade für mich als Quarterback war es wichtig, vorab zu sehen, welche Defense-Varianten der nächste Gegner bevorzugte und wie stark die einzelnen Spieler am Video aussahen. So konnte ich mir überlegen, auf welcher

Position wir Vorteile besaßen und welche Spielzüge gut funktionieren würden.

Nachdem bei meinem ersten Nationalmannschafts-Auftritt in Belfast noch alles neu und spannend gewesen und ich mit wenig Erwartungen ins Turnier gegangen war, fühlte es sich diesmal anders an. Nun wurde meine Angst vor schlechten Leistungen auch im Nationalteam größer. Mein Zustand war noch nicht ganz FBK-würdig, aber als locker hätte ich mich auch nicht mehr bezeichnet.

„You can lose with me, but you cannot win without me": Ein Spruch, der Terry Bradshaw, dem legendären Quarterback der Pittsburgh Steelers, zugeschrieben wurde, fiel mir sowohl in meiner Studs- als auch in meiner Nationalteamkarriere oft ein. Nicht aus Überheblichkeit, die man Bradshaw vielleicht unterstellen konnte, sondern weil ich versuchte, mir den Druck zu nehmen, den ich mir selbst auferlegte. Die Position des Quarterbacks war die einzige, bei der man sich nicht im Geringsten verstecken konnte. Spielte der Quarterback schlecht, konnte die Mannschaft nicht gewinnen. Immer wieder plagten mich deshalb Versagensängste. Ich wusste nicht, wie Spieler auf anderen Positionen mit ihrer Nervosität umgingen oder wie nervös sie überhaupt waren. Ich vermutete, dass jeder vor wichtigen Spielen angespannt war, aber wenn ein Receiver einen schlechten Tag hatte, musste das keine drastischen Auswirkungen auf das Ergebnis der Mannschaft haben. Erschwerend kam hinzu, dass beim Flagfootball erwartet wurde, dass die Offense bei jeder Angriffsserie einen Touchdown erzielte. Jedes Mal, wenn die Offense von der Defense gestoppt wurde, war das ein großer Erfolg für die verteidigende Mannschaft. Wenn eine Defense ein ganzes Spiel über schlecht spielte, jedoch bei zwei Spielzügen eine Interception machte, konnte das den Sieg bedeuten. Die Offense hingegen musste fehlerlos einen Touchdown nach dem anderen hinlegen. Manchmal wünschte ich mir deshalb, in der Defense zu spielen, dort würde, dachte ich, der Spaß am Spiel stärker im Vordergrund stehen. In der Defense hatte man weniger zu verlieren. Fast wie der Tormann beim Elfmeter. Als Quarterback war ich bezüglich Nervosität und Anspannung dagegen auf dem höchstmöglichen Level. Mit „You can lose with me, but you cannot win without me" versuchte ich, mir den Druck etwas zu nehmen, indem ich die positive Rolle des Quarterbacks betonte. Gelungen ist es mir leider selten, der Druck wurde stärker und stärker.

Vielleicht war es gerade die fehlende Leichtigkeit, die dazu führte, dass wir trotz sehr guter Vorbereitung und hoher Erwartungen weder gegen die Kanadier noch gegen die Italiener im nächsten Spiel gewinnen konnten. Gegen den amtierenden Weltmeister Kanada ging eine knappe Niederlage in Ordnung. Die Niederlage gegen Italien stellte eine Enttäuschung dar. Coach Vonasek meinte nach dem Spiel, man merke, dass ich nicht ganz fit sei. Damit schob er die Verantwortung in meine Richtung. Er hatte recht. Ich spielte nicht gut. Doch während der Spiele fühlte ich mich weder durch meinen Knöchel noch durch mein Handgelenk beeinträchtigt. Das Spiel war ein klassisches Beispiel für die Regel „Quarterback spielt nicht gut – Mannschaft verliert". Dieser Zusammenhang hinterließ langsam aber sicher Spuren. Mit einem Sieg gegen Deutschland retteten wir uns schließlich noch ins Viertelfinale, wo der Gegner am nächsten Tag Dänemark hieß.

Für den, der an Götter glaubte, war das Ergebnis schon vorbestimmt. Die Dänen hatten am Vorabend wohl Thor angebetet, denn die ganze Nacht über ließ er unerbittlich seinen Hammer in Ottawa nieder. Ich hatte selten ein so heftiges Gewitter erlebt. Auch interkulturell waren die Dänen gut bewandert, denn zu Thor gesellte sich der Regengott der Maya, Chaac. Die beiden hatten mächtig Spaß miteinander, der Regen fiel unaufhörlich und auch das Gewitter schien kaum Pause zu machen. Als ich in der Früh aufwachte, hatten die Götter ihr nächtliches Werk, dessen Spuren überall deutlich zu sehen waren, beendet. Der Finaltag der Weltmeisterschaft wurde zu einer Schlammschlacht.

Nach dem Frühstück führte mich mein erster Weg zum Spielfeld. Es sah katastrophal aus. Der Boden war weich und stand teilweise unter Wasser. Wer würde sich besser auf diese schwierigen Bedingungen einstellen können? Kurz bevor wir das Aufwärmen beginnen sollten, entschied sich Zeus, weit entfernt einen

Blitz auf die Erde zu werfen. Nicht mehr war zu sehen als ein leichtes Aufflackern am Horizont, aber das reichte aus, um die nordamerikanische Vorgehensweise bei Gewittern kennenzulernen. Die Regel lautete, dass bei Blitzschlag für mindestens 30 Minuten keine Sportveranstaltung erlaubt war. Ich war bei Gewittern auch eher vorsichtig, aber diese Regel kam mir seltsam vor. Wir wurden also vom Spielfeld zurückbeordert.

„Was ist los?", fragte ich den ersten Offiziellen, den ich sah.

„Es hat geblitzt", war seine knappe Antwort.

„Ja, schon", sagte ich, „aber der Blitz war ganz hinten am Horizont und das Gewitter zieht eindeutig von uns weg!"

„Aber es hat geblitzt!"

„Ich weiß, aber ...", setzte ich noch einmal an.

„Ein Blitz bedeutet 30 Minuten Spielunterbrechung", konstatierte der Offizielle und wandte sich ab.

Alles klar! Ich verbrachte die nächsten Minuten damit, in die Ferne zu schauen. Würde ich am Horizont erneut ein Aufflackern erkennen? Nach etwa fünfzehn Minuten blitzte es wieder. Die Ankündigung der Organisatoren ließ nicht lange auf sich warten: „Spielbeginn frühestens in 30 Minuten!"

Nach einer guten Stunde Verzögerung waren sich schließlich alle einig, dass es seit einer halben Stunde nicht mehr geblitzt hatte. Unser Viertelfinale konnte endlich beginnen. 60 Minuten später wünschte ich mir, dass das Gewitter den ganzen Tag über angedauert hätte, mit reichlich Blitzen, Donnergrollen und gerne auch etwas Hagelsturm. Denn das Spiel war ein einziges Desaster. Die Dänen agierten gewohnt stark, wir schwächelten. Vor lauter Frust stritt ich heftig mit dem britischen Schiedsrichter, weil er einen Spielzug, den wir schon dutzende Male gespielt hatten, als nicht regelkonform bewertete. Am Ende gingen wir mit einer bitteren 14:33 Niederlage vom Platz. Wir waren chancenlos und wären es auch bei besten Verhältnissen und den besten Schiedsrichtern gewesen. Die Dänen verloren im Finale gegen die USA, wir waren am späteren Vizeweltmeister gescheitert. Wie in Belfast waren uns die Dänen deutlich überlegen gewesen. Österreich 0, Dänemark 2.

Nach der Viertelfinalniederlage warteten die Platzierungsspiele auf uns. Ich war kurz davor, zu sagen: „I didn't come here to play for fifth place."

Es folgte ein motivationsloser Sieg gegen Japan und das Spiel um Platz 5 gegen Deutschland. Unser Lieblingsnachbar als Gegner war eigentlich gut für die Motivation – und dennoch erlitten wir eine mir bis heute unerklärliche 7:13 Niederlage. In keinem meiner vielen hundert Spiele erzielte die Offense nur sieben Punkte. Und das war nicht einmal die ganze Wahrheit. Denn ich selbst war in diesem Spiel für exakt 0 Punkte[70] verantwortlich. Coach Vonasek nahm mich in der zweiten Halbzeit aus dem Spiel, völlig zurecht. Unser einziger Touchdown wurde von Patrick Bründl geworfen. Das Spiel war, abgesehen vom letzten Spielzug gegen Frankreich in Belfast, somit auch das einzige, dass ich unfreiwillig nicht zu Ende spielte. Der unrühmliche Abschluss einer völlig verkorksten Weltmeisterschaft. Bei der letzten WM war Österreich nur zehnter geworden, doch damit wollte ich unseren sechsten Platz keinesfalls schönreden. Ottawa war ein Schritt zurück, der schwer zu verdauen war.

---

[70] In Worten: Null.

26 Endlich Staatsmeister

Die Enttäuschung über das schlechte Abschneiden bei der Weltmeisterschaft 2010 saß tief. Es fiel mir schwer, mich für eine neue Aufgabe zu motivieren. Müde und emotional ausgelaugt schleppte ich mich zum Training der Studs. Doch als ich in die erwartungsfrohen Augen meiner Teamkollegen sah, fiel es mir wie Schuppen von den Augen: Wie konnte ich es mir nur erlauben, keine Begeisterung für die kommenden Aufgaben zu versprühen? Die Studs waren meine sportliche Basis, meine Heimat für mehr als elf Monate im Jahr. Ich hatte es ins Nationalteam geschafft, weil wir bei den Studs konsequent trainiert und meine Mannschaftskollegen mich bei jedem Training gefordert hatten. Das Nationalteam war Lohn und Highlight, doch für alle außer mir und Tom war die Flag Bowl das Nonplusultra!

So stürzten wir uns also in die Vorbereitung und intensivierten das Training. Ich holte neue Spielzüge aus der Schublade, die ich extra für die Flag Bowl entwickelt hatte, und ich baute auf jemanden, mit dem ich die Indians überraschen wollte: Martin Etschmaier. Martin war erst im Sommer über den USI-Kurs zu uns gestoßen, seine Athletik machten ihn jedoch in kurzer Zeit zu einer Geheimwaffe. Er war noch dabei, alle Spielzüge kennenzulernen und wir versuchten intensiv, seine Fangtechnik zu verbessern. Für eine Hauptrolle in der Offense war es noch zu früh, aber er hatte eine Gabe, die man nicht lernen konnte: Enorm schnell geradeaus laufen.[71] Wir einigten uns darauf, dass er bei der Flag Bowl nur wenige Spielzüge spielen und dabei immer nur gerade-

---

[71] Oder wie die Amerikaner gerne sagen: „You can't teach speed!"

aus Richtung gegnerische Endzone sprinten würde. Idealerweise würde er dabei den einen oder anderen Touchdown erzielen.

Für das letzte Training vor der Flag Bowl ließ ich mir etwas Besonderes einfallen. Seit einiger Zeit war ich ein Fan der TV-Serie „Friday Night Lights", die von einer texanischen High-School-Footballmannschaft handelte. Vor jedem Spiel motivierte deren Coach die Spieler mit einem besonderen Schlachtruf: „Clear eyes, full hearts, can't lose": Wenn man fokussiert („clear eyes") und mit vollem Herzen („full hearts") bei der Sache ist, wird man immer gewinnen („can't lose"), selbst wenn die Anzeigetafel nach dem Spiel etwas anderes sagt. Mir gefiel dieser Spruch und als ich so über ihn nachdachte, hatte ich die Idee für einen Schlachtruf, den ich den Studs bei diesem Training näherbrachte. Als Kapitän traf ich mich vor jedem Spiel mit dem Hauptschiedsrichter zum Münzwurf, der entschied, welche Mannschaft zuerst mit der Offense aufs Feld durfte. Sobald ich vom Münzwurf zurückkehren würde, sollten meine Teamkollegen zu klatschen beginnen. Erst langsam, dann immer lauter und schneller. Wenn sie nicht mehr lauter konnten, würde ich „Green hearts!" rufen (denn unsere Teamfarbe war grün) und das Team sollte mit „Can't lose!" antworten. Ich musste ein wenig Überzeugungsarbeit leisten, um die Kollegen von meiner Idee zu begeistern. Schlussendlich gelang es mir und „Green hearts, can't lose!" wurde zu unserem ganz persönlichen Motivationsschlachtruf.

Und dann standen wir erneut zu den Klängen der österreichischen Bundeshymne in der Mitte des Footballfelds auf der Ravelinstraße in Wien. Uns gegenüber hatten die Spieler der Klosterneuburg Indians Aufstellung genommen, viele davon meine Nationalteamkollegen, dazu Coach Vonasek und Coach Dize. Wir waren wieder Gegner. Sowohl die Indians als auch wir hatten unsere Halbfinalspiele deutlich gewonnen.

Die Indians waren hungrig. Nachdem sie vier der ersten fünf Titel geholt hatten, waren sie seit ihrer überraschenden Niederlage 2006 gegen uns leer ausgegangen. Wir selbst warteten seit 2007 auf den Titel.

Beide Mannschaften begannen nervös. Nach zwölf Minuten waren es die Indians, die den ersten Touchdown erzielten. Im Gegenzug verhalf uns ein langer Pass zum Ausgleich. Martin Etschmaier hatte ich nicht sofort einsetzen wollen, und so war es Tom, der die Indians-Defense überlief und für die ersten Punkte sorgte. Im nächsten Spielzug unterlief Patrick Bründl, meinem Nationalteam-Backup-Quarterback, ein Fehler. Er konnte nicht gleich eine Anspielstation finden und musste dem Blitzer ausweichen. Unmittelbar danach warf er eine Interception. Wir gingen in Führung. Die Indians glichen postwendend aus. Jetzt war noch eine Minute in der ersten Halbzeit zu spielen, Zeit, unsere Geheimwaffe auszupacken. Martin lief zum ersten Mal aufs Spielfeld, sprintete los und fing einen perfekten Pass von mir zum Touchdown. Es war genauso gelaufen, wie wir es geplant hatten. Den Zeitpunkt seines Einsatzes hingegen hatte ich in den Sand gesetzt, denn den Indians gelang es, noch vor der Halbzeit zum 19:19 auszugleichen. Martins Touchdown hatte also nichts gebracht.

Das Zeitmanagement am Ende der Halbzeit und am Ende des Spiels ist ein wichtiger Aspekt. Mein Ziel vor der Halbzeit war immer, als Letzter mit der Offense am Feld zu sein. So konnte man es im besten Fall schaffen, dass die gegnerische Mannschaft in Summe einen Ballbesitz weniger hatte. Jede Mannschaft hat im Schnitt sechs- bis achtmal die Möglichkeit, in maximal acht Spielzügen einen Touchdown zu erzielen. Ein Ballbesitz mehr bedeutete einen Vorteil von etwa 15 Prozent. Auch in der NFL ist das Zeitmanagement ein großes Thema, Coaches passieren dabei immer wieder haarsträubende Fehler. Es geht mittlerweile sogar soweit, dass – nicht ganz ernst gemeint – Kommentatoren vermuten, jeder 12-Jährige, der das Football-Videospiel Madden NFL spielte, bessere Entscheidungen als so mancher Coach treffen könne. Im Flagfootball ist das Thema nicht ganz so komplex, aber nicht minder wichtig. Auch das Zeitmanagement übernahm ich selbst und ich glaube, dass es kaum jemanden gab, der diesen Aspekt des Spiels besser im Griff hatte. Normalerweise. Es war für mich eine Mischung aus viel Training, wir übten diese

Situationen ständig, meinen Multi-Tasking-Fähigkeiten und vielleicht ein bisschen Madden NFL spielen. Den perfekten Einsatz eines Timeouts, die richtige Geschwindigkeit, in der gespielt werden musste, um die Zeit bestmöglich zu nützen und die Auswahl der richtigen Spielzüge waren keine leichte Aufgabe. Kleine Fehler konnten zum Verlust von wertvollen Sekunden führen und in knappen Spielen über Sieg und Niederlage entscheiden. Ich hoffte, dass mein Fehler in der Flag Bowl keine Auswirkung auf das Endergebnis hatte.

Zu Beginn der zweiten Halbzeit wählte ich erneut einen Spielzug, den wir speziell für die Flag Bowl vorbereitet hatten. Beim vierten Versuch, kurz vor der Mittellinie, erwartete mittlerweile fast jede Mannschaft in Österreich, dass wir „Cowboys" spielten. Die „Inspiration"[72] für diesen Spielzug hatte ich mir wieder einmal von der NFL geholt, genauer gesagt von den Dallas Cowboys, daher der Name. Die Grundidee war, dass die beiden inneren Receiver eine kurze Out-Route Richtung Seitenlinie laufen. Typischerweise entschied ich bereits vor dem Start des Spielzugs zu wem ich passen würde, je nach Aufstellung der Defense. Sobald mir der Center den Ball übergab, rannte ich auf die gewählte Seite und spielte einen kurzen Pass auf meinen Receiver. Erfolgsquote: Fast 100 Prozent.

Diesmal überraschten wir die Indians und spielten zum ersten Mal „Cowboys and up". Tom täuschte nur kurz an, in Richtung Seitenlinie zu laufen. Sein Verteidiger folgte ihm, weil er zu wissen glaubte, was wir vorhatten. Tom änderte blitzschnell die Richtung und lief alleine auf die gegnerische Endzone zu. Der Verteidiger reagierte zu spät und es wurde ein einfacher Touchdown.

Die Indians ließen sich durch unsere Führung nicht entmutigen. Sie spielten fehlerlos, wir nicht: Der zweite Versuch, einen langen Touchdown auf Martin zu werfen, scheiterte, und weniger als zwei Minuten vor dem Ende lagen wir mit 32:33 zurück. Ich ging mit der Offense aufs Feld und blickte in die Augen mei-

---

[72] „Inspiration" klingt doch viel besser als Diebstahl.

ner Receiver. Ich sah Entschlossenheit. Sie wollten endlich Staatsmeister werden. Dafür mussten wir noch einmal einen Touchdown gegen die beste Defense der Liga erzielen. Die Mittellinie überquerten wir noch problemlos, dann kamen wir ins Stocken. Erster, zweiter und dritter Versuch: Noch immer waren wir mehr als sieben Meter von der Endzone der Indians entfernt. Scheiterten wir mit unserem letzten Versuch, war das Spiel verloren. Es war die gleiche Situation wie bei der Champions Bowl in Rom. Ein Spielzug entschied über Sieg oder Niederlage. Würden wir dieses Mal das bessere Ende für uns haben? Ich suchte einen Spielzug aus, bei dem sich die beiden innen stehenden Receiver, Qualle und Georg, kreuzten. Hoffentlich würde das die Defense verwirren. Und tatsächlich: Zwei Verteidiger rannten ineinander, Qualle und Georg waren komplett frei. Ich passte auf Georg, er fing den Ball und wir führten mit 38:33. Ich war erleichtert. Die Arbeit der Offense, meine Arbeit, war getan. Was nun auch kam: Ich konnte nicht mehr eingreifen. Ich fühlte mich zugleich hilflos und befreit. Als Spieler war für mich die Flag Bowl vorbei.

Doch zum Jubeln war es noch zu früh. Die Indians standen nach zwei schnellen Spielzügen ihrerseits noch einmal vor unserer Endzone. Es war noch Zeit für einen Pass. Als Indians-Quarterback Patrick Bründl den Football losließ, sah ich alles wie in Zeitlupe. Der Ball schwebte förmlich durch die Luft und senkte sich in Richtung ausgestreckter Indians-Arme. Doch genau auf diesen Pass hatte Markus Zrim gewartet. Er schnellte in die Höhe und schlug den Ball gerade noch rechtzeitig vor dem Receiver weg. Die Zeit war abgelaufen, das Spiel war vorbei. Ich sprang jubelnd übers Spielfeld. Endlich! Der erste Staatsmeistertitel! Drei Jahre hatten wir darum gekämpft. Und es war an der Zeit gewesen, wieder etwas zu gewinnen.

Die Mannschaft 2010 war die beste Studs-Mannschaft, die wir bisher hatten! 2011 würden wir noch stärker sein, davon war ich überzeugt. Markus Zrim, der während der Saison von der Offense in die Defense gewechselt war, besaß viel Potential und auch die Offense würde kaum zu stoppen sein. Qualle, Tom, Georg und ich waren schon ein eingespieltes Team, nur der fünfte Mann hatte gefehlt. Und den hatten wir jetzt mit Martin Etschmaier gefunden.

Nach fünf Jahren hatte ich erstmals endlich das Gefühl, persönlich und mit meinen Mannschaften an der Spitze angekommen zu sein. Wir konnten jeden Gegner schlagen[73] und ich brauchte mich mit meiner Leistung und meinem Können vor keinem anderen europäischen Quarterback zu verstecken. Manchmal wunderte ich mich selbst, wie das vonstattengegangen war. Mir war nicht plötzlich der sprichwörtliche Knopf aufgegangen, meine Steigerung hatte sich langsam, aber stetig vollzogen. Wahrscheinlich gab es zu dieser Zeit niemanden in Österreich, der sich so intensiv mit Flagfootball auseinandersetzte wie ich. Ich las Bücher und studierte Videos, um meine Wurftechnik zu verbessern. Ich schaute NFL und „erfand" dabei neue Spielzüge für die Studs. Ich arbeitete am Playbook. Ich trainierte. Meine stetigen Verbesserungen waren das Resultat eines gewissen Grundtalents und der 10.000-Stunden-Regel des US-Psychologen Anders Ericsson.[74]

---

[73]Jeden? Nein! Ein kleines Land in Skandinavien schien nach wie vor unbezwingbar.
[74]Kurzfassung der 10.000-Stunden-Regel: Übung macht den Meister!

Göteborg, Sonntag 19. August 2012

Der große Tag ist gekommen. Ich wache auf und bin erstaunt, wie gut ich geschlafen habe. Ich fühle mich fit. Keine Spur einer durchwachten Nacht oder des allzu bekannten Gefühls des nervösen Magens, keine Anzeichen eines eingebildeten grippalen Infekts. Ist das ein gutes oder schlechtes Zeichen, am wichtigsten Tag meiner sportlichen Karriere? Ich kann es nicht einordnen, nehme es daher einfach zur Kenntnis. Außer einem „Guten Morgen" wechseln mein Zimmerkollege Tom und ich kaum ein Wort.

Ich trete vor die Tür des Hotels und blicke zum wolkenlosen Himmel. Perfektes Flagfootball-Wetter. Den gestrigen Regen kann man nur noch an feuchten Sonnenschirmen und dunklen Flecken auf dem Asphalt erahnen. Der Weg vom Mannschaftshotel zur Sportarena ist ein angenehmer Spaziergang durch Göteborgs Innenstadt, über eine Brücke und durch einen noch ruhigen Park. Unsere Trainingsanzüge ziehen Blicke auf sich. Ich beobachte meine elf Teamkollegen, jeder geht anders mit der Anspannung und der Vorfreude um. Manche ziehen es vor, allein, wortlos und vielleicht mit einer motivierenden Musik im Ohr zu marschieren, andere unterhalten sich angeregt und sorgen für eine positive Stimmung. Jeder Spieler hat sein eigenes Ritual, um sich mental auf die bevorstehende Aufgabe vorzubereiten.

Am Spielfeld angekommen, gibt es wenig zu besprechen. Für die gestrige Vorbereitung auf das Weltmeisterschafts-Halbfinale hatten die Coaches eine enorm aussagekräftige Analyse der mexikanischen Mannschaft erstellt. Die darauf basierende Taktik ist genauso einfach wie genial. Sie zielt auf einen einzigen Schwachpunkt ab. Ein riskanter Plan, aber wir sind von ihm überzeugt. Es

Göteborg, 19. August 2012

dreht sich alles um den „Hydranten"! Coach Dize hat uns energisch eingebläut, dass dieser Verteidiger zu spät auf tiefe Passrouten reagiere: „Das ist die Schwachstelle! Nummer 15 ist die Schwachstelle!", wiederholte er immer wieder.

Nur noch wenige Augenblicke bis zum Anpfiff. Ich blicke aufs Spielfeld und warte geradezu darauf, dass die Nervosität zunimmt. Stattdessen: Innere Ruhe. Fast schon gespenstisch. Auf jeden Fall ungewohnt.

Die Mexikaner gewinnen den Münzwurf und starten mit der Offense. Sie zeigen ihre Klasse und Schnelligkeit und erzielen rasch den ersten Touchdown des Spiels. Ich marschiere mit der Offense aufs Feld und fokussiere mich auf unseren Game-Plan. Die ersten beiden Spielzüge sollen zur Beobachtung des „Hydranten" mit der Nummer 15 dienen. Spielt er wirklich so, wie die Videoanalyse nahelegte? Wir starten mit zwei kurzen Pässen, bevor ich zum ersten Mal versuche, einen langen Pass gegen ihn zu spielen. Der Wurf gelingt nicht optimal. Der Versuch scheitert. Trotzdem ist zu erkennen, dass wir richtig lagen. Jetzt gilt es allerdings, die erste heikle Situation zu überwinden: Wir sind beim vierten und letzten Versuch angelangt und müssen die Mittellinie überqueren. Das gelingt souverän, kurz darauf: Touchdown. Das Spiel wogt hin und her. Zwei perfekte Würfe gegen den „Hydranten", dann steht es 20:19.

Erneut ist die bis dahin fehlerlos agierende Offense der Mexikaner mit einem langen Pass erfolgreich. Benni Lang hat das Nachsehen gegen den mexikanischen Receiver, doch er kann den Gegner mit einer unglaublichen Reaktion noch knapp vor der Endzone stoppen. Sie haben vier Versuche, um den letzten Meter zu überwinden. Aussichtslos für unsere Defense. Ich schaue nicht aufs Spielfeld, sondern überlege mir, mit welchem Spielzug ich den nächsten Offense-Drive starten möchte. Plötzlich bricht Jubel aus und ich sehe, dass ein Defense-Spieler den Ball in der Hand hat. Interception. Mexiko hat einen bereits sicher geglaubten Touchdown nicht gemacht. Ich gehe auf das Spielfeld und werfe einen weiteren langen Pass auf die Hydranten-Seite. 27:19.

In der nächsten Angriffsserie der Mexikaner merke ich, dass sie angeschlagen sind. Sie haben Mühe, voranzukommen. Beim vierten Versuch kommt Tom als Spezial-Blitzer zum Einsatz. Beim letzten Versuch ist es wichtig, kontrolliert zu blitzen, damit der Quarterback auf keinen Fall ausweichen und Zeit gewinnen kann. In diesen Situationen wird Tom öfter auf den Plan gerufen, weil Coach Dize sagt: „So langsam, wie du blitzt, kannst du gar nicht am Quarterback vorbeilaufen."

Die Mexikaner versuchen einen Trickspielzug: Ihr Pass geht vom Quarterback zu einem Mitspieler und wieder zurück. Der Touchdown scheint schon unvermeidlich, als Tom mit einem spektakulären Hechtsprung die Fahne des Gegners zieht. Keine Punkte für Mexiko. Halbzeit.

Zu Beginn der zweiten Halbzeit stellen die Mexikaner den Hydranten auf die andere Seite der Defense. Sie merken selbst, dass er überfordert ist. Doch jetzt spielt er gegen den schnellsten Spieler unserer Offense, Bernie Theissl. Umso besser. Einen langen Pass und einen Touchdown später ist diese taktische Umstellung der Mexikaner gescheitert. Nummer 15 kommt nicht mehr zum Einsatz. Wir konzentrieren uns darauf, das Spiel zu verlangsamen und Kräfte zu sparen. Die Offense erzielt bei jedem Ballbesitz einen Touchdown. Perfekt. Endergebnis: 54:37. Unfassbar! Wir haben das WM-Finale erreicht.

Unser Jubel ist groß, aber kurz. Der nächste Gegner heißt USA, das Mutterland des Flagfootballs. Sie sind durchs Turnier spaziert und haben unseren Erzrivalen Dänemark klar mit 54:33 besiegt. Die letzte Niederlage der USA stammt aus dem Jahr 2008. Unser Vorteil ist es, das reden wir uns ein, dass uns niemand eine Chance gibt. Wir werden zweifelsohne unterschätzt. Vielleicht haben sie die Rechnung ohne das kleine Österreich gemacht. Wir wollen jedenfalls alles versuchen, um den übermächtigen US-Amerikanern ein österreichisches Hackserl zu stellen.

27 Veränderungen

Ich hatte noch nie zuvor einen so lauten Aufschrei auf einem Flagfootball-Feld gehört. Wir waren wieder einmal auf Trainingslager in Großpetersdorf. Mein Ärger über die soeben geworfene Interception war wie weggeblasen und wich der Sorge über Markus Zrim, der sich vor Schmerzen am Boden wand. Vor wenigen Sekunden hatte er noch in einer beeindruckenden Defense-Aktion meinen Pass abgefangen, jetzt lag er im Gras. Wir hatten ein paar angehende Ärzte im Team, die sich sofort um ihn kümmerten und schauten, dass er so schnell wie möglich ins Krankenhaus in Oberwart kam. Geholfen hat es nicht. Es war ein Kreuzbandriss. Aufgrund diverser Komplikationen in den folgenden Monaten sollte er nie wieder dazu in der Lage sein, Flagfootball zu spielen. Die Abwehr des entscheidenden Passes in der Flag Bowl 2010 war der letzte Spielzug seiner Karriere.

Für uns war das sportlich wie auch menschlich ein großer Verlust. Markus war einer der ersten Spieler, die sich den Studs angeschlossen hatten, konnte Offense und Defense spielen, war zuverlässig und packte immer an, wenn es nötig war. Eine falsche Bewegung im Trainingslager und plötzlich war alles vorbei. Wir hatten geplant, ihn zu einem zentralen Defense-Spieler zu machen. Todd hatte sich neue Defense-Varianten überlegt, die wir auf Zrims Fähigkeiten aufbauend einüben und in der Meisterschaft einsetzen wollten. Nun hieß es: Zurück zum Start.

Hinsichtlich der Studs-Offense war ich zuversichtlich. Martin hatte sich wie erwartet wunderbar in die Mannschaft integriert. Ich hatte erstmals das Gefühl, mit einer perfekt ausgewogenen Offense zu spielen. Martin, Tom, Qualle und Georg besaßen unterschiedliche Fähigkeiten, aber jeder einzelne von ihnen konnte ein Spiel im Alleingang entscheiden. Sie waren vier gleichwertige Receiver, denen ich vollständig vertraute. Vom ersten Spiel an bekamen das unsere Gegner zu spüren. Unsere Offense war nicht aufzuhalten, außer im Spiel gegen die Indians erzielten wir immer mindestens 40 Punkte und gewannen alle Begegnungen bis zur Sommerpause. Zehn Spiele, zehn Siege.

Wir standen ungeschlagen an der Tabellenspitze. Doch selbst dieses Highlight im Frühjahr 2011 wurde für mich von etwas viel Wichtigerem überstrahlt: Ich lernte Claudia kennen. Der Zeitpunkt war perfekt. Mit meinen mittlerweile 30 Jahren fühlte ich erstmals bereit für eine ernsthafte Beziehung. In den Jahren zuvor war ich nie auf der Suche danach, mir waren andere Dinge wichtiger gewesen: Meine Ausbildung, meine Arbeit und der Sport. Ich genoss es, ungebunden zu sein und auf niemanden Rücksicht nehmen zu müssen. Mein Privatleben verlief in meinen gesamten 20ern weitgehend unspektakulär. Erst nach meinem 30. Geburtstag spürte ich eine Veränderung und das zunehmende Bedürfnis, mein Leben mit jemandem zu teilen. Ein Draufgänger wurde ich dadurch nicht. Claudia musste gleich zweimal auf mich zugehen, bevor wir uns zum ersten Mal verabredeten.

Im Jahr zuvor hatten wir uns flüchtig kennengelernt, bei einem misslungenen Verkupplungsversuch. Als wir uns dann im Jänner 2011 zufällig in einem Lokal trafen, wollte ich gerade nach Hause gehen. Im Vorbeigehen sprach sie mich an: „Hi, schon lange nicht mehr gesehen."

Ich antwortete: „Du hast dich ja nie gemeldet!", und ging weiter.

Ich wollte nicht den Macho spielen, ich war auch nicht desinteressiert. Mir fiel einfach nichts Besseres ein. Erstaunlicherweise erweckte aber gerade diese Reaktion Claudias Interesse.[75] Einige

---

[75] Im Nachhinein tut es mir furchtbar leid, dass ich so abweisend war, aber vielleicht hat gerade das dazu geführt, dass wir zusammenfanden.

Wochen später, im selben Lokal, ergriff sie erneut die Initiative. Diesmal lief ich nicht davon. Wir unterhielten uns stundenlang und ich genoss jede Sekunde. Claudia war groß, blond, schlank, attraktiv, intelligent und lustig. Wir hatten viele gemeinsame Interessen. Die Chemie stimmte. Es war einfach perfekt! Am Ende verabredeten wir uns zum Essen und mir war bald klar, dass ich meine Traumfrau gefunden hatte.[76]

Eine Frage, die sie mir an diesem ersten Abend stellte, war allerdings heikel: Ob ich ein guter Heimwerker sei. Das schien ihr wichtig zu sein. „Ja, klar!", sagte ich. Doch das stimmte nicht einmal ansatzweise. Weder war ich handwerklich begabt, noch sonderlich an Bohrern, Akkuschraubern oder Malerpinseln interessiert. Man konnte mit Fug und Recht behaupten, dass unsere Beziehung mit einer Lüge begann. Schlimmer noch, in den Wochen danach fabrizierte ich zwei nicht unwesentliche Hoppalas. Einige Tage nach unserem gemeinsamen Abendessen, es war schon Anfang Mai, schrieb Claudia mir eine Nachricht: „Sehen wir uns am Wochenende?"

Ich spielte gerade Tennis, las die Nachricht beim Seitenwechsel und schrieb zurück: „Nein, geht leider nicht. Mit den Wochenenden im Mai und Juni ist das bei mir so eine Sache."

Im Mai und Juni standen Flagfootball-Termine an, und nebenbei nahm ich an der Tennis-Mannschaftsmeisterschaft teil. Das meinte ich mit meiner harmlosen Antwort. Claudias nächste Nachricht ließ einige Zeit auf sich warten: „Das ist aber schade!"

In Wahrheit war sie furchtbar enttäuscht. Sie dachte, ich nähme unser Zusammensein nicht sonderlich ernst.

Ich schrieb: „Aber es gibt ja noch Montage und Dienstage und Mittwoche und Donnerstage und Freitage!"

Dass Claudia meine ursprüngliche Antwort falsch aufnahm, erfuhr ich erst später. Ich dachte: Textnachrichten darf man nicht auf die Waagschale legen! Wichtige Dinge muss man besprechen und nicht betexten. So lassen sich Missverständnisse besser vermeiden.

---

[76] Beziehungsweise dass meine Traumfrau mich gefunden hatte.

Das zweite Hoppala ereignete sich ein paar Wochen später bei einem Flagfootball-Spieltag in Graz. Ich lud Claudia ein, zu kommen, und sie war einverstanden. Meine Eltern waren ebenfalls anwesend, denn sie schauten immer zu, wenn wir in Graz spielten. Als wir unser erstes Spiel absolviert hatten, schnappte ich Claudia und schlug vor, gemeinsam mit meinen Eltern etwas zu trinken. Claudia trug eine große schwarze Sonnenbrille. Ich konnte so nicht recht einordnen, was sie von meinem Vorschlag hielt, sie kam jedenfalls mit. Wir marschierten also zu meinen Eltern, die bereits an einem Tisch Platz genommen hatten. Ich stellte Claudia vor und wir setzten uns. Eine Minute später holte mich ein Studs-Kollege, weil ein Schiedsrichter mich sprechen wollte. Das Gespräch dauerte länger als erwartet, unmittelbar danach musste ich mich fürs nächste Spiel aufwärmen. Claudia und meine Eltern saßen sich derweil eine halbe Stunde lang alleine gegenüber und suchten nach den richtigen Worten. Diese Situation war für alle Beteiligten etwas unangenehm. Alle waren froh, als das nächste Spiel der Studs begann und sie wieder auf das Spielfeld schauen konnten.

28 Eine fast perfekte Europameisterschaft

In der Saisonplanung 2011 klaffte für mich ein großes Loch. Raffi Pellegrini hatte sich entschieden, die Champions Bowl internationaler zu machen und die fünfte Ausgabe dieses Turniers in Cancun, Mexiko, auszutragen. Eine spannende Idee, doch weder die Dänen noch die Studs hatten die Zeit und das Geld, diesem Ruf zu folgen, was die Qualität des Turniers senkte. Die Champions Bowl versandete am Strand von Cancun und sollte drei Jahre lang nicht stattfinden.

So wurde die Europameisterschaft in Frankreich zu meinem einzigen internationalen Auftritt im Jahr 2011. Aus diesem Grund und wegen der „Schmach von Ottawa" war ich besonders heiß darauf. Meine Motivation stieg zusätzlich, als Bernie Theissl, der die Weltmeisterschaft 2010 hatte auslassen müssen, im ersten Nationalteamtrainingslager zu uns stieß. Er war wahrscheinlich der schnellste Receiver, mit dem ich je zusammengespielt hatte. Es dauerte ein bisschen, bis wir am Spielfeld zueinander fanden und er die Spielzüge so umsetzte, wie ich es mir vorstellte. Doch das Potential der Nationalteam-Offense war mit ihm noch deutlich höher.

Neben den Trainingslagern organisierten die Coaches Vorbereitungsspiele, damit wir unsere Spielzüge unter Realbedingungen testen konnten. Beim letzten Trainingslager kannten sich Offense und Defense schon zu genau. Jede Teilmannschaft wusste, welche Spielzüge funktionierten oder wie sie zu verhindern waren. Daher kam uns die „Big Bowl", ein Flagfootball-Turnier in

Quarterback

Walldorf bei Frankfurt, sehr gelegen. Die Big Bowl, ein großes Turnier mit bis zu 30 teilnehmenden Mannschaften, wurde jedes Jahr im Mai von den Walldorf Wanderers organisiert. Ebenso groß wie die Anzahl der Teams war der Niveauunterschied. Es galt: Quantität vor Qualität.

Der Modus sah Gruppenspiele am ersten Tag und K.o.-Spiele ab dem Achtelfinale am zweiten Tag vor. Um das ganze Programm unterbringen zu können, wurde die Spielzeit verkürzt. Ein verkürztes Aufwärmen gab es leider nicht. Ich musste den Coaches zwar zugutehalten, dass sie uns auf jedes Spiel so gut vorbereiteten, als ob wir das WM-Finale bestreiten würden, aber beim

1) fünften Aufwärmen

2) am selben Tag,

3) bei knapp 30 Grad,

4) vor einem Spiel gegen einen deutlich schwächeren Gegner,

konnte einem die Lust schon vergehen.

Bei meiner ersten Big Bowl war ich bei jedem Aufwärmen mit vollem Einsatz dabei. Vor jedem Spiel warf ich unzählige Pässe, so dass mein Arm schnell müde wurde. Unweigerlich führte das dazu, dass mein erster Griff am zweiten Tag in Richtung Schmerztabletten ging. Mit den Jahren getraute ich mich dann, mein Aufwärmen individuell zu gestalten. Patrick Bründl, der in allen meinen Nationalteamjahren Backup-Quarterback war, unterstützte mich großartig und sprang stets ein, wenn ich seine Hilfe brauchte.

Welche Mannschaften gegeneinander antraten, unterlag bei der Big Bowl einem etwas undurchsichtigen Verfahren. Jedes Jahr bot sich das gleiche Bild: Das Heimteam, die Walldorf Wanderers, hatten immer eine oder zwei der stärksten Mannschaften in ihrer Vorrundengruppe. Am zweiten Tag änderte sich das jedoch. Einen ordentlichen Spielplan für die K.o.-Phase bekamen wir nie zu Gesicht, die Paarungen wurden vielmehr vor jeder Runde per Lautsprecher durchgesagt. Die Wanderers bekamen dabei stets den jeweils schwächsten Gegner „zugelost". Sie marschierten immer ohne Probleme durch die ersten beiden Runden. Erst im Halbfinale half die selbst durchgeführte „Auslosung" nicht länger. Ich fand diesen speziellen Modus eher amüsant als störend. Wenn wir das Turnier gewinnen wollten, was uns mehrmals gelang, mussten wir ohnehin jeden schlagen. Außerdem reisten wir nach Deutschland, um gegen gute Gegner antreten zu können. Ein Sieg bei der Big Bowl zeigte, dass wir auf einem guten Weg waren.

Die Trainingslager des Nationalteams waren auch in meinem dritten Jahr effizient organisiert und machten enormen Spaß. Ich musste nicht länger beweisen, dass ich die beste Wahl für Team Austria war. Als das finale Team feststand, freute ich mich, bekannte Gesichter in der Offense zu sehen. Die Kontinuität würde uns guttun und ließ uns mit hohen Erwartungen zur französischen Seite des Genfer Sees reisen, nach Thonon-les-Bains.

Neues Jahr, neuer Modus. Zum ersten Mal entschied sich der europäische Verband EFAF dazu, bei einer Europameisterschaft die K.o.-Duelle statt mit dem Halbfinale bereits mit dem Viertelfinale beginnen zu lassen. Also würden wir zwar versuchen, unsere Vorrundengruppe zu gewinnen, um möglichst spät im Turnierverlauf auf Dänemark zu treffen, aber in Wahrheit waren die Vorrundenspiele ein Aufwärmen unter Wettkampfbedingungen. Unter die besten acht Mannschaften Europas würden wir es in jedem Fall schaffen, egal wie gut oder schlecht wir spielten.

Schon am Freitagabend traten wir gegen Israel an. Bisher hatten sämtliche Gruppenspiele stets samstags stattgefunden. Für Israel gab es eine Ausnahme, denn der Zeitraum vom Sonnenuntergang am Freitag bis zum Eintritt der Dunkelheit am Samstag ist jüdischer Ruhetag, Schabbat. Orthodoxe Juden dürfen in dieser Zeit keine Arbeit verrichten, worunter auch das Bedienen elektrischer Geräte oder das Tragen von Gegenständen fallen kann. Während einer Big Bowl in Walldorf war ich diesen Regeln erstmals begegnet. Auf dem Weg in mein Zimmer war ich dort auf einen Spieler eines israelischen Teams getroffen. Er stand vor einer verschlossenen Brandschutztür. Als ich näherkam, sprach er mich an und fragte, ob ich ihm die Tür öffnen könne. Ich wunderte mich etwas, zog ihm aber umgehend die Tür auf, die zu einem dunklen Gang führte. Der Israeli bedankte sich und fragte, ob ich ihm auch das Licht einschalten könne. Natürlich half ich ihm auch ein zweites Mal aus und schaute dann zu, wie er weiterging und hinter einer Ecke verschwand. Als ich meinen Mannschaftskollegen von der skurrilen Begegnung erzählte, wurde ich über die Schabbat-Vorschriften aufgeklärt. Der Spieler hatte sich an die strengen Regeln des orthodoxen Judentums gehalten, indem er es vermied, die Tür zu öffnen und das Licht einzuschalten.

Aufgrund des Schabbats also musste die israelische Mannschaft am Samstag keine Spiele absolvieren. Mir leuchtete das nicht ein, weil ich noch nie gehört hatte, dass Israels Fußballmannschaft samstags keine Länderspiele absolvierte. Oder dass bei Olympischen Spielen während des Schabbats keine Bewerbe angesetzt wurden, an denen israelische Athleten teilnahmen. Jeder soll seine Religion ausüben können, aber die Tatsache, dass ausgerechnet im Flagfootball von Samstag-Spielen für israelische Teams abgesehen wurde, fand ich kurios. Für uns war es unangenehm, da wir am Freitag nach Thonon-les-Bains anreisten und noch am gleichen Abend unser erstes Spiel hatten. Trotz dieser Widrigkeit dominierten wir von Beginn an und spielten eine starke Partie. Unseren drei Samstagsspielen gegen Frankreich, Italien und Spanien konnten wir beruhigt entgegensehen.

Während eine solche Auslosung dem Fußballnationalteam wohl Angst und Schrecken eingejagt hätte, war ich trotz der Niederlagen 2010 gegen Italien und 2009 gegen Frankreich zuversichtlich. Es lief rund, und das bekamen die Franzosen, Italiener und Spanier zu spüren, die allesamt kein Stolperstein auf unserem Weg zum Gruppensieg waren. Unmittelbar nach unserem Erfolg gegen die Spanier war mir klar, was das bedeutete: Das unausweichliche Aufeinandertreffen mit Dänemark würde erst im Finale stattfinden. Zufrieden packte ich meine Sachen und ging vom Spielfeld.

Genau 16 Stunden später standen wir im Viertelfinale gegen die Niederlande im strömenden Regen auf dem Feld und waren 0:14 im Rückstand. Wie im Jahr zuvor hatte sich das Wetter über Nacht geändert. Wir kämpften gegen Starkregen und weichen Untergrund. Ob die Niederländer ebenfalls nordische Götter anbeteten oder einen Regentanz aufführten, erschloss sich mir nicht, und ich dachte keine Sekunde mehr an Dänemark. Meine Nervosität stieg. Auf dem Papier waren wir deutlich besser als die Niederländer, doch bei schlechtem Wetter waren Überraschungen durch Außenseiter leichter möglich. Kurz bevor ich mit der Offense wieder aufs Feld ging, kam Coach Vonasek herüber. Er ließ keinen Zweifel daran, dass wir das Spiel gar nicht verlieren konnten. Die Niederländer hätten zwar einen kleinen Teilerfolg erzielt, aber über die Dauer eines Spiels würden sie nicht mit uns mithalten können. Eine Stunde später stand es dann tatsächlich 55:21. Ich war erleichtert. Das niederländische Strohfeuer war genauso schnell erloschen, wie es entfacht worden war.

Im Halbfinale wartete ein Gegner, auf den ich mich schon gefreut hatte: Deutschland. Nach der 7:13-Schmach in Ottawa hatten wir noch eine Rechnung mit ihnen offen. Eine Rechnung, die wir beglichen. Wir spielten uns richtiggehend in einen Rausch und beendeten das sechste Spiel der Europameisterschaft mit dem sechsten Sieg. Next Stop: Dänemark.

Ins Finale gingen wir trotz allem als Außenseiter und konnten befreit aufspielen. Die Dänen erwarteten nicht, dass wir mithalten konnten, darum agierten sie überheblich und unkonzentriert. Wir konnten dagegenhalten, spielten unseren besten Flagfootball, und die Dänen wurden nervös. Warum konnten sie uns nicht vom Platz fegen, fragten sie sich? Als wir in der zweiten Halbzeit zum ersten Mal mit zwei Touchdowns in Führung gingen, zeigten unsere Gegner Auflösungserscheinungen. Die Dänen fingen an, zu diskutieren, ein Spieler zog wütend das Trikot aus und weigerte sich, weiterzuspielen. Wir scorten Touchdown um Touchdown, flogen beinahe übers Feld und steuerten einem Triumph entgegen: So hatte ich mir das vorgestellt, als wir vor dem Finale Aufstellung nahmen und die Hymnen abgespielt wurden. Man muss sich Dinge nur vorstellen und die positive Energie bündeln, alles andere kommt von selbst.

Oder auch nicht. Was in Wahrheit auf die Hymnen folgte, war ein Desaster. Wir hatten uns mit dem Erreichen des Finales scheinbar zufriedengegeben und wieder einmal nicht den Funken einer Chance. Schlimmer noch: Es wurde die höchste Niederlage, die ich im Nationaltrikot jemals hinnehmen musste. Als wir das Spielfeld verließen, konnte ich kaum glauben, was auf der Anzeigetafel stand: Dänemark 60 – Österreich 21. Es waren peinliche 40 Minuten gewesen. Wie hatte das passieren können? Österreich 0, Dänemark 3.

Die Coaches merkten, dass wir das Geschehen nicht einordnen konnten. Coach Dize versuchte, uns Mut zu machen: „Das was ihr in den letzten Tagen abgeliefert habt, war eine fast perfekte EM. Ich bin mit der Vorbereitung, dem Einsatz, dem Teamzugehörigkeitsgefühl, der Leistung und dem Zusammenhalt sehr zufrieden. Unser Team 2011 war ein Muster wie es sein soll, besser geht es fast nicht. Feiert euren Erfolg und arbeitet hart weiter, denn nach der EM ist vor der WM und nächstes Jahr wollen wir endlich auch wieder bei einer Weltmeisterschaft eine Medaille holen!"

Später saß ich in unserer Kabine und musste dem lautstarken Jubel der alten und neuen Europameister im Nebenraum zuhorchen. Ich hatte meinen größten Erfolg mit dem Nationalteam erzielt und war gleichzeitig so weit wie noch nie davon entfernt, gegen Dänemark zu gewinnen. Die EM 2009, WM 2010 und EM 2011 hatten jeweils mit Niederlagen gegen Dänemark geendet. Kein Spiel davon war knapp ausgegangen, wir hatten um 16, 19 und 39 Punkte verloren. Der Klassenunterschied war nicht zu verleugnen. Musste ich mich damit abfinden, dass die Dänen auf Nationalteamebene eine Nummer zu groß waren? Ich musste Coach Dize teilweise zustimmen. Es war eine fast perfekte Europameisterschaft. Die Höhe der Niederlage war für mich dennoch deprimierend. Ich wollte gerade zu den Duschen gehen, als mich jemand an der Schulter berührte. Ich drehte mich um und da stand Morten Weber, der Quarterback der Dänen. Seit dem Sieg der

Studs gegen seine Mammoths bei der Champions Bowl im Rom im vergangenen Jahr hatte ich mir wohl einen gewissen Respekt erarbeitet. Trotzdem war ich überrascht, dass er zu mir kam, während seine Kollegen nebenan feierten.

„Gratulation, du hast ein super Turnier gespielt."

„Danke", sagte ich betrübt, „aber eigentlich muss ich dir gratulieren. Ihr wart wieder einmal unschlagbar."

„Naja, das Finale ist für euch schon dumm gelaufen. Aber du bist auf einem sehr guten Weg und wirst jedes Jahr besser. Weiter so und lass den Kopf nicht hängen!"

Morten war lange Zeit als Quarterback die Nummer eins in Europa gewesen, auf Vereinslevel mit den Mammoths und mit dem dänischen Nationalteam. Vielleicht sah er mich als seinen Hauptrivalen außerhalb Dänemarks. Ich schätzte seine Geste sehr.

Vor dem Heimflug passte sich die Leistung des Flugzeugs unserer Finalleistung an. Wir warteten geschlagene zwei Stunden auf unseren Sitzen, bevor wir wieder aussteigen und eine zusätzliche Nacht in Genf verbringen mussten. Am nächsten Tag kam ich zu spät zur Geburtstagsfeier meines „Schwiegeropas", die extra wegen mir um einen Tag verschoben worden war. Ich war erst seit kurzem mit Claudia liiert und kannte einen Großteil ihrer Familie noch nicht. Als ich mehrere Stunden zu spät in den Saal trat, in dem die Geburtstagsfeier stattfand, schauten mir alle entgegen. Ich vermutete, dass einige die Verspätung als Unhöflichkeit werteten, vielleicht sogar als Desinteresse. Ich hätte mir einen besseren ersten Eindruck gewünscht.[77]

Anfang Oktober war es dann wieder Zeit für den einzigen Spieltag in Österreich, der wirklich zählte. Die Flag Bowl stand vor der Tür. Wir hatten unsere bisher beste Saison gespielt und den Grunddurchgang mit 14 Siegen und keiner einzigen Niederlage beendet. Leider konnte Georg bei der Flag Bowl nicht dabei sein, weil er zu dieser Zeit an der Oklahoma University studier-

---

[77] Erst später erfuhr ich, wie herzlich und unvoreingenommen Claudias Familie war. Trotz der Verspätung hinterließ ich keinen schlechten Eindruck.

te.[78] Ein kleiner Wermutstropfen. Egal, wir waren trotzdem die Besten. Im Halbfinale schossen wir die Panthers, gegen die wir üblicherweise hart zu kämpfen hatten, mit 38:14 vom Platz. Alles war angerichtet für die „Perfect season". Doch daraus wurde nichts. Wie die New England Patriots dreieinhalb Jahre zuvor sollten wir unsere erste und einzige Niederlage ausgerechnet im letzten Spiel des Jahres erleiden: Die Flag Bowl ging an die Klosterneuburg Indians.

Finalniederlagen waren besonders grausam. Ich hatte das Gefühl, dass ich zu oft auf der Verliererseite stand. 2011 erlebte ich gleich zwei Finalspiel-Schlappen. Auch in den vorausgehenden Jahren war ich nie auf ganzer Ebene zufrieden gewesen. Meine Ansprüche waren schnell gestiegen und ich fand meist einen Grund, um unzufrieden zu sein. Die FBK stand in den Wochen vor der Flag Bowl in voller Blüte und die Tage davor wurden mehr und mehr zur Qual. Meistens war ich einfach nur froh, wenn sie vorbei war. Würde es jemals ein Jahr geben, mit dem ich ganz und gar zufrieden sein konnte? Würde ich jemals wieder wichtige Spiele genießen können?

Vor der Flag Bowl 2011 erlebte Claudia erstmals meine FBK. Neben meinen körperlichen Beschwerden war ich zunehmend gereizt. Und dann öffnete sie mir die Augen indem sie nebenbei erwähnte: „Du hast mir doch erzählt, dass du dich jedes Jahr vor der Flag Bowl krank fühlst. Das ist keine Erkältung, sondern nur die Aufregung!"

Mit einem Schlag wusste ich, dass sie recht hatte. Meine Beschwerden waren ausschließlich psychisch bedingt. Obwohl es offensichtlich war, konnte ich es jahrelang nicht erkennen. Die

---

[78] Ende November besuchte ich ihn für eine Woche und wir unternahmen gemeinsam mit einem Freund und Studs-Kollegen einen Roadtrip nach New Orleans, wo wir Thomas Morstead trafen, und nach Nashville, der Heimat der Tennessee Titans. Nashville ist äußerst sehenswert, vor allem wegen seiner unvergleichlichen Musikszene. Natürlich sah ich mir auch ein Heimspiel meiner Titans an.

mentale Belastung war von Anfang an ein großes Problem für mich. So groß, dass es mich mein Körper spüren ließ. Ich versuchte, dagegen anzukämpfen. Vor allem jetzt, wo ich die Ursache kannte. Doch es wurde schlimmer und schlimmer.

Göteborg, Sonntag 19. August 2012, 15:30 Uhr

Die zweite Halbzeit beginnt. Auf der Anzeigetafel steht: USA 19 – Austria 19. Zwanzig Minuten trennen uns von der möglicherweise größten Sensation der Flagfootball-Geschichte. In der ersten Halbzeit habe ich unbekümmert agiert, jetzt merke ich, dass wir eine realistische Chance haben, Flagfootball-Weltmeister zu werden, und die Anspannung steigt. Ich versuche, jeden Gedanken daran zu verdrängen, atme tief durch und sage den ersten Spielzug an.

Erst mit dem vierten Versuch schaffen wir es über die Mittellinie. Mit den nächsten drei können wir jeweils nur wenig Raumgewinn erzielen. Bleibt noch ein Versuch, um mit einem Touchdown erstmals in Führung zu gehen. Ich wähle einen Spielzug aus, der darauf ausgelegt ist, dass Michael Terzer seinen direkten Gegenspieler mit einer Körpertäuschung nach außen aussteigen lässt, um danach Richtung Spielfeldmitte abzubiegen. In der ersten Halbzeit hatten wir mit diesem Spielzug Erfolg. Jetzt funktioniert es wieder. Terzer kann sich absetzen, mein Pass erreicht punktgenau sein Ziel. Wir verwerten auch den Extrapunktversuch und führen mit 26:19! Trotzdem bin ich nicht ganz zufrieden. Wir haben alle acht Versuche benötigt, um zum Erfolg zu kommen. Ein kleiner Fehler und wir wären ohne Punkte dagestanden. Was können wir in der nächsten Angriffsserie besser machen? Noch während ich mir darüber Gedanken mache, kollidiert unser Blitzer unglücklich mit dem amerikanischen Quarterback Jorge Cascudo. Die Schiedsrichter beraten sich – und schließen unseren Spieler aus. Wir dürfen zwar einen Ersatzspieler aufs Feld schicken, doch jetzt darf nichts weiter passieren. Eine Verletzung oder ein zweiter Ausschluss wäre wohl das Ende des

Traums. Zwei Spielzüge nach der Kollision kassieren wir einen Touchdown. Cascudo und seine Mannschaft haben in drei Spielzügen geschafft, wofür wir acht Versuche gebraucht haben. Sie verwerten ebenfalls den Extrapunktversuch. Es steht 26:26.

Noch 14 Minuten.

Wir bleiben unserer Taktik treu. Ich widerstehe weiterhin der Versuchung, einen längeren Pass zu spielen und es funktioniert besser als beim letzten Drive. Wieder ist es Terzer, der meinen Touchdown-Pass fängt. Er legt einen weiteren Extrapunkt nach, was seinen Gegenspieler zu einem verärgerten „Again!" hinreißt. Die Antwort der US-Amerikaner lässt nicht lange auf sich warten: Nach drei Spielzügen und einem sehenswerten Pass, der knapp über die ausgestreckten Finger von Benni Lang fliegt und in den Armen des Receivers landet, punkten sie erneut. Unsere Defense lässt sich davon nicht beeindrucken. Sie verhindert den Extrapunkt: Österreich 33, USA 32.

Noch 9 Minuten.

Wir sind in Führung und mit der Offense am Feld.

„Nur nicht lockerlassen!", rufe ich meinen Receivern zu, und innerlich mir selbst.

Niemand antwortet. Die Spannung steigt. Die vorangegangene Angriffsserie hat mir Selbstvertrauen gegeben. Ich will mit dem gleichen Rezept punkten. Doch mein Pass auf Patrick Bründl ist zu ungenau, er kriegt ihn nicht unter Kontrolle. Zweiter Versuch. Wieder spiele ich einen kurzen Pass auf Bründl, dieses Mal fällt er ihm durch die Hände. „Sch...ade", schreie ich auf, doch nur in Gedanken. Dritter Versuch. Die Chancen auf eine erfolgreiche Angriffsserie sinken. Noch sind es fast 20 Meter bis zur Mittellinie. Ich bin kurz davor, einen Spielzug anzusagen, der nur mit einem langen Pass funktioniert. Im letzten Moment schwenke ich um und wähle eine Variante, die für 10 Meter gut ist. Dann hätten wir noch den vierten Versuch, um das First Down zu holen. Ich will zu Bernie Theissl, unserem schnellsten Receiver, werfen. Als es losgeht, ist er tatsächlich anspielbar. Er fängt den Ball und dann geschieht etwas, an das ich mich ewig erinnern werde. Bernie lässt den ersten Verteidiger, der seine Flag ziehen will, aussteigen, weicht auch dem zweiten heranstürmenden Gegner aus und läuft alleine auf die gegnerische Endzone zu. Niemand holt ihn ein! Unser Teambereich an der Seitenlinie explodiert förmlich: Defense-Spieler, Coaches und Betreuer brüllen los und rennen durch die Gegend. Niemand rechnete mit diesem Touchdown! Wir haben die Führung ausgebaut. Ich lasse mir nichts anmerken, innerlich juble ich wie verrückt. Auch beim Extrapunktversuch ist Bernie zur Stelle. 40:32!

Ich laufe vom Spielfeld und platziere mich etwas abseits vom Team, brauche Ruhe und Abstand. War das schon die Entscheidung?

„Wenn unsere Defense noch einmal die USA stoppen würde, dann ...", weiter traue ich mich nicht zu denken.

Das ist auch gut so, denn schon wieder erzielen unsere Gegner einen schnellen Touchdown. Souverän agieren sie auch bei der Two-Point-Conversion, dem Extrapunktversuch aus zehn Metern, der ihnen zwei Punkte einbringt. Es steht 40:40.

Noch 2 Minuten.

Ich gehe aufs Feld. Schwer trifft mich die Erkenntnis, was gerade geschieht. Von dieser Situation träumt jeder Sportler und jeder Fan. Einmal den entscheidenden Elfmeter schießen, einmal den Putt zum Sieg lochen, einmal den entscheidenden Pass werfen. Als ich acht Jahre zuvor mit Georg in unserer Hauseinfahrt spielte, hatte ich mir oft vorgestellt, dass mein nächster Wurf über Sieg oder Niederlage bei der Super Bowl entscheiden würde.

Ich muss mich konzentrieren, fokussieren. Die US-Amerikaner haben uns bisher nur einmal, in der allerersten Angriffsserie, gestoppt. Ich kann nicht zulassen, dass sie es noch einmal schaffen. Nicht jetzt, so nahe dran an der Sensation. Mit welchem Spielzug will ich starten? Ich bin bemerkenswert ruhig. Die Zuschauer habe ich schon lange ausgeblendet. Ich nehme kaum wahr, was um mich herum geschieht. Ich habe keine Angst, zu versagen. Nur ein Ziel: den nächsten Pass. Dann den Nächsten. Und dann den Nächsten.

Ich sage den Spielzug an, lecke die Fingerkuppen meiner rechten Hand ab, um einen besseren Grip am Ball zu haben. Ich bin

Göteborg, 19. August 2012, 15:30 Uhr

bereit! Auf dem Spielfeld ist es so laut, dass ich meine eigene Stimme nicht höre. Die meisten Fans auf der Tribüne unterstützen das Team der USA und schreien, wie es im Football üblich ist, so laut sie können, wenn die Offense des Gegners am Feld ist. Wir lassen uns davon nicht beeindrucken. Mein erster Pass geht zu Bernie, der unsanft zu Boden gerissen wird. Wahrscheinlich wollten die Amerikaner vermeiden, dass er ihnen nochmals entwischt. Die Strafe gegen die Amerikaner bringt uns schon nahe ans First Down. Ich weise meine Receiver an, dass sie kurz vor der Mittellinie stehen bleiben sollen, wenn sie den nächsten Ball gefangen haben. So können wir Zeit herunterspielen und mit dem darauffolgenden Versuch weit in die gegnerische Hälfte eindringen. Der Pass geht auf Bründl, er stoppt wie geplant. Im dritten Versuch finde ich Georg Pongratz, der viel Platz vorfindet und das First Down erzielt. Es läuft wie am Schnürchen. Mit dem nächsten Spielzug gelangen wir kurz vor die Endzone der Amerikaner. Wir haben drei Versuche, um die letzten vier Meter zu überwinden. Sollen wir beim nächsten Spielzug absichtlich vor der Endzone anhalten, um den US-Amerikanern weniger Zeit übrig zu lassen? Nein, das ist zu riskant, entscheide ich. Den nächsten Spielzug führen wir perfekt aus. Den Extrapunktversuch ebenso. 47:40.

In der zweiten Halbzeit haben wir von 28 möglichen Punkten 28 erzielt. Ich kann jetzt nur noch hoffen, dass das reicht. 21 Sekunden bleiben auf der Uhr. Ich gehe vom Feld, um für die Defense Platz zu machen, die in der verbleibenden Zeit einen Touchdown der Amerikaner verhindern muss. Ich spüre, dass ich völlig ausgelaugt bin. Am liebsten würde ich mich auf den Boden legen. Ich könnte für keinen Spielzug mehr aufs Feld zurückkehren. Ich habe alles gegeben. Nicht körperlich, sondern mental. Ich hoffe mit jeder Faser, dass die Defense das Spiel für uns entscheidet.

Noch 21 Sekunden.

21 Sekunden sind im Flagfootball keine Ewigkeit, aber genug Zeit, um sich die Chance auf einen Touchdown zu erspielen. Wir haben das Spiel noch nicht gewonnen. Die Amerikaner wissen, was zu tun ist. Cascudo spielt vier kurze Pässe hintereinander, seine Receiver laufen nach dem Catch ins Seitenaus, um die Uhr

anzuhalten. Nach dem vierten Pass waren sie noch knapp 10 Meter von unserer Endzone entfernt.

Noch zwei Sekunden.

Genug Zeit für einen Spielzug. Ich bin zu nervös, um ruhig stehen zu bleiben, gehe an der Seitenlinie auf und ab.

Cascudo gibt das Signal. Als er den Ball in den Händen hält, sieht er nur mehr seinen Star-Receiver an, Carlos Jaime. Er will ihn mit einem schnellen Pass anspielen. Jaime läuft auf direktem Weg Richtung Endzone, vollführt eine Körpertäuschung nach außen, um dann zur Mitte zu rennen. Doch im Moment des Richtungswechsels rutscht er ganz leicht mit seinem rechten Fuß weg. Es sieht nicht nach viel aus, aber dieser Bruchteil einer Sekunde ermöglicht es Andreas Gigl, an ihm dranzubleiben. Der perfekt geworfene Ball ist bereits auf dem Weg und fliegt direkt auf Jaime und Gigl zu. Wer wird schneller dran sein? Jaime oder Gigl? Gigl oder Jaime? Es ist Gigl! Er wehrt den Ball ab – und noch bevor dieser zu Boden fällt und die Schiedsrichter das Spiel offiziell beenden, stürmen wir aufs Feld. Endstand: 47:40!

Wir sind Weltmeister!

Totales Chaos bricht aus. Coach Dize rennt mit kreisenden Armen übers Spielfeld, Spieler werfen sich auf den Boden und liegen sich in den Armen. Tränen werden vergossen. Gerührt gehe ich zu Tom, um diesen Moment mit ihm zu teilen.

Er sagt: „Hättest du dir gedacht, dass der kleine Dicke[79] aus der Steiermark einmal Weltmeister wird?"

Ich muss lachen. Es ist unwirklich und gleichzeitig wunderschön. Ein Land mit wenigen hundert aktiven Flagfootball-Spielern behält gegen die USA, in der mehrere Millionen Menschen den Sport ausüben, die Oberhand. Für mich ist es ein Wunder. Das Wunder von Göteborg! Ich bin unglaublich stolz auf unsere Mannschaft und meine Offense.

---

[79] Er meinte sich selbst und spielte auf seinen Körperbau an. Er war zwar nicht der Größte, aber dick war er keinesfalls!

Göteborg, 19. August 2012, 15:30 Uhr

Im Halbfinale und im Finale wurden wir insgesamt nur einmal gestoppt! Einfach phänomenal, wahrhaftig „weltmeisterlich". Die Defense erkämpfte in beiden Spielen entscheidende Interceptions, die uns auf die Siegerstraße brachten. Es war eine perfekte Mannschaftsleistung und eine perfekte Leistung der Coaches, die vier Jahre zuvor erkannt hatten, dass das Team neu aufgestellt werden musste. Sie gaben neuen Spielern wie mir eine Chance, sich im Team Austria zu beweisen. Trotz des Rückschlags in Ottawa glaubten sie an uns: „Go for Gold" ist Realität geworden!

Nach dem Finale geht alles ganz schnell: Ich bemerke gar nicht, dass den US-Amerikanern bereits die Silbermedaille übergeben wird, während wir noch mit Jubeln beschäftigt sind. Dann nehmen wir vor der Tribüne Aufstellung, um unsere Goldmedaillen in Empfang zu nehmen. Einer nach dem anderen senkt den Kopf und lässt sich die Medaille an einem schwedisch-blaugelben Band umhängen. Ich stelle mich als Letzter auf. Gemeinsam mit Defense-Captain Benni Lang habe ich die Ehre, den Siegerpokal vom IFAF-Präsidenten Tommy Wiking entgegenzunehmen. Er gratuliert und richtet ein paar Worte an uns, die ich kaum wahrnehme. Ich starre nur auf den Pokal. Als er ihn uns endlich übergibt, stemmen wir ihn unter dem Jubel der Mannschaft gemeinsam in den Göteborger Himmel. Am liebsten würde ich ihn nicht mehr loslassen. Eine gefühlte Ewigkeit stehe ich auf dem Spielfeld, mit dem Pokal in der Hand und der Goldmedaille um den Hals. Weltmeister Philipp Pölzl!

Später im Hotel lege ich mich erschöpft aufs Bett, lese den Liveticker, der von unserem Erfolg berichtet, und alle Kommentare, die unsere Familien, Freunde und Fans geschrieben haben. Ich beantworte unzählige Glückwunschnachrichten. Gleich würde ich einschlafen – da zerrt mich Tom aus dem Bett und zum Indoor-Pool des Hotels. Dort ist unsere Party bereits in vollem Gange. Wir stürzen uns ins Wasser und singen, bis uns die Ohren dröhnen und die Stimme versagt.

Ein paar Tage später finde ich eine E-Mail von Coach Dize in meinem Postfach. Wieder einmal findet er die perfekten Worte:

"Zuerst einmal muss ich sagen, dass ich eigentlich gar nichts schreiben wollte, da es unmöglich ist, das Geschehene in Worte zu fassen. Alle Worte werden der Realität mit Sicherheit nicht gerecht. Klingt vielleicht für Außenstehende unverständlich, aber jeder, der dabei war, wird es bestätigen. Es ist so unglaublich, so unfassbar, was da in Schweden abgelaufen ist, leider kann man diese Momente nicht auffangen und konservieren. Die ganze Flagfootball-Nation Österreich sollte die nächsten Jahre mit Begeisterung, Zufriedenheit und unglaublichem Stolz auf die unfassbare Leistung von Team Austria schauen. Wenn man alleine die Zahlen sieht, ist USA gegen Österreich im Flagfootball ungefähr so wie Brasilien gegen Klosterneuburg im Fußball. Ein Spiel gegen einen übermächtigen Gegner, auf einer schiefen Ebene und realistisch gesehen ohne Siegchance.

Ich habe mich dann doch entschieden, ein paar Zeilen meiner Gedanken und Gefühle aufzuschreiben. Einfach aus dem Grund, dass man besser verstehen kann, was dort abgegangen ist und damit auch die Protagonisten den gebührenden Respekt für ihre Leistung erhalten – einfach eine Danksagung an euch alle! Meine gesamte Hochachtung gehört diesem Team, dass sich durch keinerlei Widrigkeiten, Gegner, Schiedsrichterentscheidungen, Sonne und deutsches Publikum aus dem Konzept bringen ließ und immer durch hundertprozentigen Einsatz, bedingungslosen Kampfgeist, unbändigen Willen zum Sieg, gepaart mit der nötigen Athletik und sehr hoher Spielintelligenz ausgezeichnet hat. Wir waren vielleicht nicht das schnellste Team, hätten den Armdrücken-Wettbewerb nicht gewonnen oder auch im Standhochsprung anderen Nationen den Vortritt lassen müssen, aber was Zusammenhalt, Teamspirit und Commitment dem Team, unserem Sport und unserem Land gegenüber betrifft, hat und wird uns keine Nation das Wasser reichen können.

Mit einer Offense ‚gesegnet', die jeden Drive punkten kann, das ist natürlich als Defense-Coach der Traum schlechthin. Ich hatte nie auch nur die geringsten Zweifel, dass wir gestoppt werden können. Einfach auch deshalb, da wir es an drei Tagen geschafft haben, dies permanent zu beweisen. Wir waren ‚almost unstoppable', Drives ohne Score können an einer Hand abgezählt werden!

Es ist deshalb nicht leichter Defense zu spielen, schon gar nicht gegen Nationen wie Dänemark, Italien, Mexiko oder USA, aber es hilft ungemein zu wissen, dass ihr an der Seitenlinie steht und es euch nicht schnell genug gehen kann, bis ihr wieder hineinkommt, um noch einmal über das Feld zu gehen und zu scoren. Bedanken möchte ich mich auch bei meiner Defense: Danke Jungs, dass ihr mir so ein relaxtes Turnier beschert habt. Eigentlich musste ich fast nie laut werden, unsere Taktik hat – mit kleinen Adaptionen – immer funktioniert. Vor allem deshalb, weil ich mich in jeder Phase darauf verlassen konnte, dass ihr die an euch gestellten (hohen) Erwartungen erfüllt. Ihr habt voll mitgezogen und gemeinsam als Einheit – so wie ich es mir immer wünsche – die Vorgaben erfüllt und umgesetzt und so waren wir stark genug, um unserer Offense auch den Rücken zu stärken.

So, das wars – ich habe noch immer eine angeschlagene Stimme und muss jetzt was arbeiten. ÖSTERREICH IST WELTMEISTER, und das verdient!

LG Dize – COACH vom WÖDMASTA-TEAM!"

29 Am Gipfel

Nach einer kurzen Nacht in Göteborg traten wir am frühen Nachmittag den Rückflug an. Normalerweise verabschiedeten wir uns nach einer Rückreise sobald wir aus dem Flugzeug ausgestiegen waren. Diesmal war alles anders. Die Coaches teilten uns mit, dass wir hinter der Gepäckausgabe warten sollten. Wir sollten unsere Medaillen umhängen und geschlossen als Mannschaft in die Ankunftshalle gehen. Würden uns vielleicht ein paar Leute empfangen? Wir nahmen Aufstellung. Die Schiebetür ging auf und wir betraten den öffentlichen Teil des Flughafengebäudes. Was ich sah, berührte mich: Viele Freunde und Fans waren gekommen, hatten Plakate gemalt, die sie in die Höhe hielten, und jubelten uns zu. Der Präsident des AFBÖ, Michael Eschlböck, gratulierte uns, wie so viele andere auch, persönlich. Spieler lagen sich mit Angehörigen und Freunden in den Armen und es wurden unzählige Fotos geknipst. Seither schließe ich jedes Mal, wenn ich am Flughafen Wien-Schwechat ankomme, für einen kurzen Moment die Augen und halte inne, bevor ich zum Ausgang gehe. Ich erinnere mich an jenen Tag zurück, rufe mir die prägenden Bilder erneut ins Gedächtnis. Dann gehe ich mit Gänsehaut zum Ausgang. Erst wenn die Ankunftshalle weit hinter mir liegt, kehre ich gedanklich in die Gegenwart zurück.

Aus der Steiermark war niemand zum Flughafen Wien-Schwechat angereist, aber ich wusste, dass für die steirischen Spieler, Tom, Benni Lang und mich, eine andere Überraschung wartete. Als der Jubel langsam verhallte, verabschiedeten wir uns und machten uns auf den Weg zu „unserem" Empfang. Wir fuhren nach Kapfenberg, das auf der Strecke zwischen Aflenz und

Graz liegt. Es war schon dunkel, als wir auf dem Firmengelände des Transport- und Bauunternehmens von Toms Onkel anhielten. Im ersten Moment konnte ich nicht erkennen, wer alles gekommen war, aber als wir uns näherten und ein Freund von Tom mit der Ziehharmonika zu musizieren begann, sah ich Claudia, Georg, meine Eltern und einige Freunde und Studs-Kollegen. Alle wollten wissen, wie es uns tatsächlich gelingen konnte, die US-Amerikaner zu schlagen. Ich erzählte es ein ums andere Mal mit Begeisterung.

Die Zeitungen lechzten geradezu nach einer Erfolgsstory, nachdem Österreich bei den kurz zuvor veranstalteten Olympischen Spielen in London ohne Medaille geblieben war. Unser Weltmeistertitel war in allen Medien präsent. Reporter besuchten uns beim Training und veröffentlichten doppelseitige Berichte. Nie zuvor war das Interesse an Flagfootball so groß gewesen. Ich sammelte alle Medienberichte und rahmte sie ein, zusammen mit meiner Goldmedaille und dem Final-Trikot. Die Collage hängt heute im Büro meines Hauses. Ich habe es schon hunderte Male angesehen, jedes Mal freue ich mich über das „Wunder von Göteborg".

Im Jahr 2013 wurde allen Spielern der Weltmeistermannschaft das Goldene Ehrenzeichen für Verdienste um die Republik Österreich verliehen. Es folgten Glückwunschschreiben vom Bundespräsidenten, dem Sportministerium, dem steirischen Landtagspräsidenten und dem steirischen Landeshauptmann. Ich konnte nicht glauben, welche Ehre mir zuteilwurde. Die Verleihung fand für die steirischen Spieler durch den Landeshauptmann in den ehrwürdigen Räumlichkeiten der alten Universität Graz statt. Wenn ich an offiziellen Anlässen teilnehme,[80] trage ich das Ehrenzeichen mit großem Stolz.

Zwei Wochen nach der WM kehrte der Ligaalltag zurück. Beim Spieltag in Graz gewannen wir drei Spiele, nur gegen die

---
[80] zu selten.

Indians zogen wir in einem packenden Duell den Kürzeren. Diese Niederlage hatte keine Auswirkung auf die Playoffs, dennoch war ich gewarnt. Wieder einmal zeichnete sich ein Duell Studs gegen Indians ab.

Während dieses Spieltags war Claudia bereits in Tansania. Sie ist Zahnärztin und nahm am gemeinnützigen Projekt „Zähne für Afrika" Teil. Als sie für das Projekt zusagte, hatten wir beschlossen, im Anschluss gemeinsam eine Safari zu machen und ein paar Tage auf Sansibar zu verbringen. Wir wären gerne länger geblieben, ich sah es aber als meine Pflicht an, pünktlich zum nächsten Spieltag der FLA wieder daheim zu sein.[81] Sportlich zahlte sich meine Rückkehr immerhin aus, wir gewannen in Linz alle unsere Begegnungen und waren für die Flag Bowl bereit.

Das Jahr 2012 hatte sich das Finale Studs gegen Indians verdient. Beim Spiel um den österreichischen Staatsmeistertitel standen sich acht frischgebackene Weltmeister gegenüber, sechs auf Seiten der Indians, zwei auf unserer Seite. Nach dem lautesten „Green hearts, can't lose!"-Schrei, den wir jemals losließen, gingen wir es an. Die erste Halbzeit erinnerte mich ans WM-Finale. Die Indians kamen häufig über lange Pässe zum Erfolg, während wir mit kurzen Pässen langsam und sicher Touchdowns erzielten. Im dritten Drive patzte zum ersten Mal eine Offense. Leider war es unsere. Ich warf den Ball direkt in die Arme eines Defense-Spielers der Indians. Drei Spielzüge später lagen wir mit 13:27 zurück. Zwei Minuten bis zur Halbzeit. Kein Grund zur Panik, aber nicht ideal. Uns gelang es, einen Touchdown zu erzielen und die Uhr dabei so laufen zu lassen, dass den Indians im Gegenzug die Zeit ausging. Unser Rückstand betrug nur mehr sieben Punkte.

Pünktlich nach der Halbzeit setzte heftiger Regen ein. Wir hatten Probleme, uns darauf einzustellen. Beim vierten Versuch warf ich einen langen Pass auf Georg. Ich wollte schon jubeln, weil er allein auf weiter Flur stand. Doch der Pass geriet ein wenig zu lang, und der nasse Ball rutschte Georg durch die Finger. Mein

---

[81] Mit der Heimreise startete die bereits erwähnte Odyssee nach Linz inklusive Übernachtung in einem Hotel ohne Heizung und Warmwasser.

Jubel blieb mir im Hals stecken. Im Gegenzug erhöhten die Indians ihren Vorsprung wieder auf zwei Touchdowns. Ich rief die Offense-Spieler zu mir. „Wir kommen wieder heran", garantierte ich ihnen. Der Niederschlag half unserer Taktik. Bei widrigen Bedingungen war es einfacher, kurze Pässe zu spielen. Wir mussten nur konzentriert und ruhig bleiben. Und tatsächlich: Die Indians taten sich im Regen mit langen Pässen schwer und fanden kein Rezept gegen unsere Defense. Durch Touchdowns von Georg und Martin glichen wir vier Minuten vor Ende zum 33:33 aus. Die Spannung war nicht mehr zu toppen. Da hörte ich eine Lautsprecherdurchsage: „Alle nicht am Spiel beteiligten Personen mögen bitte sofort das Spielfeld verlassen!" Ich blickte mich um und sah verwundert Claudia, die konzentriert das Display ihrer Spiegelreflexkamera betrachtete und dabei mitten durch die Endzone spazierte. Claudia begleitete uns wie so oft als offizielle Teamfotografin. Erst bei der nächsten Durchsage merkte sie, dass sie gemeint war, woraufhin sie schleunigst das Feld räumte.

Es waren noch etwas mehr als zwei Minuten zu spielen. Unsere Defense hatte gerade die Offense der Indians gestoppt. Ich ging aufs Feld und wollte mit einem sicheren, kurzen Pass starten. Doch schon als der Ball meine Hand verließ, merkte ich, dass ich einen Fehler begangen hatte. Im Regen muss man auf den Körper zielen. Mein Pass war zu hoch angesetzt, er rutschte dem Receiver durch die Finger. Hinter ihm stand ein Defense-Spieler, der den Ball fing und bis in unsere Endzone lief. 33:39. Wir hatten, ich hatte den Indians sechs Punkte geschenkt! Den Extrapunktversuch konnten die Indians knapp nicht verwerten. Weniger als 60 Sekunden nach der Interception kam ich wieder mit der Offense aufs Feld. Es war gut, dass wir nicht die Zeit dafür hatten, lange über das Geschehene nachzudenken. Mit einem Touchdown plus Extrapunkt konnten wir das Spiel noch immer für uns entscheiden. Wir starteten gut, Georg und Qualle machten zwei wichtige Catches. 22 Sekunden vor Schluss standen wir kurz vor der Endzone. Beim nächsten Spielzug sah ich, dass Martin frei stand. Zwei Verteidiger bewegten sich allerdings in seine Richtung. Ich warf den wahrscheinlich schärfsten Pass meiner Karriere. Martin schnappte ihn. Touchdown. 39:39.

Noch ein letzter Pass. Die Indians und ihre Fans schrien so laut, dass ich sie mit meinem Start-Kommando überbrüllen musste. „Down – Set – Hut." Ich fing den Snap, sah zu Martin, der nicht frei war, sah zu Qualle und Georg, die sich nicht von ihren Gegenspielern lösen konnten. Im letzten Moment entdeckte ich Tom im hinteren Eck der Endzone. Ich warf den Ball in hohem Bogen, über einen Verteidiger hinweg, direkt in seine Hände. Er fing ihn mit einem Jubelschrei! 40:39. Die Offense hatte ihre Arbeit getan.

Ich fühlte mich emotional ähnlich erschöpft wie beim WM-Finale ein paar Wochen zuvor. Der Unterschied war, dass ich definitiv nicht mehr aufs Feld musste. Eine Verlängerung war unmöglich. Ich war zum Zuschauen verdammt. Die Indians ließen nicht locker und holten sich mit zwei schnellen Pässen noch einmal die Chance, zurückzuschlagen. Für mich war es ein Déjà-vu: Wie im WM-Finale war es ein enorm spannendes Spiel auf höchstem Niveau. Wie im WM-Finale gingen wir mit einem Touchdown wenige Sekunden vor Ende in Führung. Wie im WM-Finale hatte unser Gegner noch einmal die Möglichkeit, zu kontern. Und wie im WM-Finale gelang es ihm nicht! Georg, der jetzt in der Defense zum Einsatz kam, fälschte den Ball mit den Fingerspitzen gerade so weit ab, dass der Receiver ihn nicht erreichte. Das Spiel war zu Ende! Wir waren Staatsmeister!

Ein Hollywood-Drehbuch hätte nicht spannender sein können. Zwei hochdramatische Finalspiele innerhalb weniger Wochen zu gewinnen, in denen ich mit der Offense kurz vor Schluss die entscheidenden Touchdowns erzielte, war fast zu kitschig, um wahr zu sein. Den Sieg mit den Mannschaftskollegen zu teilen, mit denen ich das ganze Jahr über trainierte, war für mich etwas ganz Besonderes. Ich freute mich für jeden, der mit mir Staatsmeister wurde. Vor allem für diejenigen, für die es das erste Mal war. Der Stolz in ihren Augen und das uneingeschränkte Glücksgefühl als sie die Goldmedaille überreicht bekamen, bedeutete mir in diesem Moment mehr als meine eigene Medaille.

Das Jahr 2012 markierte den Höhepunkt meiner Karriere. Ich gewann zwei Finalspiele und feierte einen großen internationalen Erfolg. Sportlich konnte es nicht mehr besser werden. Privat allerdings schon. Den 27. Oktober 2012 hatte ich schon seit ein paar Monaten in meinem Kalender markiert, den Tag, an dem ich genau 18 Monate mit Claudia zusammen sein würde. An diesem Tag wollte ich ihr einen Heiratsantrag machen. Aber wo? Zuerst dachte ich an Las Vegas. Während meiner Zeit an der Texas Tech University machte ich mit einigen Mitstudenten einen Ausflug nach „Sin City". Die berühmten Wasserspiele vor dem Bellagio-Hotel berührten mich dermaßen, dass ich mir in den Kopf setzte, genau dort meiner zukünftigen Ehefrau einen Heiratsantrag machen zu wollen. Ein paar Jahre später wurde ich auf eine zweite Location aufmerksam: Das Vista Palace in Roquebrune-Cap-Martin. Dieses Hotel bot einen atemberaubenden Blick auf Monaco. Es thronte am Rand eines Felsvorsprungs, 330 Meter über dem Meer, und konnte auf eine bewegte Geschichte zurückblicken, die bis ins 19. Jahrhundert reichte. Ein Teehaus in einem 1870 errichteten Holzchalet wurde in den 1920er Jahren zu einem kleinen Hotel ausgebaut und nach der Zerstörung während des Krieges in größerer Form wiedererrichtet. Ich hatte das Vista Palace Hotel während eines beruflichen Aufenthalts in Monaco entdeckt. Als ich zum ersten Mal dort war, hatte ich den gleichen Eindruck wie beim Bellagio: Ein perfekter Ort für einen Heiratsantrag.[82]

Die gesamte Reise sollte eine Überraschung werden. Während unseres Aufenthalts in Tansania im September erwähnte ich gegenüber Claudia ganz nebenbei, dass sie sich am Wochenende um den 27.10. nichts vornehmen solle. Ich hätte einen Ausflug geplant. Sie fragte mich gelegentlich danach, aber ich verriet keine Details. Wenige Tage vor Reisebeginn schilderte mir Claudia ein Dilemma: Sie müsse schließlich wissen, ob sie ihre Wanderschu-

---

[82] Und es war näher.

he für eine Bergwanderung oder den Bikini für ein Thermenwochenende einpacken sollte.

Ich sagte: „Das verstehe ich. Du brauchst weder Bergschuhe, noch einen Bikini."

Sie schmunzelte: "Na gut, dann packe ich so, als würden wir mit einem Heißluftballon fahren oder einen Städtetrip machen."

Am 26. 10. 2012 in der Früh packten wir. Ich schnappte mir heimlich Claudias Reisepass. Sie wusste ja nicht, dass es zum Flughafen ging. Wir waren schon fast bei meinem Auto angekommen, als Claudia sagte: „Ich muss noch einmal schnell in die Wohnung, ich habe etwas vergessen."

Als sie zurückkam, grinste sie: „Wo ist mein Reisepass?"

„Warum?"

„Er war eben noch in meiner Schreibtischlade und jetzt ist er weg."

Mir blieb nichts anderes übrig, als meinen „Diebstahl" einzugestehen. Das Reiseziel erfuhr sie jedoch erst beim Einchecken. Vom Flughafen in Nizza aus fuhren wir ins Hotel, dann zum Abendessen nach Monaco. Am nächsten Tag schlenderten wir durch Cannes. Claudia ganz entspannt, ich zunehmend nervös.

Abends war Claudia schrecklich müde und wollte sich schon bettfertig machen, als ich sie darum bat, sich doch noch ein wenig mit mir auf den Balkon zu stellen. Sie ließ sich überreden. Ich entleerte zum wiederholten Mal meine extrem nervöse Blase, dann folgte ich ihr und wir betrachteten gemeinsam das hell erleuchtete Monaco. Nach ein paar Minuten griff ich in meine Jackentasche und holte den Verlobungsring hervor, den ich zu diesem Anlass gekauft hatte, ging auf die Knie und fragte Claudia, ob sie meine Frau werden wolle. Mit Tränen in den Augen warf sie sich mir um den Hals: „Ja!"

Die Überraschung war gelungen. Wir bestellten uns noch einen Cocktail aufs Zimmer und stießen auf unsere Verlobung an. Danach war ich es, der erschöpft und erleichtert ins Bett fiel. Ich schlief ein, während Claudia nun hellwach und voller Vorfreude damit begann, unsere Hochzeit zu planen.

30   Sportliches Wellental

Der Zenit war überschritten, ich wusste es nur noch nicht. Ich dachte, ein neues Level erreicht zu haben, und dass ich es nun leichter haben würde, weitere Titel zu gewinnen. Vor allem mit den Studs, da wir vor der Saison 2013 Klaus Geyer als neues Mitglied unserer Offense begrüßen durften. Klaus hatte viele Jahre lang Receiver bei den Graz Giants gespielt und sich entschieden, seine American-Football-Karriere zu beenden oder zumindest zu unterbrechen. Ich lernte ihn zufällig über einen gemeinsamen Bekannten kennen und tat, was ich in den ersten Jahren nach Gründung der Studs häufig getan hatte. Ich versuchte, ihm unseren Sport und unsere Mannschaft attraktiv zu machen. Ich lud ihn zu einem völlig unverbindlichen Probetraining ein. Dass die Graz Giants nicht viel von Flagfootball hielten, hatten sie in der Vergangenheit sehr eindeutig gezeigt. Doch Klaus war anderer Meinung und biss an!

Er war mit einer Größe von 1,96 Metern und einem Körpergewicht von 115 Kilogramm beinahe gleich groß und schwer wie Qualle, das Gewicht war nur etwas anders verteilt. Seine Statur erinnerte mich an den berühmten NFL-Spieler Rob Gronkowski. Intern nannten wir ihn darum gerne „Gronk". Zusätzlich zu seiner imposanten körperlichen Erscheinung war er athletisch, extrem stark und sehr schnell. Durch seine jahrelange Football-Erfahrung brauchte ich ihm nicht zu erklären, wie er einen Ball fangen oder eine Passroute laufen musste. Nur seine emotionalen Ausbrüche verblüfften uns gelegentlich. An ihnen ließ sich erkennen, dass ihm manchmal die direkte körperliche Konfrontation abging, wie sie im American Football üblich ist. In Summe stellte er für die Studs eine riesengroße Bereicherung dar, zumal Qualle seine Karriere allmählich ausklingen ließ und körperlich wie spielerisch eine große Lücke hinterließ. Nachdem Klaus zu den Studs gekommen war, wechselte Georg auf die Position des Centers und wir hatten mit ihm, Tom, Martin und Klaus wieder vier absolute Topspieler in der Offense.

Vor der Saison 2013 fühlte ich mich auf sportlicher Ebene unbesiegbar. Sicherlich würden wir neuerlich Staatsmeister werden, sicherlich auch bei der EM gegen Dänemark im Finale stehen. Mental sah die Sache ganz anders aus. Allein beim Gedanken an die Flag Bowl oder die Europameisterschaft wurde mir schlecht. Ich dachte, dass mit zunehmenden Erfolgen eine gewisse Lockerheit einkehren würde. Das Gegenteil war der Fall. Siege waren nur Normalität geworden, jede potentielle Niederlage eine Katastrophe. Ich war amtierender Welt- und Staatsmeister und ich hatte Versagensängste.

Im Frühjahr lief es bei den Studs erwartungsgemäß rund und wir setzten uns souverän an der Tabellenspitze fest. Mein Fokus galt deshalb schon relativ früh dem Nationalteam. Coach Vonasek hatte seine Tätigkeit als Headcoach beendet und an Coach Dize übergeben, der weiterhin auch als Defense-Coach agierte. Es fehlte jemand, der sich um die Offense kümmerte. Dize rief mich an und fragte, ob ich diese Stelle übernehmen wollte. Ich sagte sofort zu. Ich war de facto schon beinahe Offense Coach gewesen, da sich Coach Vonasek vermehrt um seine Aufgaben als Headcoach gekümmert und ich Mitspracherecht bei der Playbook-Zusammenstellung hatte. Offiziell Offense Coach zu werden, bereitete mir keinen zusätzlichen Stress.

Der Druck, den ich empfand, hingegen schon. Er war so groß geworden, dass ich nun im Nationalteam regelmäßig psychologische Unterstützung suchte. Ich versuchte aufzuarbeiten, was mir Angst machte und warum es mir Angst machte. Das Ergebnis war immer dasselbe: Ein ständig wiederkehrender Gedanke plagte mich. Der Gedanke, einen spielentscheidenden Fehler zu machen. Ich konnte ihn nicht loswerden.

Bei den nationalen Trainingslagern waren neben Tom wieder Georg und zum ersten Mal Martin eingeladen. Georg hatte schon in den beiden Jahren zuvor Trainingslagerluft geschnuppert, es bisher aber noch nicht ins Nationalteam geschafft. 2011 brach er sich die Hand, als ein Defense-Spieler unglücklich auf ihn fiel. Obwohl er aus meiner Sicht eindeutig der bessere Center-Spieler gewesen wäre, entschied Coach Vonasek 2012, Patrick Bründl, meinen Ersatzquarterback, auf der Center Position spielen zu lassen und einen weiteren Ersatzreceiver zur Weltmeisterschaft mitzunehmen. Bründl spielte ein gutes Turnier, doch mit Georg als Center und Bründl als Ersatzspieler für alle Offense-Positionen wären wir vielleicht noch besser gewesen.

Beim ersten Trainingslager 2013 in Lindabrunn zeigte Georg mir und der gesamten Mannschaft, dass nun wirklich kein Weg mehr an ihm vorbeiführte. Er übernahm die Position des Centers jetzt auch im Nationalteam. Für Martin war die Nationalteam-Reise nach den Trainingslagern zu Ende, er schaffte es leider nicht, so zu überzeugen, wie ich es von ihm bei den Studs gewohnt war. Ich schätzte das Team insgesamt noch stärker ein als die Weltmeisterschaftsmannschaft des Vorjahres. Im September 2013 fuhren wir mit einer extrem breiten Brust nach Pesaro. Mission: Europameistertitel.

Kurz bevor wir das südlich von Rimini gelegene Pesaro mit dem Bus erreichten, fuhren wir durch Tavullia, dem einzigen Ort der Welt mit einer Geschwindigkeitsbegrenzung von 46 Stundenkilometern. Tavullia ist nämlich der Heimatort von Moto-GP-Legende Valentino Rossi. Welche Nummer hatte Rossi? Richtig, die 46!

Erstmals würde ich mit Georg gemeinsam spielen. Und als amtierender Weltmeister käme uns eine besondere Stellung zu, dachte ich. Dass der Weltmeistertitel Geschichte war und bei der Europameisterschaft wieder alle bei null begannen, wurde uns bereits im ersten Spiel schonungslos aufgezeigt. Ich glaube nicht, dass wir überheblich agierten, doch wir hatten den starken Israelis nichts entgegenzusetzen und verloren deutlich mit 27:41. Ich hatte es nicht geschafft, die Offense ins Laufen zu bringen, die

Defense kein Rezept gefunden, um unseren Gegner aufzuhalten. Die restlichen Vorrundenspiele gegen Tschechien, Großbritannien, Frankreich und Deutschland gewannen wir allesamt sicher. Die Niederlage gegen Israel führte jedoch dazu, dass wir schon im Halbfinale auf Dänemark trafen. Nach der obligatorischen Videoanalyse rief ich mir unseren Sieg vom Vorjahr in Erinnerung und spielte ihn gedanklich erneut durch. Ich suchte das Siegesgefühl in mir, um Selbstvertrauen für das Halbfinale tanken. Vor meinem inneren Auge wiederholten sich unsere Touchdowns – und ich ging mit einer ungewohnten Ruhe ins Bett.

Als ich am nächsten Tag aufwachte, war von dieser Ruhe leider nichts mehr zu spüren. Stattdessen: extreme Nervosität. Ich schleppte mich zum Frühstück und versuchte, gelassen und entspannt zu wirken. Ich glaube nicht, dass es gelang.

Im Halbfinale erwies sich Dänemark wieder einmal als eine Nummer zu groß für uns. Nachdem sie auch das Finale gegen Italien deutlich für sich entscheiden konnten, krönten sie sich zum dritten Mal in Folge zum Europameister. Den zweiten Platz hatte ich eigentlich als Minimalziel angesehen. Nun blieb nur das Spiel um die Bronzemedaille. Als Trost gelang uns immerhin eine Revanche gegen Israel. Die Bronzemedaille besaß für mich dennoch einen besonderen Stellenwert, da ich sie mit Georg teilen konnte!

Bei der Weltmeisterschaft in Göteborg hatte unser Triumph alles überstrahlt. Nun bemerkte ich einmal mehr, wie sehr ein internationales Turnier an meinen Kräften zehrte. Was überwog eigentlich, die Erfolgserlebnisse und sportlichen Highlights – oder die Anspannung und meine daraus resultierenden physischen und psychischen Beschwerden? Die Erwartungen waren gestiegen. Nun schien mich der Sport auch im Nationalteam in eine lose-lose-Situation zu führen. Allein der Gewinn eines Titels schien mich für die unangenehmen Seiten entschädigen zu können, jede Niederlage stellte eine herbe Enttäuschung dar, die mich an allem zweifeln ließ.

Bei den Studs fühlte sich alles noch etwas anders an. Die längere Saison verschaffte mir reichlich positive Eindrücke, ohne dass ich zuvor diesem Stress ausgesetzt war. Ich versuchte, mir die Devise „Der Weg ist das Ziel" einzuhämmern, um alles Positive wertzuschätzen, was zum Erreichen meiner Ziele notwendig war. Ich wollte das Training und die Wettkämpfe selbst genießen, mich nicht nur am Ergebnis messen. Ich wusste: Das wäre die richtige Herangehensweise. Doch sie gelang mir immer schlechter.

Bei der Flag Bowl 2013 konnten ich und meine Mannschaft nicht überzeugen. Wir mussten schon im Halbfinale die Segel streichen. Nach dem Euphoriejahr 2012 landete ich auf dem harten Boden der Realität. Statt unbesiegbar fühlte ich mich nun äußerst verwundbar.

31 Gemischte Gefühle

Die Weltmeisterschaft 2014, bei der wir versuchen wollten, unseren Titel zu verteidigen, sollte in Israel stattfinden. Ich freute mich darauf, dieses Land kennenzulernen.[83] Doch im Juni brachen wieder einmal offene Konflikte zwischen Israelis und Palästinensern aus. Täglich hörte ich Nachrichten von Verhaftungen, Raketenbeschüssen und kleineren Kampfhandlungen. Zu Beginn des ersten Nationalteamtrainingslagers schilderte Coach Dize die Situation: Die IFAF, der internationale Footballverband, hatte noch keine offizielle Stellungnahme abgegeben. Wir mussten nach wie vor davon ausgehen, dass die Weltmeisterschaft in Israel ausgetragen werden würde. Ich fühlte mich bei dem Gedanken unwohl, wollte aber wie viele meiner Kollegen zunächst abwarten und die Entscheidung über eine Teilnahme verschieben. Am 8. Juli 2014 startete Israel mit einer Militäroperation. Mit anderen Worten: Es herrschte Krieg. Für mich war die Weltmeisterschaft damit gelaufen. Ich telefonierte mit Coach Dize und wir einigten uns darauf, die Trainingslager zwar nicht abzusagen, aber von einer Teilnahme in Israel abzusehen. Wenige Tage später erhielten wir die Nachricht, dass die IFAF Israel die Weltmeisterschaft aus Sicherheitsgründen entzogen hatte. Als neuer Austragungsort war Grosseto in Italien ausgesucht worden.

„Nicht schon wieder Italien!", dachte ich mir.

Doch ich freute mich, dass das WM-Turnier überhaupt stattfinden konnte. In den folgenden Wochen steigerte sich meine Nervosität ins Unerträgliche, mir gelang es einfach nicht, sie unter Kontrolle zu bekommen. In meinem Kopf kreisten ständig die-

---

[83] Zumindest am Schabbat würden wir wohl dafür Zeit haben.

selben Gedanken, immer wieder Versagensängste und die Sorge, meiner Mannschaft mit meiner Leistung zu schaden. Meine größte und vielleicht einzig verbliebene Motivation lag darin, mit Georg gemeinsam anzutreten.

Neue Weltmeisterschaft, neuer Modus. Den Verantwortlichen der IFAF hatte es bei der Weltmeisterschaft in Göteborg scheinbar nicht gefallen, dass es nach den Gruppenspielen direkt mit dem Halbfinale weiterging. Daher hatten sie in Grosseto wieder ein Viertelfinale angesetzt. Mir war der Modus ziemlich egal. Wir starteten mit Siegen über die Türkei, Finnland, Großbritannien, Japan und Korea. Danach schlugen wir Italien mit 62:24. 62:24! Offense und Defense spielten wie aus einem Guss. Nächster Gegner waren die Mexikaner, die wegen des verlorenen Halbfinales in Göteborg noch eine Rechnung mit uns offen hatten. Sie beglichen sie mit einem 40:33 Erfolg. Ich konnte mit unserer Leistung einigermaßen zufrieden sein, wir spielten gut, aber gut reichte nicht gegen eine der besten Mannschaften der Welt. Im abschließenden Gruppenspiel gegen Israel fanden wir wieder unseren Rhythmus und sicherten uns den zweiten Gruppenplatz hinter Mexiko. Ich ging nun davon aus, dass wie in Göteborg die USA, Dänemark, Mexiko und wir die stärksten Teams stellten.

Unser Viertelfinalgegner war der Drittplatzierte der zweiten Vorrundengruppe, Kanada. Als Einstimmung auf ein mögliches USA-Duell war mir Kanada nicht unrecht. Sie pflegten einen ähnlichen Spielstil. Außerdem hatten sie uns 2010 besiegt, es war höchste Zeit für eine Revanche.

Als wir am nächsten Tag kurz nach sieben Uhr Richtung Spielfeld gingen, um uns aufzuwärmen, erfuhr ich, dass unser Receiver Michael Terzer nicht einsatzfähig war. Ein herber Schlag. Was bedeutete das für unsere Offense? Klaus Heiligenbrunner war ebenfalls angeschlagen, er hatte sich am Vortag an den Rippen verletzt. Ich fragte ihn: „Klaus, wie geht's? Kannst du spielen?"

„Es schaut nicht gut aus. Ich habe höllische Schmerzen."

„Du musst spielen, Michi ist verletzt. Wenn du auch nicht spielst, haben wir nicht einmal fünf Offense-Spieler."

Also spielte er. Nach einem intensiven Aufwärmen stimmte ich die Offense auf das Spiel ein. Ich ging mit allen Receivern noch einmal die wichtigsten Spielzüge durch und hoffte, auf Klaus' Durchhaltevermögen, trotz Verletzung. Als das Spiel startete, entwickelte sich ein wahres Offense-Spektakel. Die Kanadier spielten überragend, unsere Verteidigung war oft einen Schritt zu langsam. Ich versuchte, mit meiner Offense dagegenzuhalten und unsere Gegner nicht allzu deutlich merken zu lassen, dass wir nur drei fitte Receiver zur Verfügung hatten. Großteils gelang es mir. Ein paar Minuten vor Schluss lagen wir knapp in Führung und hatten die Möglichkeit, einen großen Schritt Richtung Halbfinale zu machen. Doch die Kanadier verteidigten gut, ich warf nicht optimal und wir konnten kein First Down erzielen. Ihnen gelang dies anschließend und wenige Sekunden vor Schluss hatten sie noch einen letzten Versuch. Der kanadische Quarterback startete den Spielzug und suchte eine Anspielstation. Kurz bevor unser Blitzer ihn erreichte, warf er den Ball Richtung Endzone. Trotz allergrößter Bedrängnis gelang es dem kanadischen Receiver, den Ball zu fangen. Touchdown. Wir hatten das Spiel mit 42:45 verloren. Ich war fassungslos. Der Traum von der Titelverteidigung war viel zu früh geplatzt. Es war, als ob mir der Boden unter den Füßen weggerissen worden sei. Die Niederlagen, mit denen wir bisher ausgeschieden waren, hatten wir gegen die Dänen erlitten – das hatte sich anders angefühlt. Gegen Kanada waren wir siegessicher gewesen. Das machte alles noch viel schlimmer. Wenige Sekunden nachdem Kanada den entscheidenden Touchdown erzielt hatte, lief Erwin Aigner, der als österreichischer Schiedsrichtervertreter eingesetzt war, auf mich zu.

„Italien", rief er mir entgegen.
Ich drehte mich zu ihm hin.
„Dänemark hat gegen Italien verloren und ist ausgeschieden!"
Ich stöhnte: „Egal, wir haben auch verloren."
Dänemark hatte seit 2008 außer gegen uns in Göteborg gegen keine europäische Mannschaft verloren. Und nun gegen Italien! Doch mir war es egal. Mir war schlecht. Ich war wütend. Ich war enttäuscht. Ich schaute zu Tom und Georg, die beide deprimiert

neben mir standen, und sagte: „Ich glaube, das war mein letztes Jahr im Nationalteam."

Tom schaute mich an, als ob er mich nicht verstanden hätte. Georg antwortete: „Jetzt warte einmal ab. In der ersten Emotion kann man so etwas nicht entscheiden."

„Ich bin mir ziemlich sicher, dass ich das emotional nicht noch einmal schaffen werde."

Es folgten eine lustlose Niederlage gegen Israel[84] und ein Sieg gegen Panama. Wir erreichten den 7. Platz. Es war mir egal, ob wir 5. oder 15. wurden. Im Finale schlug die USA Mexiko deutlich und holte sich den 2012 verlorenen WM-Titel zurück. Auch in den Jahren 2016, 2018 und 2021 sollten die US-Amerikaner die Weltmeisterschaft gewinnen. 2022 gewannen sie zudem die Goldmedaille bei den World Games. Unser Sieg in Göteborg 2012 war somit die einzige Niederlage, die die USA seit 2008 hatten hinnehmen müssen.

Nach der WM hätte ich eine Pause benötigt, um meine Batterien wieder aufzuladen. Körperlich fehlte mir nichts, aber emotional war ich, was das Thema Flagfootball betraf, am Boden. Einige Wochen vor der Flag Bowl begann normalerweise die schwierigste Phase in der FLA, ich wartete auf die FBK und ließ die Zeit bis zum Saisonende über mich ergehen. 2014 ging es mir also schon vor dieser schwierigsten Phase schlecht. Ich nahm mir vor, mich zusammenzureißen. Ständig sagte ich mir, dass der wichtigste Teil der Saison bevorstehe, ich müsse nun alle Kräfte mobilisieren, um mit den Studs erneut den Staatsmeistertitel zu holen. Es war eine enorme Kraftanstrengung.

Vor dem letzten Spieltag des Grunddurchgangs hatten wir uns den ersten, die Indians den zweiten Platz gesichert. Wir hatten bis zu diesem Zeitpunkt in der gesamten Saison noch kein

---

[84] Erinnerungen an das bedeutungslose Spiel gegen Deutschland in Ottawa wurden wach.

Spiel verloren. Dennoch mussten wir noch zwei, für uns unbedeutende, Spiele absolvieren. Unser erster Gegner waren die Graz Panthers. Sollten wir gewinnen, würden die Panthers den Grunddurchgang auf dem vierten Platz beenden und somit unser Halbfinalgegner sein. Das schmeckte mir nicht. Die Panthers waren nicht nur unser Stadtrivale, sie hatten sich im Laufe der Jahre zu einem ernstzunehmenden Gegner entwickelt. Gegen uns schienen sie immer zur Höchstform aufzulaufen, die Spiele endeten äußerst knapp. Eine ganze Saison lang nicht zu verlieren, war eine schöne Leistung, doch ich wollte unbedingt den Titel holen, alles andere war sekundär.[85] Beim letzten Training verkündete ich deshalb: "Wir werden auf die ‚perfect season' verzichten und das Spiel gegen die Panthers absichtlich verlieren, damit wir im Halbfinale nicht gegen sie spielen müssen. Damit haben wir die besten Chancen auf den Staatsmeistertitel."

An den Reaktionen war zu erkennen, dass diese Direktive nicht allen schmeckte.

„Wie willst du das machen, ohne dass es auffällt?", fragte mich Tom.

„Ich sage einfach, ich hätte einen beruflichen Termin und stoße erst nach dem Spiel gegen die Panthers zu euch."

Meine Mitspieler akzeptierten die Entscheidung. Uneingeschränkt war die Freude darüber nicht. Auch ich hatte mir die Entscheidung nicht leicht gemacht. Ich wollte mich nicht unsportlich verhalten. Letztendlich war ausschlaggebend, dass kein anderes Team einen Nachteil durch unsere Niederlage haben würde. Hätten wir eine Mannschaft durch ein absichtlich verlorenes Spiel aus den Playoff-Plätzen gedrängt, wäre es für mich nicht vertretbar gewesen. In diesem Fall ging es nur um die Platzierung.

Ob uns jemand meine Geschichte abnahm, weiß ich nicht. Es war jedenfalls das einzige Spiel, das ich während meiner gesamten Karriere versäumte. Ein Urlaub in Tansania und Sansibar oder ein Geschäftstermin in der Schweiz hatten mich nicht davon ab-

---

[85] Oder wie Hans Krankl einmal sagte: „Alles andere ist primär."

halten können, für meine Mannschaft am Feld zu stehen. Dafür brauchte es schon eine taktische Maßnahme. Die auch gelang: Wir verloren planmäßig. Zwei Wochen später wurde ich in meiner Entscheidung bestätigt: Durch einen Sieg gegen den von uns bevorzugten Halbfinalgegner, die Steelsharks aus Traun, zogen wir in die Flag Bowl ein. Ein angenehmer „Nebeneffekt" bestand darin, dass die Panthers im zweiten Halbfinale sensationell die Indians besiegten und es auf diese Weise zu einem Finale von zwei Grazer Mannschaften kam. Wir wollten den Panthers im Halbfinale ausweichen, im Finale freuten wir uns, sie und nicht die höher eingeschätzten Indians zu sehen. Und unser Plan ging weiter auf: Wir spielten von Anfang bis Ende perfekt, das Finale wurde zum ersten Mal in der Studs-Geschichte nicht in letzter Sekunde entschieden, der 49:34 Sieg war nie in Gefahr, und wir krönten uns zum vierten Mal zum Meister. Während alle anderen Studs feierten, spürte ich vor allem Erleichterung. Von mir fiel eine Last ab. Ich zog mich zurück, atmete tief durch und freute mich, dass die Saison endlich vorüber war.

32 Der letzte Triumph

Kurz nach dem Gewinn des Staatsmeistertitels im Oktober 2014 kontaktierte mich Benni Lang, Defense-Captain des Nationalteams, der für unseren Stadtrivalen Graz Panthers spielte. Dort sah er jedoch keine Perspektive für sich und wollte mit mir besprechen, ob er zu den Studs wechseln könne.

„Natürlich kann er das", dachte ich, „schließlich ist er einer der besten Defense-Spieler Österreichs."

Als Titelverteidiger, mit einem zusätzlichen Topspieler und der Möglichkeit, die Champions Bowl[86] zu gewinnen, hätte es genügend Grund zur Vorfreude auf die Saison gegeben. Aber ich spürte keine Vorfreude. Das Feuer glomm nur noch, es drohte, ganz zu erlöschen. Die intensiven Jahre hatten ihren Tribut gezollt. Körperlich war ich fit, mental schon über meinen Grenzen. Über zehn Jahre war es her, dass ich als American Football Fan begonnen hatte, Flagfootball zu spielen. Die pure Freude am Sport war dem Druck und der Nervosität gewichen. Dazu kamen der Ärger und die übergroße Enttäuschung nach verlorenen Spielen. Dabei sollte doch der Weg das Ziel sein! Wie könnte ich den Sport noch einmal so erleben wie am Anfang meiner Karriere? Auf der Suche nach diesem Gefühl beteiligte ich mich mehrmals an einem Ende Oktober stattfindenden Juxturnier, der Hallowien[87] Bowl. Meistens sogar als Defense-Spieler. So traurig es war: Die meiste Freude am Flagfootball hatte ich in den letzten Jahren während der Trainingslager und bei der Hallowien Bowl.

---

[86] 2015 fand dieses Turnier um den Titel der besten Vereinsmannschaft Europas erstmals seit 2011 wieder statt.
[87] Kein Tippfehler. „Halloween" auf wienerisch.

Nachdem ich am Ende der Weltmeisterschaft 2014 bereits an einen Rücktritt vom Nationalteam gedacht hatte, gab es 2015 einen erfreulicheren Anlass, um meine Teilnahme an der Europameisterschaft endgültig abzusagen. Claudia und ich erwarteten ein Kind. Das Baby sollte in der Phase der intensiven Nationalteamtrainingslager, kurz vor der Europameisterschaft zur Welt kommen. Die Entscheidung, dafür eine „Auszeit" vom Nationalteam zu nehmen, fiel mir leicht. Mein Kind hatte absoluten Vorrang. In der ersten Zeit wollte ich keine Minute mit ihm vermissen. Ich sprach Coach Dize gegenüber auch von einer Auszeit, obwohl ich vermutete, dass es ein Abschied für immer werden würde.

Ich wusste es nur deshalb nicht genau, weil es eine realistische Chance darauf gab, dass Österreich 2017 die EM austragen würde. Zwei Jahre zuvor hatte Coach Dize dem AFBÖ ein detailliertes Konzept dafür vorgestellt. Ich hatte einen Spielplan entworfen, um zu planen, wie viele Spielfelder für welchen Zeitraum benötigt werden würden. Das Konzept beinhaltete eine Liste an Personen, die bereit wären, an der Organisation mitzuarbeiten, und einen seitenlangen, peinlich genauen Budgetplan. 2013 scheiterte die Bewerbung daran, dass bereits um eine Förderung für die Entsendung der Nationalmannschaften in ein anderes Land angesucht wurde. Außerdem waren die personellen Ressourcen des AFBÖ knapp, weil im Jahr 2014 schon die American Football Europameisterschaft der Herren in Österreich ausgetragen wurde. 2015 sollten die Damen folgen und da es angeblich zu 99 Prozent fix war, dass die Veranstaltung auch in Österreich stattfinden würde, wurde eine Kandidatur für die Ausrichtung der Flagfootball-Europameisterschaft schon im Vorfeld ausgeschlossen. (Die Damen spielten 2015 dann doch in Spanien.) Wieder ein Jahr später war Wien Gastgeber der Cheerleader-Europameisterschaft! Auch für das Jahr 2017 sollte die Bewerbung schlussendlich nicht zustande kommen. Darum blieb es dabei: Meinen letzten Einsatz für Team Austria hatte ich während der WM 2014 in Italien.

Einer der Spieltage im Frühjahr 2015 führte uns nach Linz. Kurz vor dem letzten Spiel nahm mich Tom zur Seite: „Kann ich kurz mit dir reden?" – „Klar, worum geht's?"

Tom redete nie lange um den heißen Brei herum, und so sagte er schlichtweg: „Heuer wird meine letzte Saison!"

Ich schwieg, war aber nicht überrascht. Nach der WM 2014 hatte er schon sein Nationalteamtrikot an den Nagel gehängt. Ich sagte: „Ja, ich verstehe dich. Ich bin mir auch nicht sicher, wie lange ich noch weiterspielen werde."

Er dachte offenbar, dass ich enttäuscht oder entsetzt sein würde. Und dass ich versuchen würde, ihn zum Weiterspielen zu überreden, denn er legte mir die Gründe für seine Entscheidung dar, sprach von seinen angeschlagenen Knien und Knöcheln, die schon von seiner Basketballkarriere etwas lädiert gewesen seien. Er wolle nicht so lange spielen, bis er große Probleme mit seinen Gelenken bekäme.

Dieses Gespräch zeigte mir deutlich, dass sich die Dinge ändern würden. Das war okay für mich. Bei den Studs stand ein Generationenwechsel bevor. Nachdem mit Qualle und Heinz schon zwei Spieler der ersten Stunde gegangen waren, folgte nun also Tom, der seit 2007 mitspielte.

Kurze Zeit später wollte sich auch Benni Lang mit mir unterhalten. Er wolle nur noch die laufende Saison in der Defense bestreiten, für die Zeit danach suche er nach einer Möglichkeit, Quarterback zu spielen. Eine meiner größten Sorgen war gewesen, dass wir es nicht schaffen würden, die Studs als Mannschaft zu erhalten. Speziell die Position des Quarterbacks hatte mir immer Kopfzerbrechen bereitet, weil weit und breit kein Nachfolger in Sicht gewesen war. Georg hatte kein Interesse daran, als Quarterback zu übernehmen, und auch sonst bot sich niemand an. Nun zeigte sich eine Perspektive für die Studs. Benni und ich sprachen im Laufe des Sommers mehrfach miteinander, beschlossen jedoch, die Entscheidung über seine Zukunft bis nach der Flag Bowl zu verschieben.

Der letzte Triumph

Als wir nach fünf langen Jahren erneut zu einer Champions Bowl, die diesmal im deutschen Walldorf stattfand, aufbrachen, war mir bewusst, dass es meine letzte Chance auf den Titel sein würde. Die Studs befanden sich mitten im Umbruch, Tom wollte seine Laufbahn nach der Saison beenden, und mittlerweile stand auch die Zukunft von Klaus Geyer in den Sternen. Der drohende Verlust zweier Offense-Leistungsträger, gepaart mit der älter werdenden Defense sprachen nicht dafür, dass wir in den folgenden Jahren mit den Spitzenmannschaften Europas[88] würden mithalten können. Doch dieses Mal wäre noch einmal alles drin. Unsere Ergebnisse waren in den vergangenen 18 Monaten überragend gewesen, die Offense war mit Georg, Tom, Klaus, Martin und mir die beste Studs-Offense aller Zeiten. Die Defense machte ihre Sache unter Todds Leitung ebenfalls sehr gut. Mit 43 Jahren fiel es ihm trotz seiner unglaublichen Fitness schwer, das höchste Niveau zu halten, umso wichtiger war es, dass er als Coach die Defense anführte.

Die Kleinstadt Walldorf liegt südlich des Frankfurter Flughafens. Ich kannte sie schon von zahlreichen Big-Bowl-Teilnahmen. Gleich nach der Ankunft spazierte ich übers Spielfeld und stellte mir vor, wie es am Tag darauf sein würde, wenn die Ruhe dem regen Treiben der Mannschaften weichen würde. Das vertraute Umfeld war ein kleiner Vorteil. Ich versuchte, die positive Energie meiner früheren Erfolge einzufangen und zu bündeln. Gesundheitlich ging es mir in den Tagen vor der Champions Bowl wieder einmal nicht gut. Ich war nervös, gereizt, hatte Ängste. Das volle Programm. Ich musste mich damit abfinden, auch mein wahrscheinlich letztes großes internationales Turnier nicht genießen zu können.

Der Modus sah erstmals seit der Champions Bowl I kein Halbfinale vor. Die beiden besten Mannschaften des Grunddurchgangs, bei dem jeder einmal gegen jeden antrat, qualifizierten sich direkt für das Finale. Darum mussten wir von Beginn an Top-Leistungen zeigen. Bei den bisherigen Turnieren hätten wir

---

[88]Sprich: den dänischen Mannschaften

es bei diesem Modus nie ins Finale geschafft. Stets wären wir an den dänischen Teams gescheitert. Auch in Walldorf war das ein Problem. Oder besser: drei Probleme. Denn diesmal waren drei dänische Mannschaften mit von der Partie, die zweifachen Sieger aus Avedøre, die in der dänischen Meisterschaft in diesem Jahr noch ungeschlagenen Allerod Armadillos und die Copenhagen Fusion. Diese drei Mannschaften stellten fast das gesamte dänische Nationalteam. Außerdem waren auch erstmals unsere österreichischen Dauerrivalen, die Indians, dabei. Es war mit Sicherheit das bis dahin am hochkarätigsten besetzte Vereinsmannschaftsturnier auf europäischem Boden. Die Teams aus Italien, Deutschland und der Schweiz fielen nach Papierform eher unter „ferner liefen", ebenso wie die dritten österreichischen Vertreter, die Graz Panthers. Wenn wir ernsthaft um den Sieg mitspielen wollten, musste man die Duelle gegen sie in die Kategorie „Pflichtsieg" einstufen.

Nach einer Abschlussbesprechung am Spielfeld verbrachten wir einen ausgelassenen Nachmittag auf einem in unmittelbarer Nähe stattfindenden Jahrmarkt. Wir duellierten uns im Luftdruckgewehrschiessen und warfen mit Dartpfeilen auf Luftballone. Der Turnierstress würde ohnehin früh genug einsetzen.

Unser Start war hervorragend. Wir spielten zuerst gegen schwächere Gegner und ließen keinem eine Chance. Unser Selbstvertrauen wuchs von Spiel zu Spiel. Sogar als sich die im Kalenderjahr 2015 noch ungeschlagenen Dänen aus Allerod vor uns auftürmten, waren wir nicht zu stoppen. Ich wollte diesen Sieg nicht überbewerten, vor allem meinen Teamkollegen gegenüber, spekulierte aber durchaus schon mit der Qualifikation für das Finale. Doch nach dem Spiel ist vor dem Spiel, sprich: nach Allerod ist vor Avedøre.

Das Spiel gegen die Mammoths verlief auf Messers Schneide, ein harter Kampf von Anfang bis Ende. Die Schlüsselszene war ein vierter Versuch der Dänen kurz vor der Halbzeit: Nachdem unsere Defense bei den drei vorherigen Versuchen kaum Raumgewinne zugelassen und den Gegner knapp nach der Mittellinie gestoppt hatte, mussten sie beim letzten Versuch noch 20 Meter bis in die Endzone überwinden. Üblicherweise kam in einer solchen Situation immer Martin aufs Feld, der mit seinen 1,93 Metern jeden Ball wegschlagen konnte, der hoch in seine Richtung kam. Wenn er in der Defense am Feld stand, hatten wir noch keinen langen Touchdown hinnehmen müssen. Aus einem mir bis heute unerfindlichen Grund schaffte es Martin bei diesem Spielzug nicht aufs Feld. Es kam wie es kommen musste: Touchdown Mammoths. Ich war fassungslos und auf mich selbst sauer, weil ich kein Timeout genommen hatte, um Martin doch noch aufs Feld zu schicken. Am Ende verloren wir das Spiel um einen Punkt. Ich war wahnsinnig enttäuscht, weil wir ein wichtiges Spiel aus der Hand gegeben hatten. Das bedeutete, dass wir die beiden verbleibenden Spiele gegen die Kopenhagen Fusion und die Klosterneuburg Indians gewinnen mussten, um das Finale zu erreichen. Schwierig, aber nicht unmöglich.

Am nächsten Morgen hatte ich mich beruhigt und wir konzentrierten uns auf die Kopenhagen Fusion, den dritten dänischen Verein. Nach wenigen Spielminuten waren alle Zweifel beseitigt, ob wir uns vielleicht hängenlassen würden. Mit einer phantastischen Mannschaftsleistung spielten wir eine 21:0 Führung heraus, ein Vorsprung, den wir uns nicht mehr nehmen ließen. Die einzige Mannschaft, die uns jetzt in der Vorrunde noch im Weg stand, war unser Dauerrivale aus Klosterneuburg.

Ich war mir sicher, dass die Indians alles daran setzen würden, uns den Finaleinzug zu vermasseln. Das konnte und wollte ich nicht zulassen. Seit fast zehn Jahren liefen wir dem Sieg bei der Champions Bowl hinterher, dabei sollten uns nicht ausgerechnet die Indians aufhalten. Vor dem Spiel stand ich enorm unter Druck, doch dann fiel die Gegenwehr geringer aus als erwartet. Ob wir an diesem Wochenende tatsächlich zu stark für die Indians waren oder ob sie es an Einsatz vermissen ließen, weil sie selbst keine Chance aufs Finale hatten, war mir egal. Als Sieger der Vorrunde waren wir fürs Finale qualifiziert: Nur darauf kam es an.

Das Duell hieß: Styrian Studs gegen Allerod Armadillos, die ihre übrigen Spiele alle gewonnen hatten. Im ganzen Jahr hatten sie nur gegen uns verloren – und jetzt verspürte ich große Lust, ihnen die zweite Niederlage zuzufügen.

Keine Lust hatte ich auf die schwarzen Regenwolken, die sich immer näher heranschoben. Während wir uns aufwärmten, stellten wir verdrossen auf „Regenmodus" um. Wir wickelten die Bälle in Handtücher ein, um während des Spiels gelegentlich auf einen trockenen Football wechseln zu können. Die Receiver zogen ihre Handschuhe aus. Wir hatten genügend Spiele im Regen absolviert, um zu wissen, was zu tun war. Angenehm war es trotzdem nicht.

Als ich mit den letzten Vorbereitungen fertig war, kam der Schiedsrichterbeauftragte des Turniers mit Spielern der drei dänischen Teams auf mich zu. Er sagte: „Ich weiß, es ist eine ungewöhnliche Anfrage, aber die Allerod Armadillos schlagen vor, dass dänische Schiedsrichter im Finale eingesetzt werden. Ich wäre einverstanden, aber ihr müsst natürlich zustimmen."

Ein Armadillos-Spieler führte aus: „Wir haben gesehen, dass die regulär eingesetzten Schiedsrichter nicht ideal sind. Du kennst die Qualität der dänischen Schiedsrichter und ich denke, dass es eine gute Lösung ist, sie das Finale leiten zu lassen. Wir werden mit ihnen nur englisch sprechen, damit ihr nicht im Nachteil seid."

Ich zögerte keinen Moment mit meiner Antwort: „Okay!"

Die Dänen schauten verwundert. Damit schienen sie gar nicht gerechnet zu haben. Doch ich wusste von der Qualität der dänischen Schiedsrichter, den besten in Europa. Warum sollten die besten Schiedsrichter nicht das Finale der Champions Bowl leiten? Auch wenn sie Dänen waren. Ich musste mir allerdings die Fragen meiner Mitspieler gefallen lassen, warum denn plötzlich nur mehr Dänen auf dem Feld stünden? Dann ging's los. Bei strömendem Regen. Doch die schlechten Verhältnisse hatten kaum Auswirkung aufs Spiel. Es schien, als ob niemand bemerkte, wie rutschig der Boden wurde und wie schwer der Ball zu kontrollieren war. Beide Seiten punkteten nahezu mühelos. Bis zur Pause gelang es keiner Defense, den Gegner aufzuhalten. Erst zu Beginn der zweiten Halbzeit war es dann so weit: Die Dänen zeigten eine kleine Schwäche und wir konnten sie stoppen. Wir lagen vorne und hielten die Führung. Fünf Minuten vor Spielende kamen die Dänen wieder auf fünf Punkte heran. Wir brauchten noch einen letzten Touchdown. Die ersten Spielzüge gelangen, ich führte uns sicher über die Mittellinie zum First Down. Hier kamen wir ins Stocken. Beim dritten Versuch warf ich zu Klaus, der sich etwas zu unsanft seines Gegenspielers entledigte, bevor er den Ball fing. American-Football-mäßig. Ich wusste sofort, dass dies eine Strafe zur Folge haben würde. So war es dann auch: Wir mussten zehn Meter zurück und verloren einen Versuch. Sollten wir mit dem vierten und letzten Versuch keinen Touchdown erzielen, würde die Armadillos-Offense nochmal aufs Feld stürmen. Das mussten wir unbedingt verhindern. Keine weitere Last-Minute-Niederlage wie in Rom! Zuerst musste ich aber verhindern, dass wir noch eine Strafe bekamen. Klaus schimpfte nämlich wegen der Strafe wie ein Rohrspatz, oder besser gesagt: wie ein riesiger Bär, und konnte sich überhaupt nicht mehr einkriegen. Ungeschickt war, dass er sich nicht auf Deutsch äußerte, was die Schiedsrichter wohl nicht verstanden hätten, sondern lauthals in ihre Richtung „This is bullshit!" schrie.

Ich lief zu ihm und nahm ihn zur Seite, wobei ich mir wie eine Maus vorkam, die versuchte, einen brüllenden Löwen zu besänftigen. Nachdem ich die Situation mehr recht als schlecht unter Kontrolle gebracht hatte, galt meine Aufmerksamkeit den Schiedsrichtern. Die dänischen Spieler forderten nicht zu Unrecht eine weitere Strafe gegen uns, was noch mehr Raumverlust und eventuell sogar Klaus' Ausschluss bedeuten würde. Ihr Fehler war, dass sie es auf Dänisch taten. Der Hauptschiedsrichter war sich der prekären Situation bewusst und ermahnte: „Only english please, only english."

Die Schiedsrichter berieten sich, was schier endlos zu dauern schien, dann hieß es: keine weitere Strafe. Ich war mir sicher, dass sie nicht den Anschein erwecken wollten, parteilich zu sein. So wurde der Einsatz der dänischen Schiedsrichter sogar zum Vorteil für uns.

Ich suchte auf meinem Wristband den Spielzug, der uns im besten Fall zum Champions Bowl Sieger krönen würde. Neben mir schnaufte Klaus noch immer wütend. Da wusste ich was zu tun war: „Klaus, wir spielen diesen Spielzug", sagte ich zu ihm und deutete auf mein Wristband. „Ich werfe dir den Ball hoch in der Endzone zu. Du holst ihn dir!"

Ohne Kommentar begab er sich auf Position, er war bereit. Es mag wie ein Klischee klingen, aber den letzten Pass, den ich bei einer Champions Bowl warf, erlebte ich in Zeitlupe. Ich beobachtete, wie Klaus in die Endzone rannte. Ich ließ den Football im richtigen Moment aus der Hand gleiten. Ich schaute ihm eine gefühlte Ewigkeit lang nach. Jetzt konnte ich nur noch hoffen, dass Klaus seine 196 Zentimeter und 115 Kilogramm richtig einsetzte. Ich sah, wie er zwischen drei dänischen Verteidigern in die Luft sprang. Ich sah, wie sich seine Finger um den Ball schlossen und er einen Urschrei von sich gab, der meine Gefühle perfekt beschrieb. Touchdown. Endstand 52:41. Wir hatten die Allerod Armadillos niedergerungen. Wir waren Champions-Bowl-Sieger. Eine Reise, die acht Jahre zuvor in Ferrara begonnen hatte, nahm in Walldorf ihr gutes Ende. Eine aufregende Reise, trotz oder wegen vieler Rückschläge, die umso schöner in Erinnerung blieb, da sie letztendlich zum Ziel führte. Diesem Moment, diesem Wimpernschlag, gab ich vielleicht eine übergroße Bedeutung. Doch es war ein unglaublich befriedigendes Gefühl, am zwischenzeitlich nicht mehr für erreichbar gehaltenen Ziel anzukommen.

Es war mein letztes Spiel außerhalb Österreichs und gegen einen internationalen Gegner. Der krönende Abschluss meiner internationalen Karriere, inklusive i-Tüpfelchen: Während der Siegerehrung wurde ich als bester Offense-Spieler des Turniers ausgezeichnet. Eine Ehre, auf die ich angesichts der vielen großartigen Spieler ausgesprochen stolz war.

33 Abschied

Bei der Flag Bowl 2015 gelang es mir zum ersten Mal seit Langem ansatzweise, in einem Finalspiel der FLA Spaß zu haben. Keine Niederlage verdaute ich besser als diese. Vielleicht, weil ich merkte, dass es mit meiner Karriere zu Ende ging? Die Niederlage schmerzte wohl auch deswegen weniger, weil ich das Gefühl hatte, von einer besseren Mannschaft geschlagen worden zu sein. Die Indians packten gegen uns eines ihrer besten Spiele aus, und trotz aller Anstrengungen und einer guten Leistung konnten wir nicht mithalten. Die Flag Bowl 2015 war für mich auch sonst ein spezielles Erlebnis: Mein im August geborener Sohn Leo war dabei![89] Während mir meine Silbermedaille überreicht wurde, trug ich ihn stolz im Arm und auch auf dem Mannschaftsfoto durfte er nicht fehlen. Er trug ein von Claudia speziell für diesen Tag angefertigtes Glücksbringer-Shirt mit meiner Nummer 9.

Im Jahr 2016 kam unsere Tochter Maja zur Welt und komplettierte das Familienglück.

Ein paar Wochen nach der Flag Bowl traf ich mich wie lange vereinbart mit Benni, um seine Zukunft bei den Studs zu besprechen. Wir saßen in einem Café in der Nähe meines Büros in Graz und bestellten uns einen Tee. Nachdem wir uns über die Höhen und Tiefen der vergangenen Saison ausgetauscht hatten, sagte er: „Ich kann aus gesundheitlichen Gründen definitiv nicht mehr in der Defense spielen, will aber auf jeden Fall beim Flag-

---

[89] Mit „dabei" meine ich, dass er die ganze Zeit dick eingewickelt mit meiner Schwiegermutter in einem Verpflegungscontainer verbrachte, während Claudia am Spielfeldrand mitfieberte und zum Stillen in den Container ging. Es war eiskalt und windig, ein typischer Oktobertag in Wien.

football bleiben. Ich möchte Quarterback spielen. Siehst du eine Möglichkeit, wie das funktionieren könnte?"

„Definitiv. Du kannst für die Studs Quarterback spielen. Mittelfristig wirst du dann mein Nachfolger."

Zur Aufgabe des Quarterbacks gehörte es ja, Spielzüge zu entwickeln, die Mannschaft zu führen und die Offense-Spieler zu trainieren. Der Aufwand war deutlich größer, als die Trainingszeiten vermuten ließen. Doch ich wusste, dass Benni noch detailverliebter war als ich, und bereit war, viel Zeit in seine neue Aufgabe zu investieren. Er war die perfekte Besetzung für meine Nachfolge.

Ich sagte: „Ich bin mir nicht sicher, wie lange ich noch spielen werde. Und du bist der richtige Mann für diese Position!"

Benni war mehr als zufrieden. Wir definierten keinen genauen Zeitpunkt für die Übergabe, doch im Winter begann ich damit, ihn in die Vorbereitungsarbeiten für die neue Saison zu integrieren. Nach und nach übertrug ich ihm Aufgaben bei der Offense-Trainingsplanung und der Gestaltung der Spielzüge. Ich informierte meine Teamkollegen von meinem bevorstehenden Rückzug. Benni war meine Chance, den Studs eine Zukunft zu ermöglichen. Ohne Quarterback hätte es keine Mannschaft gegeben.

Als die Saison 2016 anbrach, merkte ich bereits beim Trainingslager und dem ersten Spieltag, dass mein Flagfootball-Feuer erloschen war. Die Gewissheit, dass ich die Mannschaft nicht im Stich ließ, weil Benni in der Lage war, zu übernehmen, gab den Ausschlag dafür, noch während der Saison 2016 aufzuhören. Mit 35 Jahren beendete ich meine Karriere. Es gab keine offizielle Ankündigung und keine imposante Abschiedsfeier. Wie im Nationalteam war es auch hier ein stilles Verschwinden von der Bühne.

Ich war traurig und gleichzeitig erleichtert. Eine wunderbare Zeit von mehr als einem Jahrzehnt war vorbeigegangen. Damit fiel zugleich der Druck von mir ab, der sie begleitet hatte. Ich empfand eine riesengroße Dankbarkeit, so viel erlebt und erreicht zu haben. Als ich 2003 an der Texas Tech University erstmals Flagfootball-Luft schnupperte, hätte ich niemals zu träumen gewagt, wohin mich der Sport führen würde. Auf eine Reise, bei der ich viele Gleichgesinnte kennenlernte, mit denen ich Erfolge feiern konnte und die bis heute gute Freunde sind. Auf eine Reise, bei der ich Weltmeister, Champions Bowl Sieger und mehrfacher Staatsmeister wurde. Auf eine Reise, die 2016 endete.

Green Hearts can't lose!

Von nun an war ich nur noch Zuseher.

Danke!

Ich bin vielen Menschen zu Dank verpflichtet. Ohne euch wäre dieses Buch niemals entstanden.

Flagfootball ist ein Mannschaftssport und ohne die großartigen Teamkollegen bei den Studs und im Nationalteam wäre es unmöglich gewesen, all die Erfolge zu feiern, von denen ich in meinem Buch berichten darf. Danke, dass ihr mit mir auf einer Wiese begonnen habt, den Football hin- und herzuwerfen, dass ihr mit mir einen Verein gegründet habt und dass ihr mit mir durch alle Höhen und Tiefen gegangen seid.

Danke auch an meinen Nationalteamcoach Wolfgang Vonasek, der mir eine Chance gegeben hat, obwohl ich in der Liga ein Rivale war, und an Dietmar Furthmayr, der mir während meiner Recherche viel Archivmaterial zur Verfügung stellte. Andrea Weil erteilte mir wertvolle Ratschläge, die das Buch hoffentlich deutlich spannender und interessanter werden ließen. Mein Lektor Stefan Kappner lektorierte nicht nur das gesamte Manuskript, sondern sorgte auch im Endspurt dafür, dass ich zu einem ansprechenderen und abwechslungsreicheren Schreibstil gefunden habe.

Meinen Eltern danke ich, dass sie immer für mich da und in all meinen Flagfootball-Jahren meine größten Fans waren. Gemeinsam mit meinem Bruder gehörten sie auch zu den Ersten, die mein Manuskript kritisch gelesen und mir mit Anmerkungen geholfen haben.

Georg, ohne dich hätte ich nie gelernt, einen Football zu werfen. Ich hoffe, dass dir unsere gemeinsame Reise gefallen hat, auch wenn du wegen mir einige blaue Flecken abbekommen hast.

Danksagung

Leo und Maja, ihr seid mein ganzer Stolz! Euch widme ich dieses Buch, damit ihr später einmal erfahrt, was euer Papa gemacht hat, bevor ihr da wart.

Mein allergrößter Dank gilt meiner Frau Claudia. Du hast mich während meiner aktiven Zeit auf unzählige Spieltage begleitet, mich immer angefeuert und warst mein größter Fan. In den letzten zwei Jahren verschwand ich sehr oft in meinem Büro, um an diesem Buch zu arbeiten. Du musstest auf viele gemeinsame Abende verzichten. Danke, dass du mich unterstützt und mir die Möglichkeit gegeben hast, dieses Projekt abzuschließen. Du warst meine motivierteste und eifrigste Korrekturleserin, hast das Buch mit deinen Ideen entscheidend beeinflusst und mich dabei immer wieder auf den richtigen Weg gebracht. Ich liebe dich!

Philipp

Philipp Pölzl krönte sich als Quarterback des österreichischen Flagfootball Nationalteams 2012 zum Weltmeister. Mit seinem Verein, den Styrian Studs, gewann er die Champions Bowl und vier Staatsmeistertitel. In seiner Laufbahn wurde er mehrmals als „Most Valuable Player" ausgezeichnet.
Der Jurist und Betriebswirt ist heute als Partner in einer Wertpapierfirma, als Vorstand in einem auf erneuerbare Energien spezialisierten Unternehmen und als Lektor an der Alpen-Adria-Universität Klagenfurt tätig. Er betreibt zudem den Flagfootball-Blog www.goforgold.at. Philipp Pölzl lebt mit seiner Frau und seinen beiden Kindern in der Oststeiermark.